한국 신석기시대 석기제작과 체계

한국 신석기시대 석기제작과 체계

2020년 12월 22일 초판 1쇄 발행

글쓴이　　윤정국
펴낸이　　권혁재
편　집　　조혜진
표　지　　이정아

제　작　　성광인쇄
펴낸곳　　학연문화사
등　록　　1988년 2월 26일 제2-501호
주　소　　서울시 금천구 가산디지털1로 168 우림라이온스밸리 B동 712호

전　화　　02-2026-0541
팩　스　　02-2026-0547
E-mail　　hak7891@chol.com

ISBN 978-89-5508-427-6　93910

한국 신석기시대 석기제작과 체계

윤정국 지음

학연문화사

가을이 성큼 다가왔다. 지리산 600고지에는 가을 준비가 한창이다. 노란색, 빨간색 등 화려함으로 만발할 준비를 한다. 나의 공부도 가을을 준비하는 마음이다. 학문을 하겠다고 첫발을 내딛고 이제야 1회의 가을을 맞이한다. 첫 책이다. 대학원에 가겠다고 마음을 먹고 결심을 했다. '5권의 책을 내 이름으로 발간하겠다'는 꿈이다. 이제 첫발로 도약한다.

20여 년 동안 대학과 박물관, 문화재 조사기관에서 발굴조사와 연구활동을 진행하였다. 이론과 실무를 두루 경험한 결과물이다. 책을 정리하면서 여전히 부족한 점이 가득했다. 지리산처럼 온갖 색상이 만발한 가을의 성취에는 미치지 못하지만 나만의 첫 가을을 자축한다.

이 책은 박사학위 논문을 바탕으로 일부 내용을 수정하고, 보완하였다. 내용은 한국 신석기시대 석기 제작방법과 변천에 대한 글이다. 머릿글과 마무리 글을 제외하면 총 6장으로 이루어졌다. 글의 목적은 신석기시대 각각의 석기 제작방법과 종류를 파악하고, 변화와 의미를 살펴보는데 있다. 그래서 선학들의 연구 현황을 점검하는 것에서 1장은 시작된다. 일백년 못미친 신석기시대 연구를 10년 단위로 묶어 연구 흐름을 관찰하고 부족한 점을 찾고자 하였다. 2장은 한반도를 공간범위로 삼고 산과 강을 경계로 나누어 권역을 설정하고 유적분포 찾고, 시간축을 검토하였다. 3장은 분석 주제인 석기를 나누고, 용어를 검토하였다. 그리고 타제석기와 마제석기, 고타석기로 대분류하고 기종별로 출토 빈도를 파악하였다. 그리고 그 결과를 부록으로 제시하였다. 4장은 석기의 출토량과 다양도에 따라 유적을 분류하고 시기별 대표 유적을 선정하여 출토된 석기 기종의 제작과정과 특징을 검토하였다. 5장은 4장의 분석 결과를 토대로 석기기종의 제작과정과 기술을 정리하고 시기별로 살펴보았다. 6장은 석기 제작 현상을 종합하여 한국 신석기시대 석기제작체계와 특징을 도출하였다. 그리고 시기별로 석기제작 양상과 변화를 통해 단계를 설정하고, 변화의 동인과 현상을 제시하였다.

처음 책을 만들고자 마음을 가질 때에는 좀더 거창하였다. 기존 연구 성과을 종합하거나 새롭게 고민하고 있던 집단의 규모와 인구수에 대한 연구, 시기별 생업양상과 유적의 확산 등 많은 생각들이 점철되었지만, 다시 초심으로 돌아 왔다. 시작은 단순하고 명료하였어야 한다. 20여년 동안 보태고 보태었던 지식을 깎고 조심스레 덜어내는 것이 중요하다는 것을 근래에 알게되었기 때문이다. 부족하지만 조심스레 책을 내어놓는다. 독자들이 어떤 평가를 내릴지 알 수 없지만 나만의 첫 발간을 기념한다. 부족하지만 앞으로 정진하겠다는 다짐을 다시 잡고자 한다.

첫 책이 발간될 수 있도록 많은 분들의 가르침과 도움, 지원이 있었다. 먼저 고고학이라는 학문을 제시하고 방향과 자세를 가르쳐주신 이기길선생님께 고마움을 올린다. 현명하시고, 의지가 굳건하신 선생님은 우리 가정의 시작(결혼식)도 열어주셨다. 그리고 대학원 시절에 논문의 방향과 연구 자세를 몸서 실천하고 알려주신 임영진, 김민구, 조진선 선생님에게도 감사의 마음을 전한다. 두분에게는 논문을 쓰는 치열한 자세와 큰 틀을 보는 안목을 배울 수 있었다. 그리고 옆에서 도움을 주신 선후배와 동료 들도 빼놓을 수 없는 분들이다. 지면상으로 이름을 일일이 열거하지 못한 점은 아쉽지만, 양해를 부탁드리며 선후배 동료분들에게 고마움을 보낸다.

그리고 가장 중요한 지원자이자 지지자 분들이 있다. 연구자의 길을 옆에서 지켜주시고, 믿음을 주신 부모님(고 윤병호, 고 오공님)과 삶의 지침이 되고 힘을 북돋아주신 부모님(백웅기, 양영자)에게 열열한 고마움을 가지고 첫 책을 받친다.

또한 지금까지 든든한 지원자이자 앞으로도 나의 열광적인 팬으로 남을 아내 백명선과 나의 국보인 윤재와 윤재영에게 고마움을 전한다. 사랑해, 사랑한다.

　마지막으로 퇴고의 기다림을 묵묵히 인내로 기다려주고, 멋지게 발간해주신 도서출판 학연문화사 권혁재 대표와 이 책을 다듬고 치장해준 조혜진 님의 노고에도 감사의 말씀을 올린다.

2020년 10월
지리산의 가을을 상상하며
旦野 尹正國

차 례

머리말

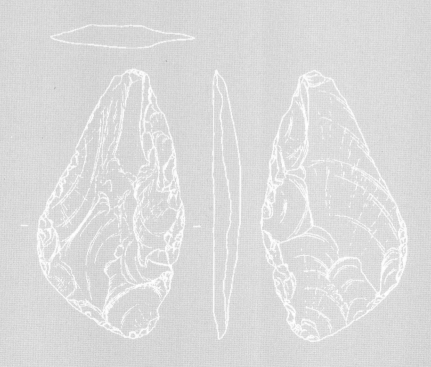

한국 신석기시대[1] 연구는 1950년대 이후 본격적으로 이루어졌다. 초기 연구는 토기를 중심으로 이루어졌지만 발굴유적이 증가하면서 점차 층위 검토와 토기양식에 대한 연구가 진행되었다. 근래에는 석기에 대한 인식 재고가 이루어지면서 형태와 기술, 석기조성을 통한 생업 검토가 이루어졌다. 각 연구는 석기연구의 하나의 축으로 서로 유기적이고 복합적으로 연구되어야 한다. 하지만 기존의 석기연구는 개별 기종을 형태적으로 연구하거나 유적 또는 지역을 대상으로 석기조성을 연구하는 경향이 중심을 이루었다. 그러다 보니 석기연구가 한쪽으로 치우치게 되어 균형 잡힌 연구가 이루어지지 않았다. 이에 석기연구의 한 단계 발전을 위해서는 기술적인 연구가 함께 이루어져야 한다.

석기의 기술적인 연구는 일정기간 동안 특정한 장소에서 형성된 석기를 하나의 기준으로 관찰하여 '어떤 방법과 과정'으로 석기를 만들었는지를 검토하고 그 기술과 기능, 성격을 복원하는 것이다[2]. 즉 석기제작은 석재채집, 제작, 사용, 폐

---

1 한국 신석기시대는 토기를 기준으로 설정된다. 시기상으로는 기원전 약 10,000년부터 기원전 1,500년 전후한 시점까지이다. 하지만 그 시점과 끝은 제일적(齊一的)인 것이 아니라 지역에 따라 시간 차이가 있다. 특히 서북지역, 동북지역, 동해안지역, 서해중부지역, 남부내륙과 해안지역 등 지역에 따라 문화발달상의 차이가 있다. 그리고 시기적으로는 초창기, 조기, 전기, 중기, 후기, (말기) 등으로 구분한다.

국립문화재연구소, 2012,『한국고고학전문사전(신석기시대편)』, pp.350~371.

2 Clark, J.D. & Kleindienst, M.R, 1974, The Stone Age Cultural Sequence : terminology, typology

기라는 순환을 거치는데 유적에서 찾아지는 모든 유물은 채집도구에서부터 제작도구, 제작흔적, 도구 등이 집합되어 일련의 정지된 시간 속에서 현재에 드러나게 된다. 석기제작에는 도구의 용도에 따라 제작자의 분명한 목적의식이 들어가 있기 때문에 목적에 맞는 석재(돌감), 효율적인 제작기술, 용도에 맞는 모양이 잠재되어 있다. 따라서 기술적인 연구는 먼저 제작기술과 과정 등 제작방법에 대한 연구가 필요하다.

석기제작에 대한 연구는 1980년대에 시작되었고 90년대에는 석기를 단순하게 소개하는 것에서 형태분석과 제작수법을 검토하는 단계로 나아갔다. 2000년대에는 연구의 양과 질이 소량 증가하였지만 대부분 유적을 대상으로 연구가 이루어지다 보니 신석기시대 전반적인 제작방법과 체계가 뚜렷하게 드러나지 않았다.

따라서 본고는 신석기시대 석기의 전반적인 기종별 제작방법을 파악하고 시기적인 특징과 변화를 살펴보고자 한다. 이를 위해 대표유적을 선정하고 기종별 제작방법을 점검하여 신석기시대 석기제작체계를 제시한다. 그리고 시기별로 제작방법의 특징과 전개과정을 통해 신석기시대 석기제작의 특징과 변화를 살펴본다.

---

and raw material, *Kalambo Falls Prehistoric Site II*, Cambridge Univ. Press.

1장. 석기 연구사와 연구방법

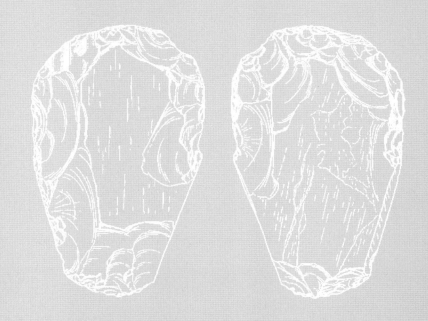

1. 시대별 연구현황과 특징

　신석기시대 석기 연구현황을 시대순으로 정리하고, 연구경향를 제시하고자 한다. 우리나라 신석기시대의 연구는 해방되기 전까지 일본학자에 의해 유적에 대한 단편적이고 편향된 소개가 이루어졌다. 그리고 한국전쟁 및 정치적인 혼란을 거치는 1950~60년대에 들어서면서 실질적인 연구가 시작되었다. 당시의 연구는 국가가 분단됨에 따라 남북한간의 차이가 있었는데, 남한에서는 지표조사를 통해 채집된 유물에 대한 간단한 견해를 소개하였던 반면에 북한에서 라진 초도, 궁산리, 지탑리 등 신석기시대 주요유적이 발굴 조사되었다[3].

　그리고 1960년대 중후반에 들어서면서 남한에 북한의 발굴조사와 연구성과가 소개되었고, 남한 연구자들에 의해 농소리패총, 다대포패총, 신암리패총, 암사동, 동삼동패총 등 중요 유적이 발굴되면서 신석기시대 연구의 활기가 높아졌다. 또한 발굴 지역의 토기를 층위적으로 검토하거나 북한자료와의 비교를 통해 토기 문양과 기형에 대한 연구뿐만 아니라 편년화를 시도하였다. 이러한 신석기시대의 전반적인 조사와 이에 따른 연구성과는 신석기시대의 문화를 이해하는 첫걸음이었다. 그렇지

3　도유호, 1961, 『조선 원시 고고학』, 과학원 출판사.
　金元龍, 1963, 「韓國文化의 考古學的 硏究」, 『韓國文化史大系』 I , 高麗大學校 民族文化硏究所.

만 석기연구는 여전히 미진하여 단편적이고 직관적인 관점이 그대로 드러났다.

1970년대에는 60년대에 증가된 석기자료를 토대로 한국 선사시대를 개관하는 가운데 석기의 종류와 특징을 소개하고[4] 석기를 기능별로 추정하면서 중국의 석기와 비교하였다[5].

1980년대에는 북한에 비해 남한에서 신석기시대 유적의 조사가 빈번하게 이루어졌고, 이를 통해 실질적인 석기연구가 시작되었다. 이 시기의 연구는 크게 3가지 주제로 나눌 수 있다. 하나는 지역별로 석기를 다루거나 개론적으로 검토한 하고 있다[6]. 특히 황용훈은 암사동과 미사리유적의 격지석기에 대해 분석하면서 석기를 토기와 마찬가지로 전반적으로 다루어 검토하였다. 두번째는 하나의 유적에서 출토된 석기를 전반적으로 다루었다. 장호수[7]는 1978년에 발굴된 상노대도패총의 자료를 대상으로 제작수법과 종류, 쓰임새 등을 분석하여 석기문화를 5기로 나누고 변화상을 제시하였다. 세번째는 개별 석기에 대한 분석이다. 지건길과 안승모[8]는 한반도 선사시대 곡류와 농구를 대상으로 지역과 유물의 맥락을 검토하여 신석기시대 농경에 대해 정리하였다. 이후 길경택[9]은 앞서의 연구에서 나아가 선사시대 농경과 농구에 관한 연구를 본격적으로 시작하였다. 또한 안승모[10]는 농경도구로서

---

4 國史編纂委員會, 1973,『한국사 I 』.
　　사회과학원 고고학연구소, 1977,『조선고고학개요』, 과학백과사전출판사.
　　金元龍, 1973 · 1977,『韓國考古學概說』, 一志社.
5 李春寧, 1970,「韓國農業技術史」,『韓國文化史大系』II, 高麗大學校 民族文化研究所.
　　李春寧, 1973,「韓國農耕起源에 관한 小考」,『民族文化研究』7, 고려대민족문화연구소.
　　최무장, 1978,「韓 · 中 先史時代의 農具」,『白山學報』24, 백산학회.
6 김원용, 1981,「각지방의 토기 · 석기 · 골각기」,『한국사』I, 국사편찬위원회.
　　황용훈, 1983,「石器 · 骨角器」,『韓國史論』12, 국사편찬위원회.
7 장호수, 1982,「상노대도 조개더미 유적의 석기 연구」, 연세대학교 석사학위논문.
　　장호수, 1988,「상노대도 유적의 석기」,『손보기박사정년기념 고고인류학논총』.
8 지건길 · 안승모, 1983,「韓半島 先史時代 出土 穀類와 農具」,『韓國의 農耕文化』, 경기대학출판사.
9 길경택, 1985,「한국선사시대 농경과 농구의 발달에 관한 연구」,『古文化』27, 한국대학박물관협회.
10 安承模, 1985,「韓國半月形石刀의 研究-發生과 變遷을 中心으로-」, 서울대학교 석사학위논문.

수확구와 석제농구에 집중하여 두 편의 대담한 연구 성과를 제시하였다. 하나는 수확구의 발생과 변천을 살펴보기 위해 한반도와 만주지역에서 신석기시대부터 청동기시대에 걸쳐 확인되는 석도를 검토하였고, 다른 하나는 선사시대 석제농구의 종류와 변천을 살펴보고, 중국지역과의 비교를 통하여 기원과 전파를 살펴보았다.

1990년대에는 전국적으로 구제발굴조사가 진행되면서 유적의 수량이 증가하였지만 여전히 석기연구는 토기에 비해 관심이 적은 편이었다. 그래도 80년대 이후의 석기연구는 지속적으로 이루어지고 있었다. 먼저 유적에서 출토된 석기의 조합과 유적 주변 환경을 검토하여 생업을 연구하고 있다. 이기길[11]은 암사동과 동삼동, 오산리유적의 도구갖춤새를 통해 유적의 생태환경에 알맞은 생산 활동을 설명하였고, 신숙정[12]은 남해안지방의 자연환경과 유적과 유물을 검토하면서 생업을 연구하였다. 둘째는 개별 석기를 검토하여 형태와 변천을 연구하는 경우이다. 장명수[13]는 신석기시대 어구를 형태에 따라 분류하여 편년을 검토하였고, 안승모[14]는 동북아시아의 범위 속에서 수확구의 종류와 분포를 살피고, 과거에 작성된 논문을 묶어 책으로 출판하면서 北中國의 新石器時代의 農具를 소개하였다[15].

한편 농경도구와 관련하여 새롭게 인지된 석기(굴지구)에 대한 기능상 해석 논의가 시작된다. 먼저 이강승 · 박순발[16]은 굴지구를 지탑리, 송죽리, 쌍청리의 출토품과 비교하면서 석제보습 또는 목재제작구나 찰절구로 사용되었을 가능성을

安承模, 1987, 「療西地方의 先史時代 石製農具」, 『三佛金元龍教授停年退任紀念論叢』 I 考古學篇.

11 이기길, 1991, 「우리 나라 신석기시대 주민들의 생계유형-암사동 · 동삼동 · 오산리 유적을 중심으로-」, 『박물관기요』7, 단국대학교중앙박물관.

12 신숙정, 1994, 『우리나라 남해안지방의 신석기문화연구-동삼동 · 김해 · 남해도서지방을 중심으로-』, 학연문화사.

13 장명수, 1991, 「신석기시대 어구의 형식분류와 편년연구」, 중앙대학교 석사학위논문.

14 안승모, 1993, 「東아시아 초기수확구의 종류와 분포」, 『민속문화』6, 한성대학교 민족문화연구소.

15 安承模, 1998, 「北中國 新石器時代의 農具」, 『東아시아 先史時代의 農耕과 生業』, 학연문화사.

16 이강승 · 박순발, 1995, 『屯山』, 충남대학교박물관.

제시하였고, 김건수[17]는 호남지방의 신석기시대 생업을 검토하면서 굴지구를 단순히 보습으로 상정하기 보다는 새롭게 채집도구로 분류하였다. 이에 반해 송은숙[18]은 호남내륙지역의 신석기시대 유적을 정리하면서 유적의 입지와 출토유물을 통해 농경 가능성을 확신하면서 농경도구로서의 해석을 지지하였다. 이러한 굴지구에 대한 논의는 2000년대까지 지속적으로 이루어지는 계기가 되었다. 박준범[19]은 선사시대 한강유역의 석촉을 형식 분류하고 통계학적인 방법으로 분석하였고, 이후 이를 수정 보완하였다.

셋째는 발굴조사가 증가하면서 단일 유적 출토 석기에 대한 소개와 해석이 여전히 지속되었다. 하인수[20]는 용호동과 다대포 출토 석기류를 소개 및 검토하였다. 이청규와 고재원[21]은 제주도 고산리유적 출토 석기를 검토하였고, 이후 고재원[22]은 이를 바탕으로 하여 고산리유적의 뗀석기를 대상으로 하여 형태적인 분석을 시도하였다. 그리고 마지막으로 90년대까지의 연구결과를 종합하여 정리한 논고도 있다. 신숙정[23]은 지역별 석기를 검토하여 정리하였고, 김건수[24]는 신석기시대를 비롯한 선사시대 어로문화에 대한 종합화하였다.

2000년대에 들어서 석기에 대한 관심이 증가하고 연구자가 늘어나면서 연구주제도 다양화되었다. 내용은 개별 석기에 대한 연구가 집중되었고, 유적 단위로 석기를 종합적으로 분석한 연구도 증가하였다. 또한 뗀석기에 대한 검토가 이루어

---

17 김건수, 1998, 「호남지방의 신석기시대 생업」, 『호남고고학보』7, 호남고고학회.

18 송은숙, 1998, 「호남 내륙지역 신석기문화에 대한 고찰」, 『호남고고학보』7, 호남고고학회.

19 박준범, 1998, 「한강유역 출토 돌화살촉에 대한 연구」, 홍익대학교 석사학위논문.
　　박준범, 2006, 「한강유역 출토 선사시대 간돌화살촉 연구」, 『한국신석기연구』12, 한국신석기학회.

20 하인수, 1991, 「부산 다대포·용호동출토 석기류」, 『부산직할시립박물관 연보』13.

21 이청규·고재원, 1995, 「고산리 유적과 석기유물」, 『제주 신석기문화의 원류』, 한국신석기연구회.

22 고재원, 1996, 「제주도 고산리 석기의 분석연구」, 한양대학교 석사학위논문.

23 신숙정, 1997, 「석기와 뼈연모」, 『한국사』2, 국사편찬위원회.

24 김건수, 1999, 『한국 원시·고대의 어로문화』, 학연문화사.

지면서 제작기술에 대한 연구도 진행되었다. 그리고 나아가 석기사용흔을 통한 기능연구, 석재산지분석을 통한 교역과 생산 검토 등 새로운 연구 방법이 제시되었다. 그리고 발굴조사에 따른 석기자료가 증가하면서 석기조합을 통한 생업연구도 세분화되었다.

각 연구 경향별로 보면 먼저 개별 석기에 대한 연구가 있다. 김선지[25]는 굴지구를 포함시켜 석부라는 큰 범주에서 형식 분류를 시도하여 남해안지역의 신석기시대 석부의 변화상과 분포상을 살펴보았고, 이동주[26]와 고동순[27]은 마제석촉을 통해 지역별 특징과 변화를 살펴보면서 상호 관련성을 검토하였다. 박근태[28]는 고산리유적의 타제석촉의 형태적 특징과 제작기법을 살펴보았고, 이후 신석기시대 초창기단계의 석기를 찾아 공통점을 파악하려 하였다. 김충배[29]는 한반도에서 출토되는 낚시바늘에 대하여 형식을 나누고 분포양상을 살핀 후에 주변 환경을 기준으로 그 상관관계를 검토하였다. 그리고 이후에 논고를 수정 보완하였다[30]. 김경규[31]는 한반도의 신석기시대 어망추를 형식 분류하고 분포를 검토하여 내륙지역의 어로활동을 제시하였다. 신종환[32]은 유적에서 출토되는 굴지구의 자루장착과 사용방식을 검토하였고, 이

25 김선지, 2000, 「남해안의 신석기시대 석부에 대한 일고찰」, 서울대학교 석사학위논문.

26 이동주, 2003, 「즐문토기 단계의 석기내용과 특징에 대하여」, 『한일신석기시대의 석기』, 제5회 한일 신석기연구회 발표요지.
    이동주, 2003, 「빗살문토기 단계의 석기내용과 특징」, 『한국신석기연구』6, 한국신석기학회.
    이동주, 2010, 「우리나라 신석기시대 마제석촉의 연구」, 『문물연구』17, 동아시아문물연구학술재단.

27 고동순, 2006, 「동해안지방의 신석기시대 마제석촉에 대한 고찰」, 『강원고고학보』7·8, 강원고고학회.

28 박근태, 2006, 「고산리유적 석촉연구」, 부산대학교 석사학위논문.

29 김충배, 2002, 「신석기시대 낚시바늘 연구-형식분류와 유적환경에 대한 일고찰-」, 한양대학교 석사학위논문.

30 김충배, 2003, 「신석기시대 낚시바늘 연구(Ⅰ)」, 『한국신석기연구』5, 한국신석기학회.
    김충배, 2004, 「신석기시대 낚시바늘 연구(Ⅱ)」, 『한국신석기연구』6, 한국신석기학회.

31 김경규, 2003, 「한반도 신석기시대 어로활동 연구-어망추를 중심으로-」, 충남대학교 석사학위논문.

32 신종환, 2000, 「錦江式土器考」, 『考古學誌』11, 한국고고미술연구소.
    신종환, 2006, 「신석기시대 내륙지역의 어로문화」, 『신석기시대의 어로문화』, 동삼동패총전시관.

후 내륙지역 출토 어망추를 분석하고 어망법과 결구방식을 추정하여 복원하였다. 그리고 西谷 正[33]은 한국과 중국, 일본에서 출토된 갈판(안형마구)을 비교하여 신석기시대 농경문제를 다루었고, 上條信彦[34]은 한반도와 일본 북부 구주지역에서 출토되는 제분 제작구의 형식을 나누고 시공간적인 분포양상을 검토하였다.

둘째는 유적을 단위로 하여 출토된 석기를 종합적으로 분석하고, 나아가 제작수법과 생업을 제시한 연구경향이 있다. 먼저 이헌종[35]은 함평 장년리 유적 출토 뗀석기를 기술형태학적인 방법을 적용하여 석기를 검토하였고, 신숙정과 손기언[36]은 오산리유적에서 출토된 뗀석기를 구석기시대 석기분류체계를 바탕으로 석기를 형태적으로 분류하고, 기존에 조사된 유적에서 중요하게 여기지지 않았던 뗀석기에 대한 재검토의 필요성을 제기하였다. 구자진[37]은 대천리유적에서 출토된 석기를 종류별로 나누고 검토하였고, 강창화[38]는 고산리문화를 제시하면 토기와 함께 석기를 종합적으로 고찰하였다. 윤정국[39]은 진그늘유적에서 출토된 뗀석기의 제작수법과 기능을 검토하였고, 곽진선[40]은 노래섬패총 출토 석기를 층위별로 검토하여 시기적인 변화 양상을 제시하고, 이후에 이를 수정하고 보완하였다[41]. 이헌종과 김건수[42]는 여서도패총 출토 석기를 대상으로 하여 기술형태적 분석을 시도

33 西谷 正, 2002,「東北アジアの中の韓半島の鞍形磨臼」,『5,000년 전의 대동강문화와 암사동유적』, 한국선사고고학회.

34 上條信彦, 2005,「先史時代의 製粉 加工具」,『한국신석기연구』10, 한국신석기학회.

35 이헌종, 2000,「호남지역 신석기시대 타제석기 제작기법의 제양상 -장년리당하산 유적을 중심으로-」,『先史와 古代』15, 한국고대학회.

36 신숙정·손기언, 2002,「강원지방의 뗀(打製)석기 연구」,『강원고고학보』창간호, 강원고고학회.

37 구자진, 2004,「대천리 신석기유적의 토기와 석기에 대한 연구」,『호서고고학보』11, 호서고고학회.

38 강창화, 2006,「제주 고산리 신석기문화 연구」, 영남대학교 박사학위논문.

39 윤정국, 2006,「진그늘유적에서 나온 신석기시대 뗀석기의 제작수법 연구」, 조선대학교 석사학위논문.

40 곽진선, 2006,「군산 노래섬유적의 선석기시대 석기에 대한 연구」, 원광대학교 석사학위논문.

41 곽진선, 2011,「서해안지역 석기조합양상과 시기별 변화양상-군산 노래섬유적 출토품을 중심으로-」,『한국고고학연합대회 발표자료집』제1회, 한국고고학회.

42 이헌종·김건수, 2008,「신석기시대 여서도패총유적 자갈돌 석기의 고고학적 의미 연구」,『도서문

하였고, 하인수[43]는 범방유적의 석기를 종합적으로 검토하였으며, 하영중[44]은 울진 죽변리유적에서 출토된 석기를 통해 유적의 성격을 밝히고자 하였다.

셋째는 석기제작에 대한 연구가 있다. 이헌종[45]은 장년리 당하산출토 굴지구를 분석하여 3가지의 제작수법을 제시하고, 그 기능을 농경 또는 굴광, 벌목 등 호환적인 기능을 가지고 있는 것으로 보았다. 윤정국[46]은 단일 유적의 석기제작체계를 파악하기 위해 진그늘유적을 대상으로 석기를 검토하여 제작과정과 기술을 제시하였다. 이후 굴지구의 형태와 인부의 모습을 통해 형태를 분류하고 제작수법을 공정별로 제시하여 단계별 제작특징을 살펴보았다.

넷째는 석기 사용흔 관찰을 통한 기능 연구가 있다. 윤지현[47]은 중서부지역의 신석기시대와 청동기시대 석부를 대상으로 사용흔 분석을 시도하여 기능을 유추하고, 지역별 수량변화를 악하여 생계양상을 검토하였으며, 김성욱[48]은 한반도 신석기시대 초기농경을 검토하기 위해 굴지구와 석도, 갈돌과 갈판 등의 석기를 대상으로 사용흔 분석을 시도하고, 실험석기와 비교분석하였다. 이후 갈머리유적과 진그늘유적의 석도를 분석하여 수확구로서 가능성을 제시하였다.

화』31, 목포대학교도서문화연구소.

43 하인수, 2010, 「범방유적의 석기 검토」, 『부산대 고고학과 창설20주년 기념논문집』, 부산대고고학과.

44 하영중, 2010, 「동해안지역 신석기시대 석기 검토-울진 죽변리유적을 중심으로-」, 『동해안지역의 신석기문화』, 삼한문화재연구원 · 한국신석기학회.

45 이헌종, 2000, 「호남지역 신석기시대 타제석기 제작기법의 제양상 -장년리당하산 유적을 중심으로-」, 『先史와 古代』15, 한국고대학회.

46 윤정국, 2007, 「신석기시대 석기 제작체계 연구-진그늘유적을 대상으로-」, 『사림』28, 수선사학회.
   윤정국 2009, 「신석기시대 굴지구의 제작기법에 대한 연구」, 『한국신석기연구』17, 한국신석기학회.

47 윤지연, 2006, 「한반도 중서부지역 석부에 대한 일고찰 : 신석기~청동기 석부의 기능과 변화상을 중심으로」, 서울대학교 석사학위논문.
   윤지현, 2007, 「사용흔 분석을 통한 석부의 기능 연구 : 중서부 지역 신석기시대~청동기시대 전기 석부를 중심으로」, 『한국고고학보』63, 한국고고학회.

48 金姓旭, 2008, 「韓國南部地域における初期農耕文化の硏究」, 熊本大學大學院 文學博士學位論文.
   김성욱, 2008, 「사용흔분석을 통한 신석기시대 수확구 시론」, 『한국신석기연구』16, 한국신석기학회.

다섯째는 지역단위로 석기를 통합하여 분석하거나 석기조합을 통한 생업연구가 있는데 80년대 비해 연구 범위도 늘어나고 농경에 대한 관심이 증가하면서 연구가 광역화되고 세분화되었다. 임상택[49]은 중서부지역 석기의 조합상을 정리하고 개별석기들의 형태변화를 고찰하여 석기의 시기적 변화과정을 찾아보려 하였다. 이후 한반도 중서부지역의 물질문화 변동을 도구체계와 취락구조를 중심으로 살펴보고, 초기농경의 수용과정과 확산을 종합화하였다. 최종혁[50]은 자연유물 및 석기, 골각기 등 도구조성을 분석하여 생계유형을 연구하고, 석기 조성비율과 자연유물에 대한 검토를 통해 지역적인 생업형태와 변화를 제시하였다. 이영덕[51]은 서해안과 남해안지역을 중심으로 어로구의 출토양상과 어로방법을 검토하였다. 그리고 송은숙[52]은 유적의 입지와 출토유물에 대한 검토를 통해 신석기시대 농경의 가능성을 제시하고, 지역별 생계양식의 변화를 빗살무늬토기 문화의 확산과 함께 점진적으로 어로중심의 채집경제, 강화된 식물채집경제, 새로운 생계전략의

---

49 임상택, 2000, 「중서부지역 신석기시대 석기에 대한 초보적 검토 I -석기조성을 중심으로-」, 『한국신석기연구』창간호, 한국신석기학회.

　　임상택, 2006, 「한국 중서부지역 빗살무늬토기문화 연구」, 서울대학교 박사학위논문.

50 최종혁, 2001, 「생산활동에서 본 한반도 신석기문화-중서부지방과 동북지방의 패총유적을 중심으로-」, 『한국신석기연구』2, 한국신석기학회.

　　최종혁, 2004, 「신석기시대 남부지방 생업에 대한 연구」, 『제주도 신석기문화의 형성과 전개』, 한국신석기학회 발표집.

　　최종혁, 2005, 「한국 남부지방 농경에 대한 연구-석기조성을 중심으로-」, 『한국신석기연구』10, 한국신석기학회.

　　최종혁, 2006, 「신석기시대 어로민의 생계유형」, 『신석기시대의 어로문화』, 동삼동패총전시관.

51 이영덕, 2006, 「서·남해안 신석기시대 어로구와 어로방법」, 『신석기시대의 어로문화』, 동삼동패총전시관.

52 송은숙, 2001, 「신석기시대 생계방식의 변천과 남부내륙지역 농경의 개시」, 『호남고고학보』14, 호남고고학회.

　　송은숙, 2002, 「한국 빗살무늬토기 문화의 확산과정 연구」, 서울대학교 박사학위논문.

도입(조의 경작)이라는 단계별 적응전략을 제기하였다. 하인수[53]는 석기의 개별 기종의 특징과 조합상을 통해 시기별 석기양상과 변화과정을 전반적으로 검토하였고, 정미란[54]은 해수면 변동과 관련하여 동해안지역의 신석기시대 조기와 전기유적에서 출토된 토기와 석기를 검토하여 어로 활동을 파악하였다. 박준범[55]은 중서부지역에서 출토되는 석기를 용도별로 분류·검토하여 생업형태와 특징을 정리하였고, 박근태[56]는 제주도지역에서 확인되는 신석기시대 초창기단계의 석기를 찾아 공통점을 파악하려 하였다. 포염령[57]은 중국의 산동성 교동반도와 한반도 중서부지역의 신석기시대 유적과 유물을 검토하고, 석기조성을 통해 생계양식의 변화상을 비교하였다. 이정재[58]는 강원도 동해안지역의 신석기시대 유적에서 출토되는 석기를 분석하여 생업양상과 변천을 설명하였다.

여섯째로 석재산지분석과 이와 관련된 생산과 교역에 대한 연구경향이 있다.

---

53 하인수, 2006, 「동남해안지역의 신석기시대 어로구」, 『신석기시대의 어로문화』, 동삼동패총전시관.
　　하인수, 2006, 「영남해안지역의 신석기문화 연구-편년과 생업을 중심으로-」, 부산대학교 박사학위논문.
　　하인수, 2009, 「신석기시대 석기의 종류와 양상」, 『박물관연구논집』15, 부산박물관.
54 정미란, 2007, 「동해안지역 신석기시대 생업활동-조기~전기유적의 어로활동을 중심으로-」, 경주대학교 석사학위논문.
55 박준범, 2007, 「신석기시대 중서부지역의 생업활동-석기분석을 중심으로-」, 『중서부지역 신석기문화의 제문제』, 서울경기고고학회·한국신석기학회 학술대회 자료집.
　　박준범, 2008, 「신석기시대 서울·경기지역 출토 간석기에 대한 연구」, 『한국신석기연구』15, 한국신석기학회.
　　박준범, 2009, 「서해북부해안지역의 신석기문화」, 『한반도 신석기시대 지역문화론』, 동삼동패총전시관.
56 박근태, 2009, 「신석기시대 초창기단계의 석기검토-제주도를 중심으로-」, 『고고광장』5, 부산고고학연구회.
57 包艷玲, 2009, 「중국 교동반도와 한반도 중서부지역 신석기시대 생업활동 비교연구」, 전남대학교 석사학위논문.
58 이정재, 2009, 「강원 동해안지역 신석기시대 생업경제에 대한 연구-석기조성과 그 변천을 중심으로-」, 강원대학교 석사학위논문.

석재산지분석은 동삼동과 범방, 연대도 패총 출토 흑요석을 분석[59]하는 것처럼 특정 석재에 대해 목적성을 가지고 분석을 시도하거나, 진안 갈머리·노래섬유적 출토 석재의 암종을 분석[60]한 경우처럼 유적 출토석재를 분석하는 경우가 있다. 근래에 대형 유적들은 대부분 보고서 말미의 부록에 석재에 대한 암종분석[61]이 따르고 있어 석재연구에 대한 인식변화가 진전되었음을 알려주는 지표라 할 수 있다. 그리고 이러한 석재분석에 따른 해석의 문제에 있어 이상균[62]은 남해안지역과 일본 구주지역의 석기군을 비교하여 교류관계를 검토하였고, 하인수[63]도 흑요석의 유통과 교역문제를 제시하였다.

2010년대 초반에는 지역성이라는 주제로 한반도의 석기를 정리하려는 시도가 있었고, 다양한 명칭과 각기 다른 석기분류에 대한 점검을 위해 석기의 분류와 제작방법에 대한 집중토론회를 가졌다. 연구 주제는 개별석기에 대한 형태적인 연구, 사용흔을 통한 기능분석, 지역 단위로는 하는 석기형태분석과 석기조합을 통한 시공간적 변천 연구가 있다.

먼저 개별석기에 대한 형태적인 연구는 결합식 조침을 주제로 논고를 정리한 천성주[64]와 최득준[65]이 있다. 이들은 선학들의 연구결과를 종합하고 새롭게 추가

---

59 高橋豊·河仁秀·小畑弘己, 2003, 「螢光X線分析에 의한 東三洞·凡方遺蹟 出土 黑曜石 産地推定」, 『한국신석기연구』6, 한국신석기학회.

　조남철, 2005, 「한반도 남부 신석기 유적 흑요석의 특성화 연구」, 『강원고고학보』4-5, 강원고고학회.

60 김주용·고상모·안승모·이영덕, 2005, 「진안 갈머리·좌포리유적, 군산 노래섬패총 출토 석재의 암종감정을 위한 박편관찰」, 『한국신석기연구』9, 한국신석기학회.

61 조미순·박윤정·좌용주, 2013, 「고성 문암리유적 출토 석기의 원산지 추정」, 『한국신석기연구』26, 한국신석기학회.

62 이상균, 2003, 「신석기시대 한반도 남해안 석기군의 양상」, 『일한신석기시대의 석기』, 제5회 일한신석기시대 연구회 발표요지.

63 하인수, 2006, 「신석기시대 한일문화교류와 흑요석」, 『한국고고학보』58, 한국고고학회.

64 천성주, 2010, 「신석기시대 결합식조침 검토」, 창원대학교 석사학위논문.

65 최득준, 2012, 「한반도 신석기시대 결합식조침에 대한 연구」, 부산대학교 석사학위논문.

된 자료를 통해 결합식조침을 재정리하였다. 박성근[66]은 굴지구를 석부의 한 종류로 포함시키고 남부지역에서 출토되는 석부에 한정하여 형식 분류를 시도하였다. 그 후에 시기적인 수량 변화와 특징을 살펴 전기 후반을 기점으로 2기로 나누고 농경과 관련하여 변화를 검토하였다. 지영배[67]는 한반도에서 출토되는 석재수식과 결상이식 등 장신구와 이형유물을 대상으로 공간적인 특징을 살펴 3기로 획기를 나누고 변천양상과 원인을 제시하였다. 최경용과 문수균[68]은 찔개살의 제작과 사용에 대한 실험을 통해 기능을 파악하려 하였고, 이상규[69]는 해안지역에서 출토된 작살을 분류하고, 공간적 특징을 살펴 2기의 획기로 나누어 변천양상을 검토하고 작살업의 형태를 제시하였다.

한편 김경진[70]은 석기 사용흔 분석의 발전과정, 관찰과 해석에 대한 방법론, 석기 흔적의 종류와 기능에 대해 이론적인 정리를 실시하였다. 이후 김경진과 김소영[71]은 인천 운서동유적 출토 석영제 석기에 대한 기능 파악을 위해 민족지학과 실험자료를 취득하고 사용흔 분석을 시도하였다.

지역 단위로 석기를 해석하는 연구는 2011년에 신석기시대 석기의 지역성이라는 주제로 발표된 논고를 시작으로 한다. 하인수[72]는 기조강연에서 석기연구 현황

---

66 박성근, 2012, 「남부지역 신석기시대 석부 연구」, 부산대학교 석사학위논문.
　　박성근, 2013, 「남부지역 신석기시대 석부 연구」, 『한국고고학보』86, 한국고고학회.
67 지영배, 2013, 「한반도 신석기시대 장신구 및 이형유물에 대한 연구」, 부산대학교 석사학위논문.
68 최경용·문수균, 2013, 「신석기시대 찔개살 제작 및 사용 실험 연구」, 『중앙고고연구』13, 중앙문화재연구원.
69 이상규, 2014, 「신석기시대 한반도 해안지역 작살에 관한 검토」, 『한국신석기연구』27, 한국신석기학회.
70 김경진, 2010, 「석기 사용흔 분석과 기능 연구」, 『한강고고』4, 한강문화재연구원.
71 김경진·김소영, 2012, 「신석기시대 망치형석기의 기능 연구」, 『중앙고고연구』11, 중앙문화재연구원.
72 하인수, 2011, 「신석기시대 석기연구 현황과 과제」, 『한국고고학 연합대회 발표자료집』제1회, 한국고고학회.

과 앞으로의 과제를 정리하였고, 이정재[73]는 오산리 C유적 출토 석기를 중심으로 동해안지역의 생업변화를 살펴보았다. 윤정국[74]은 남부 내륙지역 신석기시대 석기의 비율과 석기조성을 통해 내륙지역의 석기변천양상을 3단계로 나누어 살펴보았다. 안성희[75]는 남해안지역을 대상으로 석기조성의 변천과 양상을 정리하였고, 박근태[76]는 제주도지역의 신석기시대 초기유적에서 출토된 석기를 검토한 이후에 시기별 양상과 변천을 검토하였다. 그리고 윤혜나[77]는 중서부지역의 생업을 검토하기 위하여 석기를 분류하고 석기조성을 비교하고 계량적으로 분석하여 지역별 변화를 검토하였다. 유지인[78]은 중서부지역의 취락유적에서 출토되는 석기를 대상으로 다양도(diversity) 분석을 실시하여 중 · 후기의 석기변화상과 생업을 검토하였다. 또한 소상영[79]은 중서부지방의 신석기시대 생계와 주거체계를 연구하면서 석기조성을 이용하였고, 조은하[80]는 강원 영동지역 농경수용과 생계양상을 변화를 검토하고자 석기조성비율 변천을 살펴보았다.

---

73 이정재, 2011, 「동해안지역 신석기시대 석기의 검토를 통한 생업의 변화-오산리 C유적 출토 석기를 중심으로-」, 『한국고고학 연합대회 발표자료집』제1회, 한국고고학회.

74 윤정국, 2011, 「남부내륙지역 신석기시대 석기의 제양상」, 『한국고고학 연합대회 발표자료집』제1회, 한국고고학회.
   윤정국, 2011, 「남부내륙지역 신석기시대 석기의 변천과 양상」, 『한국신석기연구』22, 한국신석기학회.

75 안성희, 2011, 「남해안지역 신석기시대 석기조성과 시기별 양상」, 『한국고고학 연합대회 발표자료집』제1회, 한국고고학회.

76 박근태, 2011, 「제주도 신석기시대 석기검토-초기 유적을 중심으로-」, 『한국고고학 연합대회 발표자료집』제1회, 한국고고학회.
   박근태, 2011, 「제주도 신석기시대 석기 검토」, 『한국신석기연구』21, 한국신석기학회.

77 윤혜나, 2011, 「한국 중서부지역 신석기시대의 석기조성과 생업」, 전남대학교 석사학위논문.

78 유지인, 2012, 「신석기시대 중 · 후기 중서부 해안지역 취락 구조 연구」, 서울대학교 석사학위논문.
   유지인, 2012, 「신석기시대 중 · 후기 중서부 해안지역 취락의 석기조성 양상」, 『중서부지역의 신석기문화』2012년 한국신석기학회 학술대회 발표자료집.

79 소상영, 2013, 「한반도 중서부 지방 신석기시대 생계 · 주거 체계 연구」, 한양대학교 박사학위논문.

80 조은하, 2014, 「강원 영동지역 신석기시대 농경 수용과 생계양상의 변화」, 충북대학교 석사학위논문.

그리고 근래에는 석기연구의 기초를 확립하기 위해 명칭과 분류, 제작수법에 대해 집중토론회가 이루어졌다. 박근태[81]는 신석기시대 석기 용어와 분류를 발간된 보고서를 검토하여 용어를 비교하고 그 대안을 제시하였고, 윤정국[82]은 개별 석기의 제작수법을 검토하고 유적 단위의 석기제작체계를 제시하였다.

신석기시대 석기에 대한 연구방법과 주제를 시기에 따라 정리해 보면 다음 〈표1-1〉과 같다. 1970년대 이전의 연구는 신석기시대 유적이 발굴되면서 유적에서 출토되는 석기를 소개하거나 단순 추정을 통해 기능파악이 이루어졌다. 그리고 이를 바탕으로 생업에 대한 개괄적인 설명으로 이어졌다. 1980년대에는 패총을 비롯한 해안가에 자리한 유적들의 발굴조사 보고서가 발간되었다. 이에 따라 어로구 등 기종별 석기에 대한 연구가 이루어졌고, 패총의 층위에 따른 석기양상의 변천과 제작수법에 대한 검토가 새롭게 시도되었다.

1990년대에는 80년대 미간된 보고서의 간행과 전국적인 구제발굴조사가 이루어지면서 내륙지역에 입지한 신석기시대 유적에 대한 관심이 증가한다. 이 시기의 논문들은 내륙지역과 해안지역 유적의 생업양상 비교, 해안지역의 생업양상과 시기적인 변천, 내륙지역 출토 석기의 용도와 사용방식, 그리고 내륙지역 유적의 성격해석, 농경에 대한 관심, 고산리유적의 발견 등으로 표현할 수 있다. 각각의 내용들이 모두 석기와 밀접한 관련이 있었지만 석기연구자가 많지 않았던 관계로 논고들은 대부분 기종별 석기에 대한 해석이 주류를 이루었다. 그렇지만 이 시기에 농경도구와 어로구에 대한 기본적인 연구가 이루어졌고, 남해안의 패총문화 양상과 변천이 정리되었다.

---

81 박근태, 2014, 「신석기시대 석기의 용어와 분류」, 『한국 신석기시대 석기의 분류와 제작수법』제4회 집중토론회자료집, 한국신석기학회.
82 윤정국, 2014, 「신석기시대 석기의 제작수법」, 『한국 신석기시대 석기의 분류와 제작수법』제4회 집중토론회자료집, 한국신석기학회.

연구방법과 주제　　　　　시대별	70년대 이전	80년대	90년대	2000년대	2010년대	합계
단순소개 및 비교	4	2	3			9
개괄적인 설명	4	1	2			7
기종별 석기의 양상, 형태, 변천		4	6	14	7	31
유적단위로 석기를 연구-성격			1	10		11
석기제작수법과 체계 복원		1		3	1	5
사용흔분석과 기능파악				4	2	6
지역단위로 통합분석-석기조성			2	19	11	32
석재산지 및 교류관계				6		6
기 타				1	2	3
합 계	8	8	15	56	23	110

　　2000년대에는 석기연구의 논문 수량이 급격하게 증가한다. 이것은 1990년대에 조사된 발굴보고서의 발간과 함께 석기연구자가 늘어났기 때문이다. 석기의 연구주제도 다양해지면서 새롭게 석기제작수법과 사용흔 분석, 석재 원산지와 교류 연구가 추가되었다. 그래도 대부분의 연구는 유적의 성격을 밝히거나 농경과의 관계성을 점검하기 위해서 이루어졌다. 굴지구와 석부, 석촉 등에 대한 기종별 석기분석 사례와 지역 단위로 하는 석기조합과 비율을 검토한 생업의 양상과 변천 연구가 있다.

　　2010년대 초반에는 기존에 논의된 해석을 종합하는 시간[84]을 가지게 되었지만

---

83 현황표는 본고에 예시된 논문에 한정하였는데 석기연구의 흐름을 보여주기에 적당하다. 그리고 현황표의 일부 논문들 중 2개 이상의 주제가 중복되어 있는 경우에는 방법론적인 분석에 비중을 두어 하나의 개수로 설정하였다. 한편 2010년대 후반에는 몇편의 석기연구가 추가되었고, 석기연구사를 정리한 글이 출판되었다. 참고할만한 도서는 다음과 같다.
　　중앙문화재연구원 엮음, 2017, 『한국 신석기시대 고고학사』, 진인진.
　　하인수, 2017, 『신석기시대 도구론』, 진인진.
84 중앙문화재연구원 편, 2011, 『한국 신석기문화 개론』, 서경문화사.
　　중앙문화재연구원 편, 2012, 『한국 신석기문화의 양상과 전개』, 서경문화사.
　　중앙문화재연구원 편, 2014, 『한국 신석기시대 토기와 편년』, 진인진.

석기연구는 2000년대 마찬가지로 추가된 자료를 바탕으로 기종별 석기 분석과 지역 단위의 석기조성이 중심을 이루고 있다. 다만 좀더 보강된 형태분석과 변천관계에 대한 연구, 신석기 초창기 석기에 대한 관심과 제작수법에 대한 검토 그리고 상대적으로 소홀했던 석기 기능에 대한 연구는 긍정적인 방향이라 할 수 있다.

지금까지 석기연구를 시대별로 살펴본 결과 짧은 석기연구사에 비하여 적지 않는 연구가 이루어진 것을 알 수 있었다. 그럼에도 불구하고 큰 틀에서 본 석기연구는 지엽적인 측면의 연구가 중심을 이루고 있다. 이것은 석기라는 특수성으로 이해할 수 있지만 좀 더 앞으로 나아가기 위해서는 한반도 전체를 공간으로 하는 석기연구가 필요하다.

이를 위해서는 먼저 신석기시대 유적에서 출토되는 석기를 지역별로 취합하고, 이를 동일한 시간축에 의거하여 나누고 지역성과 석기편년을 작성하여야 한다. 그리고 기종별 석기는 단일한 기준에 따라 분류하고 기술과 형태, 기능 분석 등을 통해 석기 제양상과 특징을 검토하여야 한다.

현재까지의 석기연구는 대체로 형태와 석기조성 연구가 중심을 이루었다. 물론 여전히 기종별 석기의 형태연구와 석기조성연구는 중요하고 앞으로 남은 과제도 많다. 그렇지만 상대적으로 석기연구의 한 축으로 기술적인 연구는 매우 미진하다. 특히 기종별 석기의 제작방법이나 제작체계에 대한 해석은 아직도 요원한 실정이다.

따라서 본고에서는 연구가 미진한 신석기시대 석기의 기술적인 연구에 중점을 두고자 한다. 특히 기종별 석기의 제작방법을 파악하고 시기적으로 변화를 정리하고자 한다. 이를 통해 신석기시대 석기제작체계 양상과 특징을 살펴보고자 한다.

2. 석기연구의 방법과 절차

기존의 석기연구들은 형태분석, 석기조성분석이 중심을 이루다 보니 상대적으로 기술적인 연구는 미진하였다. 따라서 본고에서는 신석기시대 석기의 기종별 제작과 정과 특징을 살펴보고 나아가 신석기시대 석기제작체계와 변화를 검토하고자 한다.

　연구대상의 공간적 범위는 한반도 중남부(남한)를 대상으로 하였고, 시간적 범위는 신석기시대 전시기로 초창기부터 말기까지이다. 연구방법은 지금까지의 연구경향을 참고하여 석기를 분류하고 기종별 석기의 현황을 파악한다. 그리고 연구 대상유적을 선정하여 시기별로 제작방법의 변화를 살펴보고자 한다. 이후 기종별 제작방법을 하나로 종합하여 신석기시대 석기제작체계를 설정한다. 또한 시기별로 제작방법의 특징과 변화를 검토하여 석기제작의 변화를 단계별로 제시한다. 이를 그림으로 도식화하면 논문 구성은 서론과 결론을 포함해서 총 7장으로 이루어진다(그림1-1).

　I장은 지금까지 이루어진 연구현황을 시대별로 정리하고 여기서 도출되는 문제점을 제시한다. 이를 통해 논문의 목적을 제시하고 방법론을 명확히 한다.

　II장에서는 선학들의 연구사례와 유적 분포를 참고하여 광역권을 설정하고, 산과 강을 경계로 하여 지역권을 나눈다. 지역권의 분류는 산경도를 바탕으로 수계별로 정리한다. 그리고 석기의 편년설정을 위해 기왕의 편년을 점검한다. 편년검토는 토기를 중심으로 이루어진 상대편년과 자연과학적인 분석을 통한 절대편년을 검토한다. 그리고 추가적으로 해수면변동, 식생과 기후에 대한 자료를 정리하고 이를 종합하여 석기 편년안을 마련하고자 한다.

　III장에서는 신석기시대 석기를 단일한 분류안에 따라 나누고 석기제작기술과 석기 용어를 검토한다. 특히 보고서에서 다양하게 사용되고 있는 석기의 명칭을 대표명칭으로 정리하거나 본고에서 사용되는 제작기술의 용어를 검토한다. 그리고 분류안에 따라 타제석기와 마제석기, 고타석기로 대분류하고 기종별 석기의 개념과 현황을 파악한다. 그리고 이 현황자료는 정리하여 〈부록1·2〉에 제시한다.

　IV장에서는 신석기시대 석기가 출토된 유적을 대상으로 석기 수량과 다양도에 따라 3개 그룹으로 구분한다. 그리고 이 중 최상위에 속하는 가A그룹에 해당하는

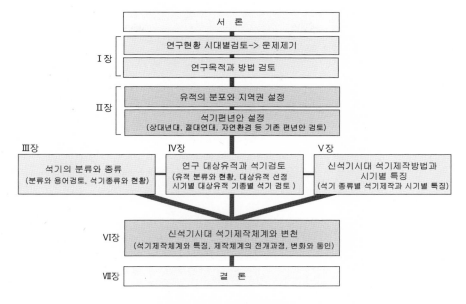

<그림 1-1> 글의 구성과 전개방식 도식화

유적에서 도구석기의 풍부도와 다양도가 높고, 시기가 명확한 유적 등 단일한 기준에 의거하여 연구 대상유적을 선정한다. 그리고 각 유적에서 출토된 석기 기종을 모두 살펴보고 기종별 석기제작방법을 검토하고 특징을 살펴본다.

Ⅴ장은 4장에서 정리한 각 유적의 석기제작 방법을 정리하고 기종별 석기제작방법을 타제석기, 마제석기, 고타석기 등 석기 종류에 따라 제시한다. 그리고 기종별 석기의 제작방법을 시기별로 종합하여 특징을 도출한다.

Ⅵ장에서는 각 장을 종합하여 석기제작방법을 하나로 정리하고 석기제작체계를 살펴보고 제작체계의 특징을 검토한다. 이후 시기별 석기제작 양상과 변화를 통해 신석기시대 석기제작체계의 변천을 단계별로 살피고 변화 동인을 제시한다.

마지막으로 Ⅶ장에서는 각 장의 내용을 정리하고 결론을 도출한다. 그리고 연구를 통해 밝혀진 내용을 요약하고 발전적인 대안을 제시한다.

2장. 신석기시대 유적의 공간과 시간

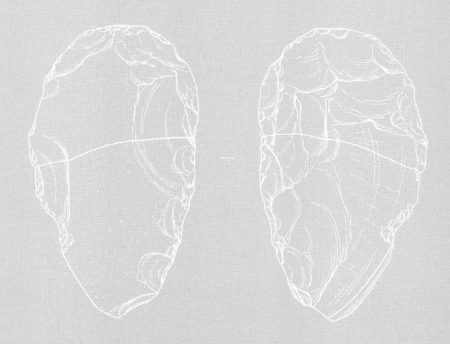

1. 유적 분포와 권역

한반도 신석기시대의 지역 구분은 유적의 분포상황을 고려하여 행정구역과 방위를 토대로 구분하거나 토기의 공통적인 특징을 바탕으로 지역권을 설정하여왔다. 1960년대에 有光敎一이 한반도를 中鮮, 西鮮, 北鮮, 南鮮으로 구분한 이래 1970년대 남북한에서는 지역권 또는 문화유형이라는 용어를 사용하여 지역 구분을 시도하였다. 먼저 북한에서는 중서부, 압록강하류-요동, 압록강 중상류, 함북-연해주, 남해안 등 5개로 나누었고, 1980년대에는 궁산-동삼동유형, 미송리-소주산유형, 서포항-앵가령유형으로 나누었다가, 1990년대에 운하문화, 미송문화, 서포항문화로 명칭을 변경하였다. 남한에서는 1970년대에 김정학이 서북, 동북, 중부, 남부 등 4개로 나누었고, 김원룡은 압록강, 대동강, 한강, 낙동강, 서해도서, 두만강 등 6개로 구분하였다. 1980년대에는 한영희가 서북, 동북, 중서부, 남부로 구분하고, 다시 청천강과 중부 동해안을 경계로 북부의 평저토기와 남부의 환저토기지역으로 구분하였다[85]. 이후 1990년대 들어 구제발굴이 증가하면서 내륙지역에서 유적이 조사되어 기존의 지역 구분에서 내륙지역이 분화되었고, 2000년대

---

85 안승모, 2009, 「신석기시대 지역성과 지역분류에 대한 연구사적 검토」, 『한반도 신석기시대 지역문화론』, 동삼동패총전시관, pp. 7~22.

말에는 <한반도 신석기시대 지역문화론>을 언급하면서 남해안, 서해북부, 서해남부, 동해안, 영남내륙, 중부내륙, 북부내륙, 제주도로 세분화되었다.

이처럼 지역권은 토기를 중심으로 하여 시대별로 연구자들의 중점 양상에 따라 가변적으로 이루어졌다. 그리고 지역 범위를 동일한 이름으로 사용하더라도 범위의 차이가 있어 지역 구분은 여전히 명확하게 확정되지 않았다. 이것을 극복하기 위해서는 앞으로는 토기은 물론 자연환경, 주거지, 석기, 생업형태 등을 포함한 지역성에 대한 검토가 필요하겠다.

본고에서는 이처럼 기존의 지역권을 큰 틀에서 받아들여 기본적인 권역으로 삼고, 권역내의 산과 강의 경계를 인식론적으로 구분하고 있는 산경도를 바탕으로 하여 <표2-1>과 같이 정리한다(그림2-1~4).

<표 2-1> 유적의 분포에 따른 지역권의 설정

	권역	지역권	
1	서북권역	압록강중상류지역, 압록강하류지역, 청천강지역	3
2	동북권역	두만강중상류지역, 연해주하싼지역, 동해북부지역	3
3	중서북부권역	대동강지역, 재령강지역	2
4	중서남부권역	경기만지역, 당진아산만지역, 한강하류지역, 임진강지역	4
5	중부내륙권역	북한강지역, 남한강지역	2
6	동해안권역	동해안	1
7	남부내륙권역	금강지역, 영산강지역, 섬진강지역, 낙동강지역, 태화형산강지역	5
8	남부해안권역	남서부해안지역, 남해안서부지역, 남해안동부지역, 남동부해안지역	4
9	제주도권역	제주해안지역, 제주내륙지역(해안저지대, 중산간지대)	2
	9개 권역	26개 지역권	

1) 서북권역(압록청천강권역)

이 권역은 한반도의 서북한지역과 중국의 요동동부지역 일부를 포함한다. 권역의 중심에는 압록강이 자리한다. 북쪽의 경계는 중국 천산(天山)에서 북동쪽으

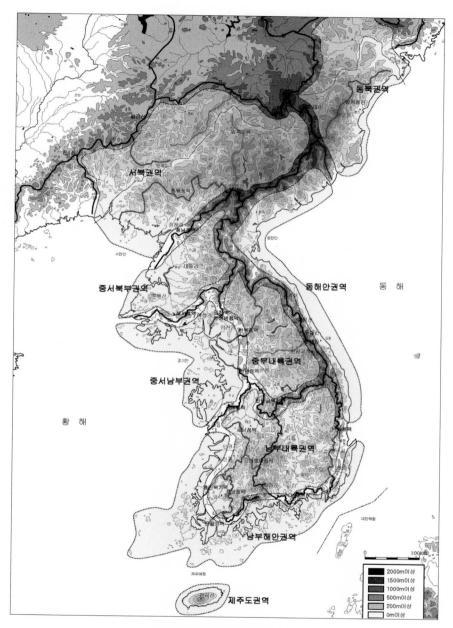

〈그림 2-1〉 신석기시대 권역 설정

로 용강산(龍崗山)에서 백산(白山)을 거쳐 백두산으로 연결되고, 남쪽의 경계는 청남정맥경계로 하여 동쪽으로 낙림산을 거쳐 백두대간을 통해 백두산으로 연결된다. 행정상으로는 중국의 본계시(本溪市) 환인현(桓仁縣), 단동시(丹東市) 관전구(寬甸溝)과 진안구(振安區)를 포함하고, 압록강지류인 혼강(渾江) 유역에 해당하는 통화지역의 집안(集安)과 통화(通化)를 포함된다. 북한지역은 행정상으로 평안북도 룡천군, 염주군, 의주군, 정주시, 영변군 등이 속한다.

유적의 분포는 압록강중상류지역, 압록강하류지역, 청천강지역으로 나눌 수 있다. 압록강중상류지역은 대부분 압록강 하구연안의 단구와 경사지에 분포된다. 압록강 북안과 지류의 혼강, 포석하, 애하류역에서는 정식발굴된 유적이 없지만 지표조사를 통해 20여개 유적이 확인되었다. 대표유적으로는 혼강유역의 노지구(老地溝), 관전현의 대태자(大台子)와 류가가(劉家街), 취리외자(臭梨隈子), 소랑랑성산(小娘娘城山), 집안시의 대주선구(大朱仙溝) 등이 있다[86]. 그리고 압록강유역의 남안에 해당되는 북한지역 장강도에는 중강 토성리유적[87]이 발굴조사되었다.

압록강하류지역에서는 평안북도에는 룡천 신암리[88], 용연리[89], 염주 반궁리[90]가 발굴조사되었고, 청천강지역에서는 정주의 당산패총[91], 영변 세죽리유적[92]이 조사되었다[93].

---

86 許玉林·金石柱, 1986,「遼寧丹東地區鴨綠江右岸及其支流的新石器時代遺存」,『考古』1986-10.
87 정찬영, 1983,「토성리유적」,『압록강·장자강류역 고구려유적발굴보고』, 과학·백과사전출판사.
88 김용간·리순진, 1966,「1965년도 신암리유적 발굴보고」,『고고민속』1966-3, 사회과학원출판사.
89 리병선, 1962,「평안북도 룡천군·염주군 일대의 유적답사 보고」,『문화유산』1962-1, 과학원출판사.
90 서국태·지화산, 1994,「반궁리유적에 대하여(1)」,『조선고고연구』1994-2, 사회과학출판사.
    서국태·지화산, 1995,「반궁리유적에 대하여(2)」,『조선고고연구』1995-2, 사회과학출판사.
    서국태,지화산, 2003,「마산리·반궁리·표대유적 발굴보고」, 사회과학출판사.
91 차달만, 1992,「당산 조개무지 유적 발굴보고」,『조선고고연구』1992-4, 사회과학출판사.
92 김정문·김연우, 1964,「세죽리유적 발굴 중간보고 Ⅰ·Ⅱ」,『고고민속』1964-2·4, 과학원출판사.
93 사회과학원 고고학연구소, 2009,『압록강류역일대의 신석기시대 유적』, 조선고고학전서4, 진인진.
    사회과학원 고고학연구소, 2009,『두만강류역일대의 신석기시대 유적(2)』, 조선고고학전서6, 진인진.

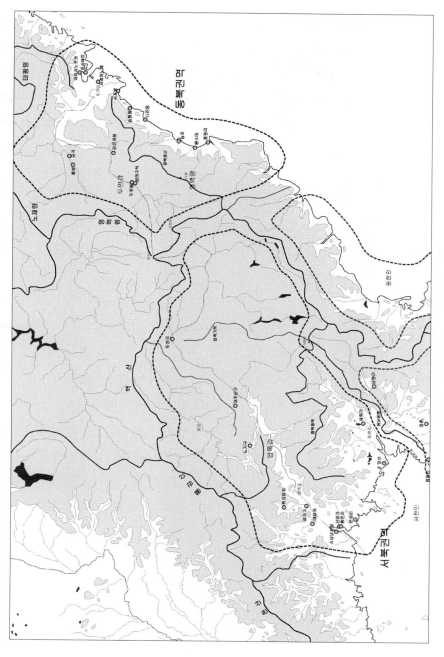

<　그림 2-2〉 북부지역 지역권과 유적분포도

2) 동북권역(두만강권역)

이 권역은 요동성 북한지역 동해안 일대에 해당하는 함경도와 러시아 일부를 포함한다. 두만강의 본류는 백두산자락에서 동북방향으로 흘러간다. 이후 온성지역에서 중국연변에서 남동으로 흘러내린 지류와 합류하여 남동쪽으로 흘러내려 바다에 접한다. 북쪽의 경계는 백두산자락에서 북동쪽으로 영액령(英額嶺)을 나아가다 노야령(老爺嶺)의 산자락으로 연결되고 동쪽으로 나지막한 태평령(太平嶺) 산자락을 통해 두만강으로 감싸고 가다 남쪽으로 연결되어 러시아 연해주와 경계를 가지면서 두만강 하류로 나아간다. 중앙에는 장백정강 산맥을 경계로 북쪽의 두만강유역권과 달리 남쪽으로 동해바다에 접하여 남동쪽 경계를 가지며, 동해로 유입되는 소하천이 북에서 남동으로 흘러내린다. 남쪽은 백두대간 고두산에서 남동으로 김책시로 뻗어내린 산자락을 경계로 한다. 행정상으로는 중국의 길림성 연변지구를 포함하고, 동쪽으로는 러시아 하싼(Xacah)구역이 두만강 하류 동편에 자리한다. 남쪽으로는 북한의 함경북도 나선시, 청진시, 무산군, 경성군, 어랑군, 김책시 등이 속한다.

유적의 분포는 두만강중상류지역, 연해주하싼지역, 동해북부지역으로 나뉘어진다. 두만강중상류지역에서는 두만강과 그 지류를 따라 하천변과 하안단구에 유적이 분포한다. 대표적인 유적 중 석기가 출토되는 유적을 정리하면 중국 연변지구에 용정현 금곡(金谷)[94]과 화룡현 홍성(興城)[95]이 두만강 상류 연안에 자리하고, 중류지역에서는 북한의 무산 범의구석[96], 두루봉, 회령 검은개봉[97]이 있다.

연해주하싼지역에서는 두만강 하류 동편에 자리한 자이사노프카1, 자레치노

---

94 延邊博物館, 1991, 「吉林省龍井縣金谷新石器時代遺址淸理簡報」, 『北方文物』1991-1.

95 延邊博物館·吉林省文物考古硏究所, 2002, 『和龍興城-新石器及靑銅器時代遺址發掘報告』.

96 황기덕, 1975, 「무산 범위구석유적 발굴보고」, 『고고민속논문집』6, 사회과학출판사.

97 황기덕, 1957, 「두만강 류역과 동해안 일대의 유적조사」, 『문화유산』1957-6, 과학원출판사.
　황기덕, 1962, 「두만강 류역의 신석기시대 문화」, 『문화유산』1962-1, 과학원출판사.

예, 포시예트 등이 조사되었고[98], 동해북부지역은 동해로 유입되는 소하천변과 동해안을 따라 웅기 서포항[99], 나선지구의 나진동과 송평동, 청진 농포동[100], 경성 원수대와 어랑 룡평리에서 석기가 출토되었다[101].

3) 중서북부권역

이 권역은 북한의 대동강유역과 황해도지역에 해당된다. 권역의 북쪽경계는 청남정맥으로 하고, 동쪽은 백두대간, 남쪽으로는 해서정맥을 경계로 하며 중앙에는 대동강과 그 지천이 동에서 서로 흘러나간다. 행정구역상으로는 북한의 평양시, 평안남도, 황해북도에 해당된다.

유적의 분포는 대동강지역과 재룡강지역으로 나눌 수 있다. 대동강지역은 대동강 최상류에 자리한 평안남도 대덕천시의 남양리에서 주거지 2기가 조사되었고[102], 대동강 상류에서 평양시 상원군 룡곡리[103]에서 1980년과 1981년에 2개의 동굴을 발굴조사 하였는데 1호 동굴은 호장산 기슭으로 13개의 퇴적층에서 신석기 문화층인 제12층(제5문화층)이 확인되었고, 2호 동굴은 1호에서 약 2km 이격되었는데 10개의 퇴적층 중 제9층(제2문화층)에서 신석기시대 문화층을 확인하였다. 중류의 천변에서는 평양 미림역 근처 청호리[104]에서 부석유구가 확인되었고, 룡성

---

98 사회과학원 고고학연구소, 2009, 『두만강류역일대의 신석기시대 유적(2)』, 조선고고학전서6, 진인진.

99 김용간·서국태, 1972, 「서포항 원시유적 발굴보고」, 『고고민속논문집』제4집, 과학원출판사.
　　조선유적유물도감편찬위원회, 1988, 『조선유적유물도감-원시편-』.

100 황기덕, 1957, 「청진 농포리 원시유적 발굴」, 『문화유산』1957-4, 과학원출판사.
　　황기덕, 1962, 「두만강 류역의 신석기시대 문화」, 『문화유산』1962-1, 과학원출판사.

101 사회과학원 고고학연구소, 2009, 『두만강류역일대의 신석기시대 유적(2)』, 조선고고학전서6, 진인진.

102 사회과학원 고고학연구소, 2009, 『대동강류역일대의 신석기시대 유적』, 조선고고학전서3, 진인진.

103 전제헌·윤진·김근식·류정길, 1986, 『룡곡동굴유적』, 김일성종합대학 출판사.

104 韓永熙, 2002, 『韓國新石器文化硏究』, 小花.

구역 어은동 장촌[105]에서 주거지 2기가 발굴되었다. 사동구역의 금탄리[106]에서는 남강 좌측의 하안 단구에서 1995년 발굴조사를 실시한 결과 신석기시대 Ⅰ·Ⅱ 문화층을 확인하였는데 Ⅰ문화층에서는 주거지 1기(7호)가, Ⅱ문화층에서는 주거지 4기(5·9·10·11호)가 조사되었다. 삼석구역 남경[107]에서는 1979년부터 1981년까지 3차례에 걸쳐 발굴조사를 실시하였다. 1지점에서는 주거지 3기(31·32·37호)가 확인되었고, 1지점의 동쪽 450m 이격된 2지점에서는 주거지 2기(12·17호)가 발굴 조사되었다. 대동강 하구에 자리한 황해북도 송림시의 석탄리[108]에서 1964년부터 1973년까지 4차례에 걸쳐 팽이그릇시기의 주거지를 발굴하는 과정에서 신석기시대 주거지 1기(16호)를 확인하였다. 그리고 서해안에 인접해서는 온천군 궁산[109]에서 6개의 구덩이를 통해 주거지 5기를 확인하였고, 증산군 룡덕리[110]에서는 해안가 야산에서 주거지 1기를 발굴하였다.

그리고 재령강지역은 남쪽으로 뻗어내린 재령강의 지류인 서흥천 가장자리에 자리한 봉산군 지탑리[111]와 마산리[112]에서 중요한 주거지와 표지적인 유물이 발굴되었다[113]. 지탑리는 2개 지구에서 4개의 주거지를 조사하였다. 토성안에 위치한 1지구에서 1호 주거지를 찾고, 1지구에서 7~800m 이격된 2지구에서는 2~4호 주

105 석광중·허순산,1987,「장촌유적 발굴보고」,『조선고고연구』87-4, 사회과학출판사.

106 김용간, 1964, 「금탄리 원시유적 발굴보고」,『유적발굴보고』제10집, 사회과학원 출판사.

107 김용간·석광중, 1984,『남경유적에 관한 연구』, 과학백과사전출판사.

108 리원근·박선훈, 1964, 「원시시대의 큰 부락터를 발견」,『고고민속』3, 사회과학원출판사.
박선훈·리원근, 1965, 「석탄리 원시 유적 발굴 중간보고」,『고고민속』3, 사회과학원출판사.
리기련, 1980,『석탄리 유적 발굴 보고』, 과학·백과사전출판사.

109 도유호·황기덕, 1957, 「궁산 원시 유적 발굴보고」,『유적발굴보고』2, 과학원출판사.

110 김동일·김광철, 2001, 「증산군 룡덕리 신석기시대 집자리에 대하여」,『조선고고연구』2001-3, 사회과학출판사.

111 고고학·민속학연구소, 1961, 「지탑리원시유적 발굴보고」,『유적발굴보고』제8집, 과학원출판사.

112 김동일·서국태·지화산·김종혁, 2002,『마산리·반궁리·표대 유적 발굴보고』, 사회과학출판사.

113 사회과학원 고고학연구소, 2009,『대동강류역일대의 신석기시대 유적』, 조선고고학전서3, 진인진.

거지를 발굴하였다. 마산리유적은 1987~1988년에 발굴조사가 이루어졌는데, 조사결과 신석기시대 문화층에서 주거지 12기(1~3 · 5~9 · 15 · 18 · 21호)가 확인되었다. 그리고 황해남도에는 은천군 학월리 패총과 그리고 과일군 덕안리 안골과 송화읍 향교굴에서 지표조사를 통해 신석기시대 석기를 수습하였다[114].

4) 중서남부권역

중서남부권역은 중서북부권역의 남쪽으로 해서정맥을 북쪽 범위로 하고, 동쪽으로는 한강중상류와 경계를 가지며, 남쪽으로는 금북정맥을 경계로 금강수계와 접한다. 행정구역으로는 북한의 황해남도 일부, 경기도, 서울특별시, 충청북도 등이 속한다. 권역 내부에는 임진북예성남정맥, 한북정맥, 하남정맥 등에 의해 예성강, 임진강, 한강으로 나뉘는데 모두 동에서 서쪽으로 흘러 경기만으로 유입된다. 유적의 분포는 공간적인 위치에 따라 경기만지역, 당진아산만지역 임진강지역, 한강하류지역으로 세분할 수 있다.

경기만지역의 가장 북쪽에는 경기도 옹진군 백령면 백령도 진촌리 말등패총이 시굴 조사되었다[115]. 그리고 황해남도 해주만에는 해주 룡당포[116]와 청단 소정리유적[117]이 소개되었다. 룡당포패총은 2개의 탐색구덩이를 넣어 노지로 추정되는 소

---

114 리원근, 1961, 「황해남도 북부지방 유적 답사 보고」, 『문화유산』1961-6. 과학원출판사.

115 임효재 · 이준정, 1994, 「백령도신석기시대패총에 대하여」, 『한국고고학보』31, 한국고고학회.

116 이원근, 1963, 「해주시 용당리 룡당포 조개무지유적 조사보고」, 『고고민속』63-1, 사회과학원출판사.
　　사회과학원고고학연구소, 2009, 「해주시 룡당포유적」, 『대동강유역 일대의 신석기시대 유적』, 조선고고학전서3, 진인진.

117 변사성, 1992, 「소정리유적 제1지점의 신석기시대 집자리 발굴보고」, 『조선고고연구』92-3.
　　고영남 · 전일권, 1998, 「소정리유적 제3지점의 신석기시대 집자리에 대하여」, 『조선고고연구』98-3.
　　전일권, 1999, 「소정리유적 제2지점의 신석기시대 집자리에 대하여」, 『조선고고연구』99-3.
　　사회과학원고고학연구소, 2009, 「청단군 소정리유적」, 『대동강유역 일대의 신석기시대 유적』고고학전서3, 진인진.

토무지와 집석유구를 확인하였다. 소정리는 3개 지점으로 나뉘는데 주거지가 1지점 11기, 2지점 4기, 3지점 2기가 조사되었다. 그리고 경기만을 따라 경기도 서해 도서지역에 인천광역시 옹진군 소연평도, 대연평도 까치산, 대연평도 모이도, 시도, 강화도 별망이 있다. 소연평도패총[118]은 2000~2001년에 발굴하여 2개의 패각층을 확인하였는데, 신석기 유물이 Ⅱ~Ⅲ · Ⅴ층에서 출토되었다. 까치산패총[119]은 10개의 층으로 구성되는데, 내부에서 주거지 1기와 야외노지 5기가 확인되었다. 모이도패총[120]은 순수패각만으로 퇴적된 순패총으로 11개층이 나뉘는데, 내부에서 주거지 2기와 노지 8기가 조사되었다. 시도패총[121]은 1970년에 2차례에 걸쳐 발굴되었는데 야외노지 3기와 부석유구[122] 1기가 조사되었다. 별망패총[123]은 1978년에 발굴되었는데 4개층에서 신석기와 원삼국시대 패총이 확인되었다.

그리고 근래에 인천국제공항개발부지에 포함된 도서가 개발되면서 다수의 신석기유적이 발굴되었다. 용유도의 남북동과 을왕동, 삼목도, 영종도의 중산동과 운서동, 운북동 등이 있다. 남북동[124]은 9개의 퇴적층에서 야외노지 88기가 확인되었고, 을왕동유적은 2개 기관에서 조사하였다. 을왕동Ⅰ은 서울대박물관에서 조사하였다. 유적은 섬의 북부 해안변에 자리하는데 야외노지 11가 조사되었다. 을왕동Ⅲ은 중앙문화재연구원에서 2004년에 3구역을 조사하였는데 신석기시대 유구는 A구역에서 패총, 주거지 3기, 원형수혈 2기, 구상유구가 B구역에서 주거지 1기가 조사

118 국립문화재연구소, 2002,『소연평도 패총』.
119 국립문화재연구소, 2005,『대연평도 까치산패총』.
120 국립문화재연구소, 2003,『연평 모이도패총』.
121 國立博物館, 1970,『矢島貝塚』.
122 보고서에서 石塚이라 명명하고 그 용도를 신석기시대 무덤으로 보고하였는데 소상영은 근래에 야외노지로의 가능성을 제시하였다(2013,「시도패총의 재검토」,『남한의 신석기유적 재조명』, 한국신석기학회 집중토론회자료집).
123 김원룡, 1979,「초지리(별망)패총 발굴조사보고」,『한국고고학보』7, 한국고고학회.
124 서울대학교박물관, 2006,『용유도 남북동 · 을왕동Ⅰ유적』.

되었다[125]. 삼목도Ⅲ[126]는 2003년에 발굴 조사하여 신석기시대 주거지 17기와 야외노지 1기를 확인하였다. 중산동[127]은 2000년 후반에 2개 조사기관에서 합동으로 발굴조사를 실시하였다. 중앙문화재연구원에서는 신석기시대 주거지 4기, 야외노지 54기를 조사하였고, 한강문화재연구원에서는 4구역(21, 23지점)을 조사하여 주거지 31기, 야외노지 27기, 수혈 397기를 발굴하였다. 운서동 젓개마을[128]에서는 1998년에 신공항 고속도로와 관련하여 발굴조사를 실시하여 주거지 3기, 야외노지 3기, 수혈 18기를 확인하였고, 2008년에는 운서동Ⅰ[129]를 4개 지구로 나뉘어 조사하였는데 Ⅰ·Ⅲ지구에서 주거지 66기, 야외노지 12기, 패총 1기를 확인하였다. 또한 영종도 운북동(고려)[130]에서는 도로개설 공사시 2·7지구에서 신석기시대 주거지가 각각 1기씩 조사되었다. 그리고 운북복합레저단지 조성사업 부지에 자리한 운북동(한강)[131]에서는 주거지 18기, 야외노지 84기, 수혈 16기, 구상유구 1기 등이 확인되었다. 그 외에 영종도 송산유적[132]에서 화덕자리 21기가 조사되었다.

또한 지금은 간척되어 연륙된 경기도 시흥의 오이도에서 3개의 패총을 조사하였다. 신포동[133]은 오이도 남쪽 끝으로 1988년에 발굴 조사하여 야외노지 3기를 확인하였고, 가운데살막[134]은 1999년에 섬의 남서부 구릉사면부 하단 Ⅳ~Ⅴ층에서 주

125 서울대학교박물관, 2006, 『용유도 남북동·을왕동Ⅰ유적』.
   中央文化財研究院, 2006, 『仁川 乙旺洞 遺蹟』.
126 서울대학교박물관, 2007, 『인천 삼목도 Ⅲ유적 학술발굴조사 보고서』.
   서울대학교박물관, 2009, 『인천 삼목도Ⅲ유적 발굴조사 보고서』.
127 中央文化財研究院, 2011, 『仁川 中山洞遺蹟』.
   한강문화재연구원, 2012, 『인천 중산동 유적』.
128 한양대학교박물관, 1999, 『영종도 문화유적-신공항 고속도로 건설지역내 문화유적조사 종합보고-』.
129 中央文化財研究院, 2010, 『仁川 雲西洞遺蹟Ⅰ·Ⅱ』.
130 高麗文化財研究院, 2009, 『인천 永宗島 遺蹟』.
131 한강문화재연구원, 2012, 『인천 운북동 유적』.
132 서울시립대학교박물관, 1996, 『영종도 송산 선사유적』.
133 서울대학교박물관, 1988, 『烏耳島 貝塚 -新浦洞A,B貝塚發掘調査報告-』.
134 서울대학교박물관, 2001, 『오이도 가운데살막 패총』.

거지3기, 야외노지 4기를 조사하였다. 그리고 오이도 북단에 자리한 뒷살막[135]은 2000년에 1문화층(IX~XI층)에서 야외노지 7기를 확인하였다. 그 외에 경기 안산 대부도 남동편에서는 흘곶패총[136]이 2002년에 발굴되었고, 대부도 서편에 자리한 영흥도에서 외1리패총[137]이 2003년에 조사가 이루어졌다. 그리고 지금은 간척으로 인해 내륙 깊숙이 들어와 있지만 과거에는 해안 주변의 구릉지대에 해당되는 곳에 자리한 시흥 능곡동[138]과 안산 신길동[139]이 있다. 능곡동유적에서는 주거지 24가 해발 30m 이내의 구릉 사면에 열상으로 배치되어 있고 서로 중복이 없고 유물이 유사한 점에서 시기차가 없는 단일 취락으로 추정된다. 신길동유적 역시 주거지 24기가 확인되었는데 독립된 1기를 제외하면 동쪽(10기)과 서쪽(13기)에 양분되어 일정한 간격을 두고 배치되어 있다. 시기는 두 유적 모두 중서부 중기에 해당된다.

당진아산만지역은 당진과 아산만의 주변이다. 당진만 북쪽에 자리한 화성 석교리[140]는 평택~시흥간 고속도로구간 22지역에 해당되는데 30m 이내의 나지막한 구릉 사면부에서 26기 주거지가 조사되었다. 내륙 쪽으로 들어와서는 한남정맥에 붙어 용인의 농서동[141]와 신갈동 만골[142], 안성 양변리[143]와 동평리[144]가 자리한다. 농서동유적은 해발 62m 완만한 구릉 정상과 사면부에서 주거지 8기, 수혈 38기, 구상유구 3기가 조사되었고, 만골유적에서는 수혈 1기가, 양변리와 동평리유적에

135 서울대학교박물관, 2002,『오이도 뒷살막패총 -시굴조사 보고서-』.

136 畿甸文化財研究院, 2004,『흘곶패총』.

137 한양대학교박물관, 2005,『영흥도 외1리 패총』.

138 경기문화재연구원, 2010,『시흥 능곡동유적』.

139 高麗文化財研究院, 2009,『안산 신길동 유적Ⅰ·Ⅱ』.

140 中部考古學研究所, 2012,『華城 靑園里·石橋里 遺蹟』.

141 기호문화재연구원, 2009,『용인 농서리 유적』.

142 명지대학교박물관, 2007,『용인 신갈동 만골유적 시·발굴조사보고서』.

143 中部考古學研究所, 2012,『安城 兩邊里 遺蹟』.

144 한국문화재보호재단, 2011,『安城 東坪里 遺蹟』.

서는 주거지 1기가 각각 확인되었다.

　당진만 동남쪽 아산과 천안시에서는 소수의 주거지가 확인된다. 아산 성내리[145]에서는 주거지 4기와 수혈 1기, 백암리 점배골[146]에서 주거지 3기와 수혈 1기, 장재리 안강골[147]에서 주거지 6기, 풍기동[148]에서는 주거지 2기와 수혈 1기가 조사되었다. 또한 천안의 백석동 고재미골[149]에서는 80m의 능선 중앙에 주거지 1기가 확인되었다. 이들 취락은 모두 비슷한 시기로 중심시기는 서해안 중기에 해당된다.

　당진만 남쪽으로 예산군, 홍성군, 청양군, 보령시가 자리하고, 남서쪽으로는 당진군, 서산시, 태안군이 자리한다. 홍성의 상정리[150]와 송월리[151], 당진 소소리[152]와 율사리[153] 등에서 주거지 1~2기가 소량 확인되었고, 동곡리 동곡[154]에서는 주거지 시설로 추정되는 노지 2기와 수혈 4기가 조사되었다. 우두리[155]에서는 해발 약 47m의 구릉 사면부에 주거지 2기와 화덕시설 1기가 조사되었고, 유곡리 아랫말과 대창말[156]에서는 각각 주거지 2기가 확인되었다. 서산 해미 기지리[157]은 주변 지형이 해발 20~30m의 저구릉성 산지로 이루어져 있고, 북쪽으로는 해미천이 있고, 서쪽으로 서해가 인접한다. 유구는 충청남도역사문화연구원에서 주거지 2기

145　충청남도역사문화원, 2007, 『아산 성내리 신석기유적』.
146　한국고고환경연구소, 2010, 『아산 백암리 점배골 유적』.
147　충청문화재연구원, 2008, 『아산 장재리 안강골유적(Ⅰ)』.
148　충청남도역사문화원, 2005, 『아산 풍기동 유적』.
149　충청문화재연구원, 2009, 『천안 백석동 고재미골 유적』.
150　忠清文化財硏究院, 2005, 『洪城 長尺里 · 湘井里 遺蹟』.
151　충청문화재연구원, 2007, 『홍성 송월리 · 학계리 유적』.
152　忠清南道歷史文化硏究院, 2011, 『唐津 石隅里 · 素素里遺蹟』.
153　嘉耕考古學硏究所, 2013, 『唐津 栗寺里 遺蹟』.
154　嘉耕考古學硏究所, 2012, 『唐津 東谷里 東谷 · 柳谷里 筏後 遺蹟』.
155　忠清南道歷史文化硏究院, 2010, 『唐津 牛頭里遺蹟(Ⅱ)』.
156　嘉耕考古學硏究所, 2013, 『唐津 東谷里 뱃말 · 柳谷里 아랫말 · 柳谷里 대창말 遺蹟』.
157　충청남도역사문화연구원, 2007, 『瑞山 機池里遺蹟』.
　　공주대학교박물관, 2009, 『해미 기지리유적』.

를, 공주대학교박물관에서는 주거지 4기를 조사하였다.

그리고 대죽리유적[158]은 패총으로 화덕시설 16기와 생활면이 확인되었고, 태안군에는 안면도 고남리패총[159]를 8차에 걸쳐 조사하여 임시캠프의 성격과 연중거주의 근거지로의 가능성을 제시하였다. 근래에는 주변 달산리[160]에서 주거지 1기와 수혈 3기가 확인되었다. 그리고 보령지역에서 관창리에서 주거지가 조사된 이래 송학도에서 3개 지점에서 패총조사가 이루어졌다[161].

임진강지역은 임진강유역으로 중류에 연천 삼거리, 학곡리, 원당리가 자리하고 하류에는 파주 당동리, 대능리가 분포한다. 삼거리[162]는 임진강 중류로 가파른 산지로 둘러쌓인 곡간지이다. 이곳은 1999년에 발굴 조사되어 신석기 주거지 6기와 소형유구 1기가 확인하였다. 학곡리[163]는 강변 충적대지에 자리하는데 유구는 사구에 형성된 폐기장으로 보는 견해가 있다. 원당리[164]은 2002년 구석기시대 석기와 함께 신석기 주거지 1기 조사되었다. 하류에 자리한 문산 당동리[165]는 2004부터 2007년까지 7개소를 조사하였는데 신석기는 1·4·7지점 3개소에서 확인되었다. 유구는 주거지 4기와 야외노지 8기가 확인되었다. 보고자는 신석기시대 후

---

158 충청매장문화재연구원, 2000, 『서산 대죽리패총』.
　　한서대학교박물관, 2001, 『대죽리패총』.
159 漢陽大學校博物館, 1990, 『安眠島古南里貝塚-1次發掘調査報告書-』.
　　漢陽大學校博物館, 1991, 『安眠島古南里貝塚-2次發掘調査報告書-』.
　　漢陽大學校博物館, 1993, 『安眠島古南里貝塚-3·4次發掘調査報告書-』.
　　漢陽大學校博物館, 1995, 『安眠島古南里貝塚-5·6次發掘調査報告書-』.
　　漢陽大學校博物館, 1997, 『安眠島古南里貝塚-7次發掘調査報告書-』.
　　漢陽大學校博物館, 1998, 『安眠島古南里貝塚-8次發掘調査報告書-』.
160 嘉耕考古學研究所, 2012, 『泰安 槿山里 遺蹟』.
161 한강문화재연구원, 2014, 『보령 송학리 패총 유적』.
162 경기도박물관, 2002, 『漣川 三巨里遺蹟』.
163 중원문화재연구원, 2009, 『漣川 鶴谷里 新石器遺蹟』.
164 경기고고학연구소, 2003, 『연천 원당리 구석기시대유적 발굴조사보고서-5차-』.
165 경기문화재단 경기문화연구원, 2009, 『문산 당동리유적』.

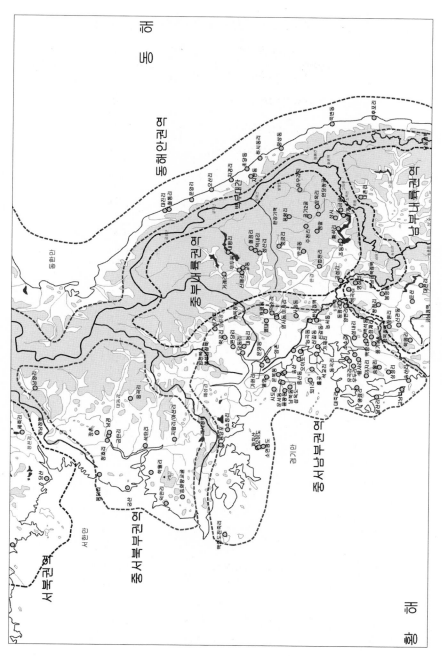

〈그림 2-3〉 중부지역 지역권과 유적분포도

〈그림 2-4〉 남부지역 지역권과 유적분포도

기 이른 시기로 보았다. 대능리유적[166]은 최근에 발굴조사를 완료하였는데 구릉
정상부와 사면부에 주거지가 2열상으로 배치되는 특징을 가지고 있다. 신석기시
대 유구는 주거지 39기와 수혈 1기이다.

───────────────

166 경기도자박물관, 2017, 『파주 대능리유적』.

한강하류지역은 중서부지역의 표준유적으로 일찍부터 조사된 유적 2개가 있다. 먼저 암사동[167]은 1925년 발견 이래 여러 차례의 발굴조사가 진행되었다. 유적은 크게 3개의 문화층으로 나뉘는데 최하층인 1문화층이 신석기시대에 해당된다. 현재 조사된 주거지는 33기인데 평면형태가 말각방형이나 원형을 띠고 있다. 토기는 중서부지역의 기본 문양을 가진 3분위 시문토기가 중심을 이루며, 문양의 시문범위와 방법에 따라 크게 암사동 I~III식토기로 나눌 수 있다. 암사동에서 약 5km 가량 떨어진 상류에 자리한 하남 미사리[168]는 1960년에 알려진 이래 1987년에서 1993년까지 3차에 걸쳐 연합발굴조사가 이루어졌다. 신석기시대 유구는 주거지 1기와 수혈유구 2기, 야외노지 30기 등이 있다. 토기는 암사동과 유사한 구분계토기가 주류를 이루고 있다. 그리고 한강하류로 유입되는 북쪽 지류(왕숙천)에는 남양주 호평동 지새울과 별내가 있다. 호평동 지새울[169]에서는 주거지 3기와 야외노지4기, 수혈유구 4기가 찾아졌고, 별내(덕송리1-1지점)[170]에서는 주거지 4기와 야외노지 4기, 집석유구 3기이 조사되었다. 남쪽 지류(탄천)에는 경기도 성남시 판교신도시개발에 따라 조사된 사송동유적(동판교)[171]이 있다. 유적에서는 주거지 1기와 수혈 8기가 조사되었다.

167 서울대학교박물관, 1985,『岩寺洞』.

國立中央博物館, 1994,『岩寺洞』.

國立中央博物館, 1995,『岩寺洞』.

國立中央博物館, 1999,『岩寺洞II-原始生活展示館 新築敷地 發掘調査-』.

國立中央博物館, 2006,『岩寺洞III』.

國立中央博物館, 2007,『岩寺洞IV』.

國立中央博物館, 2008,『岩寺洞V』.

168 渼沙里先史遺蹟發掘調査團, 1994,『渼沙里』1~5.

169 경기문화재단 부설 경기문화재연구원, 2007,『남양주 호평동 지새울 유적』.

170 한백문화재연구원, 2012,『남양주 별내 유적III~IV』.

171 고려문화재연구원, 2009,『성남 동판교 유적 I · II』.

고려문화재연구원, 2009,『성남 서판교 유적 I · II』.

한강 하구에는 니탄층에서 볍씨·조 등의 탄화곡물과 파쇄용 원반형 석기가 함께 출토된 통진읍 가현리[172]가 있다. 또한 최근에는 김포 양촌[173]과 운양동[174]에서 주거지와 수혈유구가 조사되었는데 시기상 중·후기에 해당된다.

5) 중부내륙권역

중부내륙권역은 중서남부권역의 동쪽에 자리한다. 권역의 북쪽은 한북정맥을 경계로 하고 동쪽은 백두대간으로 동해안권역과 경계를 가진다. 남쪽은 한남금북정맥과 백두대간을 따라 남부내륙권역과 접한다. 행정구역으로는 경기도 일부, 충청북도, 강원도 일부가 속한다. 유적의 분포는 권역 내부에 동서로 자리한 한강기맥에 의해 북한강지역과 남쪽의 남한강지역으로 나눈다.

북한강유역은 중서부에서 철원, 춘천, 화천, 양구, 인제 등으로 연결된다. 상류에는 화천의 거례리, 춘천의 내평리, 신매리, 우두동, 교동이 있다. 거례리유적[175]은 4대강 살리기 사업으로 인하여 조사되었는데 신석기시대 주거지 1기와 소량의 유물이 출토되었다. 내평리[176]는 소양댐 수몰지구내 자리하는데 1971년에 조사가 이루어졌다. 신석기시대는 부석유구 1기와 노지 11기가 조사되었다. 그리고 강을 따라 남쪽으로 소양강과 북한강이 만나는 합수지점의 서편 충적대지에 신매리[177]가 자리한다. 이곳은 2004년에 강원문화재연구원에 의해 신석기시대로 추정되는 주거지 8기(3·6~9·12~14호)와 야외노지 2기를 확인하였고, 2007년에는 예맥문화재연구원에서 도로개설공사에 따른 시굴조사를 실시한바 있다. 시기는 신석

172 임효재, 1990, 「경기도 김포반도의 고고학 조사연구」, 『서울대학교 박물관연보』2.

173 고려문화재연구원, 2013, 『김포 양촌 유적』.

174 한강문화재연구원, 2013, 『김포 운양동 유적Ⅱ』.

175 강원문화재연구소, 2013, 『화천 거례리유적』.

176 문화공보부 문화재관리국, 1974, 『팔당·소양댐수몰지구유적발굴 종합조사보고』.

177 江原文化財硏究所, 2007, 『新梅里 10·47-1番地 遺蹟』.
　　예맥문화재연구원, 2009, 『春川 新梅里遺蹟Ⅰ』.

기시대 후·말기로 추정된다. 우두동유적[178]은 신매리에서 남동쪽 약 2km 떨어진 소양강 동편 충적대지에 자리한다. 유구는 주거지 1기와 수혈 1기가 있다. 한편 강안 남안에 접한 봉의산에서 교동 동굴[179]이 1962년에 발견되었다. 내부에는 3구 의 인골과 토기, 대형석부 등이 확인되었다. 발견 초기에는 신석기 말기로 보았으 나 근래에는 전기말까지 올려보고 있다. 그리고 북한강수계 지류인 홍천강유역의 역내리[180]에서는 주거지 3기와 수혈유구 2기가 조사되었고, 철정리 II 유적[181]에서 는 제단과 같은 제사유구로 추정되는 적석유구 2기가 조사되었다.

남한강 유역은 중서부 및 충북내륙에서 횡성, 원주, 영월, 평창, 정선으로 이어진 다. 상류의 조양강변에는 취락과 동굴, 바위그늘이 자리한다. 정선 아우라지[182]는 원 형 주거지 3기와 야외노지 10기가 조사되었다. 그리고 장명수는 1978년과 87년에 동강변에 자리한 덕천리 소골[183]에서 신석기시대 유물을 지표 수습하였다. 또한 남 한강 본류인 동강 수계에 바위그늘과 동굴유적이 자리한다. 영월 삼옥리[184]에서는 2 개의 바위그늘이 조사되었는데 유구는 1호 바위그늘에서 야외노지 3기가 조사되었 다. 유물은 토기와 석기를 비롯하여 어패류와 조류, 포유류 등의 동물유체가 확인되 었다. 그리고 연당쌍굴[185] 역시 2개의 동굴에서 다양한 유물이 출토되었다. 특히 2 굴(작은굴)에서는 주거지 1기가 확인되어 신석기시대 주거공간으로 동굴이 갖는 의

178 江原文化財研究所, 2012,『春川 牛頭洞 遺蹟 II』.

179 金元龍, 1963,「春川校洞 穴居遺蹟과 遺物」,『歷史學報』20, 역사학회.
   국립춘천박물관, 2004,『강원 고고학의 발자취』(도록).
   양성혁, 2005,「춘천 교동동굴유적 검토」,『영서지방의 신석기문화』한국신석기학회 학술대회자료집.

180 강원문화재연구소, 2005,『하화계리·철정리·역내리』.

181 강원문화재연구소, 2010,『홍천 철정리 II 유적』.

182 강원문화재연구소, 2011,『정선 아우라지유적』.

183 장명수, 2005,「정선 덕천리 소골 출토 신석기유물에 대한 검토」,『한국신석기연구』10, 한국신석기학회.

184 강원문화재연구소, 2010,『寧越 三玉里遺蹟』.

185 연세대박물관, 2004,『연당 쌍굴 사람, 동굴에 살다』.
   최삼용, 2005,「영월 연당 상굴유적의 신석기문화」,『영서지방의 신석기문화』, 한국신석기학회.

미를 상기시켰다. 평창강과 그 지류에서는 평창군의 용항리와 영월군의 주천리와 공기2굴, 제천 점말에 유적이 분포한다. 평창 용항리[186]에는 신석기 후·말기에 해당되는 야외노지 36기와 수혈 4기가 조사되었다. 그리고 지류인 주천강에서는 약 1km 간격을 가지고 2개의 유적이 조사되었다. 주천리 1619·375번지[187]에서는 야외노지 13기가 확인되었고, 하수종말처리장 건설부지인 주천리 890-1번지[188]에서는 주거지 3기가 조사되었다. 두 유적의 시기는 모두 중기후엽에서 후기 전엽으로 보고되었다. 그리고 동굴유적인 공기2굴[189]에서는 A와 B굴에서 신석기시대 토기와 석기를 비롯하여 다양한 유물이 수습되었다. 특히 뼈작살과 각종 조개껍데기 등은 산악지대와 해양지역간의 상관관계를 밝히는데 중요한 자료를 제공한다. 제천 점말 동굴은 해발 430m 높이의 구석기시대 동굴유적으로 신석기시대 토기 130여편과 갈린 석부 1점이 발견되었다고 하나 석기는 현재로서는 확인이 어렵다[190].

중류에도 상류와 마찬가지로 야외유적과 동굴유적이 확인된다. 단양 금굴[191]은 충주댐 수몰지구 내의 유적으로 발굴되었는데, 2-ㄴ층(1985년 발굴 6문화층)에서 화덕자리가 확인되었다. 그리고 상시3바위그늘[192]은 해발 242.5m의 봉우리에서 북쪽으로 내려오다가 180m 지점에 20m 높이의 바위그늘 아래에 자리한다. 층위

---

186 예맥문화재연구원, 2010, 『평창 용항리유적』.

187 강원문화재연구소, 2009, 『영월 주천리 유적』.

188 예맥문화재연구원, 2010, 『寧越 酒泉里遺蹟』.

189 국립춘천박물관, 2013, 『영월 공기2굴·꽃병굴 동굴유적』.

190 심준용, 2007, 「남한강유역의 신석기문화 연구」, 세종대학교 석사학위논문.

191 충북대학교박물관, 1985, 「단양 도담리 금굴유적 발굴조사」, 『충북댐 수몰지구 문화유적 연장발굴
조사 보고서』.
   신숙정, 2005, 「남한강 상류의 신석기문화-점말, 금굴유적을 중심으로-」, 『영서지방의 신석기문
화』, 한국신석기학회.
   심준용, 2007, 「남한강유역의 신석기문화 연구」, 세종대학교 석사학위논문.
   연세대학교 원주박물관, 2005, 『남한강의 신석기문화』.

192 홍현선, 1987, 「상시 3바위그늘의 문화연구」, 연세대학교 석사학위논문.

는 6개로 구분되는데 4층에서 융기문토기, 3층에서 빗살무늬토기, 교란된 2층과 1층에서 다양한 인공유물과 골각기, 인골 등이 출토되었다. 그리고 충주댐 수몰지구내에는 단양 수양개[193]와 제천 황석리B[194]가 있다. 한편 석기는 출토되지 않았으나 신월리[195]에서 주거지 1기와 화덕시설 3기가 조사되었다. 그리고 충주 조동리유적[196]은 충주댐으로 내려오는 강변의 충적대지(74~78m)에 자리한다. 야외 화덕시설 1기와 유물이 전면에 걸쳐 출토되는 문화층이 확인되었다. 시기는 토기편년으로 중서부 이른 시기로 추정되나 절대연대에 따르면 중기에 해당된다. 한편 충주군 서편에 자리한 충청북도 음성군도 한남금북정맥의 북쪽에 위치하고 있어 남한강 수계에 속한다. 2006년에 음성 금석리[197]에서 주거지 1기를 확인되었다.

남한강수계 중류로 유입되는 섬강 상류에는 1996~98년에 횡성댐 수몰지구내에 위치한 중금리[198]에서 부석유구 3기가 조사되었다. 그리고 치악산에서 발원하여 섬강으로 유입되는 지류에 자리한 원주 반곡동[199]에서는 주거지 3기와 야외노지 6기가 조사되었다. 주거지는 방형계로 북한강유역의 신석기시대 주거지의 형태와 동일하나 입지 면에서 구릉 사면부에 자리하고 있어 강변 충적대지에 자리한 다른 유적과 차이가 있다. 시기는 신석기 후기로 편년된다. 또한 본류의 천변

193 충청북도, 1984, 「단양 수양개 구석기유적 발굴조사보고」, 『충주댐수몰지구 문화유적 발굴조사 종합보고-고고·고분분야(1)』.
   심준용, 2007, 「남한강유역의 신석기문화 연구」, 세종대학교 대학원 석사학위논문.
194 충청북도, 1984, 「제원 황석리B지구 유적 발굴조사 보고」, 『충주댐수몰지구 문화유적 발굴조사 종합보고-고고·고분분야(1)』.
195 한국문화재보호재단, 2003, 『제천 신월토지구획정리사업지구 문화유적 시발굴조사 보고서』.
196 충북대학교발물관, 2001, 『충주 조동리 선사유적(Ⅰ)-1,2차 조사보고-』.
   충북대학교발물관, 2002, 『충주 조동리 선사유적(Ⅱ)-3차 조사보고-』.
197 중원문화재연구원, 2008, 『음성 금석리유적』.
198 한림대학교박물관, 1998, 『횡성댐 수몰지구내 문화재 발굴조사보고서(3)』.
   신숙정, 2006, 「강원 영서지방의 신석기문화」, 『한국신석기연구』11, 한국신석기학회.
199 한강문화재연구원, 2013, 『원주 반곡동 유적1·2』.

에 위치한 원주 법천리 일대에서도 토기와 석기가 수습되었다[200].

6) 동해안권역

동해안권역은 백두대간의 동쪽의 경사면과 좁게 형성된 평원과 해안가로 구성되어 있다. 이동방향이 바다를 이용해서 남북으로 이동하기 때문에 길게 권역을 설정할 수 있다. 북쪽의 범위는 북한 김책시부터 남쪽으로 동한만이 자리한 원산시를 거쳐 강원도 고성군, 속초시, 양양군, 강릉시, 동해시, 삼척시를 중심으로 하고, 남쪽으로는 경상북도 울진구, 영덕군, 울산 호미곶까지로 한다. 북한에서는 조사가 미진하여 발굴된 유적이 적지만 남한은 강원도를 중심으로 발굴조사가 활발하게 이루어졌다.

고성지역의 대진리[201]와 철통리[202]에서는 후기에 해당하는 주거지가 각각 2기와 5기가 조사되었다. 특히 문암리[203]은 근래에 4차례의 걸쳐 조사가 이루어졌다. 1~2차 조사시에는 주거지 2기와 야외노지 5기를 조사하였고, 3~4차조사에는 주거지 3기, 매장유구 1기, 야외노지 1기, 수혈 3기 등의 유구와 함께 경작유구인 '밭'을 확인하였다. 밭은 상층과 하층으로 나뉘는데, 하층 밭의 연대(5,000±700 B.P.)가 검출되었다. 이것은 신석기시대 중기에 해당된다고 보고된 바 있다.

그리고 양양지역의 용호리유적[204]에서는 야외노지 10기가, 송전리[205]와 가평리

---

200 국립중앙박물관, 2000,『법천리Ⅰ』고적조사보고 제31책.
　　윤형원, 2001,「원주 법천리 수습 신석기시대 유물」,『한국신석기연구』2, 한국신석기학회.
201 江原文化財研究所, 2012,『高城 大津里遺蹟』.
202 예맥문화재연구원, 2009,『고성 철통리유적』.
203 國立文化財研究所, 2004,『高城 文岩里 遺蹟』.
　　국립문화재연구소, 2013,『高城 文岩里 遺蹟Ⅱ』.
204 江原文化財研究所, 2004,「양양군 강현면 용호리 127번지 여관신축부지 문화유적 긴급발굴조사
　　보고서」,『江陵 江門洞 鐵器・新羅時代 住居址』.
205 예맥문화재연구원, 2008,『양양 송전리유적』.

유적[206]에서도 각각 주거지 2기와 야외노지 3기가 조사되었다. 그리고 남쪽으로 약 200m 가량 떨어져 오산리가 자리한다. 유적은 2개로 나뉘는데 서울대박물관에서 80년대에 조사한 오산리 A · B유적[207]과 예맥문화재연구원에서 90년대 말에 조사한 오산리C[208]가 자리한다. 오산리A · B는 A지구에서 3개의 문화층을 조사하여 주거지 9기와 적석유구 2기 등을 확인하였다. B지구에서는 5층에서 야외노지, 3층과 1층에서 주거지 1기씩 조사하였다. 오산리C는 조기 주거지 2기를 비롯하여 전기 4기, 중기 1기 주거지가 확인되었는데 편년상으로 초창기에 해당하는 제주 고산리유적 다음으로 오래된 문화층을 조사하여 주목을 받았다. 현남면에 자리한 지경리유적[209]은 Ⅵ층 하부에서 주거지 10기와 야외노지 2기을 조사하여 첨저계 빗살무늬토기를 중심으로 하는 지경리 Ⅰ기와 태선문계토기를 중심으로 하는 지경리 Ⅱ기로 나누었다.

강릉시에 자리한 강릉대학교 내에 자리한 지변동[210]은 해발 30~50m의 구릉 사면부에 위치한 유적으로 유물포함층(4층과 6층)이 확인되었고, 군사시설에 자리한 하시동[211]에서는 13~15기 가량의 주거지와 할석유구 7기, 수혈 16기 등이 확인되었는데 주거지1기와 야외노지 1기를 제외하고 대부분 원형 보존되었다. 경포호 남쪽에 자리한 초당동유적은 2개 기관에서 8곳을 발굴 조사하였다. 초당동 391번지[212]는 유구가 가장 밀집되는데 2003년에 주거지 4기와 야외노지 5기, 할석유

206 국립문화재연구소, 1999, 『양양 가평리』.

207 서울大學校博物館, 1984, 『鰲山里遺蹟』.
　　서울大學校博物館, 1985, 『鰲山里遺蹟 Ⅱ』.
　　서울大學校博物館, 1988, 『鰲山里遺蹟 Ⅲ』.

208 이정재, 2011, 「동해안지역 신석기시대 석기의 검토를 통한 생업의 변화-오산리 C유적 출토 석기를 중심으로-」, 『제1회 한국고고학연합대회 발표자료집』.

209 江陵大學校 博物館, 2002, 『襄陽 地境里 住居址』.

210 예맥문화재연구원, 2007, 『江陵 지변동 遺蹟』.

211 강원문화재연구소, 2006, 『강릉 하시동 공군관사 부지 내 문화유적 시굴조사 보고서』.

212 江原文化財硏究所, 2006, 『江陵 草堂洞 新石器遺蹟-강릉 허균 · 허난설헌 자료관 건립부지 문화유적 발굴보조사 보고서』.

구 5기 등이 확인되었다. 초당동 379-3번지[213]은 할석유구 7기가, 초당동 287-14 번지 등 6지점[214]은 주거지 2기와 야외노지 2기 등이 조사되었다. 이들 3유적은 약 150m이내에 자리하고 있어 동일한 사구 내에 형성된 하나의 유적으로 볼 수 있다. 그리고 동해시 망상동[215]에서는 조기에 해당하는 유물포함층이 확인하였다.

경상북도에서는 동해안에 울진군과 영덕군이 자리한다. 울진에서는 2010년에 조사된 죽변리유적[216]에서 5개의 유물포함층과 수혈 2기를 조사하여 제작된 목재, 목탄과 풀뿌리 등 유기물질과 다양한 토기와 석기를 수습하였다. 특히 새로운 스타일의 토기 기형과 농경도구, 배 편 등은 특징적인 자료로 주목된다. 또한 후포리[217]에서는 최소 40개체의 인골과 대형 마제석부, 장신구 등이 조사되었다. 특별한 유구가 확인되지 않고 인골과 비실용적인 마제석부의 확인은 집단무덤으로 향후 많은 검토가 필요하다.

7) 남부내륙권역

이 권역은 금북정맥, 한남금북정맥을 경계로 하여 중서남부권역과 접하고, 동쪽으로는 백두대간을 따라 동진하다가 낙동정맥을 따라 남하하면서 중부내륙권역·동해안권역과의 경계를 가진다. 유적들은 대체로 호남정맥과 낙남정맥을 경계로 북쪽의 강안에 자리한다. 행정구역상으로는 충청도의 일부와 전라도와 경상도를 포함한다. 이 권역은 내륙지역의 산천을 기반으로 하는 생계양식을 가진 지역이다. 유적의 분

---

213 예맥문화재연구원, 2007, 『강릉 초당동 유적Ⅱ-월송로~허균생가간 도로개설 공사구간 발굴조사 보고서-』.
214 江原文化財研究所, 2006, 『江陵 草堂洞 遺蹟Ⅱ』.
  한국문화재조사연구기관협회, 2009, 『강릉 초당동 유적』.
215 예맥문화재연구원, 2008, 『東海 望祥洞遺蹟Ⅰ』.
216 삼한문화재연구원, 2012, 『울진 죽변리 유적』.
217 국립경주박물관, 1991, 『울진 후포리유적』.
  박성근, 2013, 「후포리유적 재검토」, 『남한의 신석기유적 재조명』, 한국신석기학회.

포는 권역내 자리한 금남정맥과 금남호남정맥, 호남정맥으로 경계로 하여 금강지역, 영산강지역, 섬진강지역, 낙동강지역, 태화형산강지역 등으로 나눌 수 있다.

금강지역은 금강수계와 주변지역이다. 행정적으로는 충청남도 일부와 전라북도를 포함한다. 산경도에 따르면 북쪽과 서쪽경계는 백두대간의 속리산에서 시작된 한남금북정맥이 속리산과 칠장산을 경계로 금북정맥으로 연결된다. 남쪽은 백두대간의 영취산에서 호남정맥을 타고 북상하다가 주화산에서 북진한 금남정맥과 연결되는데 금강은 산맥 안쪽지점에 자리한다.

금강은 남쪽에서 북쪽으로 흘러내려 가는데 최상류에 자리한 장수군 남양리[218], 월곡리[219]에서 유물포함층이 확인된다. 그리고 상류에 자리한 진안군에 용담댐 건설공사에 따른 수물지구내에서 중요한 유적이 조사되었다. 갈머리[220]에서는 주거지 3기와 적석유구 53기, 특수유구 3기가 확인되었다. 보고자는 토기와 절대연대 자료를 통해 갈머리 1~3기로 구분하였다. 갈머리 1기는 기원전 4천년기 후반, 2기는 3천년기 전반, 3기는 기원전 3천년기 후반으로 보았다. 그리고 인근에 자리한 진그늘[221]에서는 주거지 2기와 소형움 1기, ㄷ꼴유구 1기, 원형돌무지 13기가 조사되었고, 농산[222]에서는 노지 7기와 수혈유구 2기가 확인되었다. 또한 운암[223]에서 유물포함층과 안자동[224]에서는 노지 1기가 확인되었다.

금강 중류지역은 동에서 서쪽으로 완만하게 휘어지는 부분으로 강변을 따라 분지와 넓은 충적평야가 형성된다. 중류의 대전광역시에는 관평동, 상서동, 신대동,

---

218 전북대학교박물관, 2000, 『남양리』.
　　서국향, 2001, 「장수 남양리유적 출토 빗살무늬토기」, 『한국신석기연구』 2, 한국신석기학회.
219 全北大學校博物館, 2001, 「장수 월곡리 유적」 『遺蹟調査報告書』.
220 湖南文化財研究院, 2003, 『갈머리유적』.
221 조선대학교박물관, 2005, 『진안 진그늘 선사유적』
222 全北大學校博物館, 2001, 『農山遺蹟』.
223 全北大學校博物館, 2005, 「雲岩 遺蹟」, 『鎭安 龍潭댐 水沒地區內 文化遺蹟 發掘調査 報告書 Ⅱ』.
224 全北大學校博物館, 2005, 「顏子洞 遺蹟」, 『鎭安 龍潭댐 水沒地區內 文化遺蹟 發掘調査 報告書 Ⅱ』.

송촌동, 노은동, 둔산 등 많은 유적이 조사되었다. 이 중 석기가 출토된 둔산유적[225]은 수혈유구 15기가 확인되었다. 수혈유구에 대해서는 보고자는 계절적인 사용과 관련이 있는 특수목적의 주거용 수혈로 보았지만, 최근에는 사냥을 위한 함정유구이거나 청동기시대 저장기능을 가진 움구덩로 보는 견해도 있다[226].

충청북도에는 소옥천 지천에 자리한 옥천 대천리유적[227]에서 일명 대천리식 주거지 1기가 조사되었고 내부에서는 쌀, 보리, 밀, 조, 기장 등 탄화곡물과 재층에서 벼규소체가 확인되었다. 또한 금북정맥의 칠장산 일원에서 발원한 미호천을 따라 위치한 증평 석곡리[228]와 청원 영하리[229]에서 각각 주거지 1기가 조사되었고, 청원 쌍청리[230]와 청주 봉명동[231]에서도 각각 주거지 2기가 발굴되었다. 그리고 충청남도에 자리한 금강 중하류와 그 지천에는 공주 장원리[232]와 청양 학암리[233]에서 주거지 1기가 조사되었고, 공주 신관동 관골[234]에서는 유물포함층에서 유물을 수습하였다.

한편 금강유역에 속하지는 않지만 금남정맥 서쪽으로 완만한 구릉과 평야지역이 자리한 지역에 신석기시대 유적이 분포하고 있다. 이곳은 만경강과 동진강이 금남정맥의 서쪽에서 발원하여 서해로 흘러가면서 형성된 지형으로 익산 미륵사지와 전주 효자동 등에서 토기편이 수습되었고, 석기는 대천리식 주거지 2기가 확

---

225 충남대학교박물관, 1995, 『屯山』.

226 구자진, 2012, 「大田 屯山 新石器遺蹟의 再檢討」, 『한국신석기연구』24, 韓國新石器學會.

227 한남대학교중앙박물관, 2003, 『沃川 大川里 新石器遺蹟』.

228 충북대학교박물관, 2011, 『曾坪 石谷里 遺蹟』.

229 한국선사문화연구원, 2011, 「淸原 靈下里 遺蹟」, 『遺蹟 發掘調査報告書』.

230 국립청주박물관, 1993, 『淸原 雙淸里 住居址』.

231 충북대학교박물관, 2004, 『淸州 鳳鳴洞遺蹟(Ⅲ)』.

232 충청매장문화재연구원, 2001, 『公州 長院里 遺蹟』.

233 공주대학교박물관, 2002, 『鶴岩里遺蹟』.

234 충청남도역사문화연구원, 2009, 『公州 新官洞 관골遺蹟』.

인된 익산 신용리[235]와 수혈 3기가 조사된 장동유적[236]에서 확인된다.

　영산강지역은 전라남도 지역을 관통하는 영산강유역과 주변지역으로 전남 서부지역에 해당된다. 권역 내에는 영산강 본류와 지류인 황룡강과 지석천 등이 있고 이외에 탐진강 등을 비롯한 소하천이 있다. 산경도에서는 호남정맥의 북쪽에 위치한 내장산에서 남쪽의 사자산에 이르는 산맥의 서쪽지역이다. 영산강은 담양 용추산에서 발원하여 목포를 향해 남서쪽으로 흘러내리는데 금강에 비해 상류는 강폭이 넓고 완만하여 유역을 따라 충적대지가 자리하고 중하류에 이르면 평야지대가 형성된다. 신석기시대 유적은 영산강 본류에서는 확인되지 않고 그 지류에서만 조사되고 있다. 현재 석기가 확인된 유적은 광주 노대동유적[237]이 있는데 수혈유구 3기와 적석유구 1기가 조사되었다.

　섬진강지역은 전남 동부지역에 해당하는 유역권이다. 권역 내에서는 섬진강 본류와 지류인 보성강이 있다. 산경도로 보면 동쪽으로는 백운산에서 남쪽으로 내려와서 지리산에 연결되는 백두대간이 있고, 여기서 낙동강을 남쪽으로 감싸고 있는 낙남정맥과 연결되어 남동쪽으로 이어진다. 북동쪽은 금남호남정맥이 있고 북서쪽에서 호남정맥이 내장산, 무등산, 제암산을 끼고 서쪽을 둥글게 돌아 광양 백운산까지 남쪽으로 감싸고 있다. 섬진강은 임실 옥정호에서 남동쪽으로 흘러내리다가 곡성에서 보성강과 합류하여 광양에서 남해로 합류한다. 진안 마이산에서 발원한 섬진강 최상류의 진안 좌포리[238]와 임실 하가[239]에서 유물이 수습되었고, 곡류하천이 형성된 상류에 자리한 순창 구미리[240]에서는 적석노지 4기, 수혈 1

235　마한·백제문화연구소, 2014, 『익산 신용리 갓점유적』.

236　전북문화재연구원, 2009, 『전주 장동유적Ⅱ』.

237　전남문화재연구원, 2011, 『광주 노대동·행암동유적』.

238　전북대학교박물관, 2001, 「장수 월곡리 유적」, 『遺蹟調査報告書』.

239　조선대학교박물관, 2007, 「임실 하가유적-2차 조사 지도위원회의 자료-」.
　　　조선대학교박물관, 2011, 「임실 하가유적-제5차 발굴조사 현장설명회 자료-」.

240　호남문화재연구원, 2015, 『순창 구미리유적』.

기, 적석유구 3기가 있고 인근에 자리한 원촌[241]에서는 수혈 6기, 적석노지 4기가 조사되었다. 그리고 남원 대곡리[242]에서는 말기에 해당되는 유물포함층이 확인된다. 그리고 중류로 유입되는 보성강 상류에 자리한 죽산리[243]와 곡성 유정리 유평[244]에서도 후·말기에 해당하는 유물포함층이 확인된다.

낙동강지역은 남부내륙 동쪽에 위치하며 행정구역상 경상남북도에 해당한다. 낙동강의 본류와 황강, 남강, 밀양강, 금호강을 비롯한 지류와 감천, 함안천 등의 하천으로 구성되어 있다. 산경도에는 북쪽의 매봉산을 경계로 백두대간이 북쪽에서 남서쪽으로 감싸면서 서쪽의 지리산까지 연결되고, 여기서 남쪽으로 돌아가는 낙남정맥이 김해 분산까지 연결되어 남해안지역과 경계를 가진다. 그리고 동편으로는 매봉산에서 남쪽으로 뻗어 내린 낙동정맥이 가지산을 거쳐 부산 봉화산까지 그대로 연결되어 동해안지역과 구분하고 있다.

신석기시대 유적은 낙동강 본류와 지류인 감천과 황강, 남강의 상류에서 확인된다. 먼저 낙동강수계에서 가장 깊숙한 내륙지역인 영주 대촌리[245]에서 야외노지 1기와 유물이 출토되었는데 서해안식 빗살무늬토기가 출토되고 있어 주목된다. 감천에서는 김천 송죽리[246]가 발굴되어 주거지 10기, 토기요지 5기, 야외노지 18기, 석기제작장 1기, 적석 2기 등 총 48기의 다양한 유구가 조사되었다. 유구의 분포는 주거와 생산시설이 분리되는 공간배치가 확인되고 조성시기는 전기부터 말기까지이나 중심은 중·후기로 비정된다. 최근에는 감천에 유입되는 부항천에서 김천 지좌리유적이 발굴되었는데 제2-2구역[247]에서는 중기 주거지 3기와 소성유구가 확인되었고, 제

---

241 호남문화재연구원, 2005, 『淳昌 院村·官坪遺蹟』.
242 전북대학교박물관, 2003, 『南原 大谷里 遺蹟』.
243 전남대학교박물관, 1990, 『주암댐 수몰지역 문화유적발굴조사보고서(Ⅶ)』.
244 전남대학교박물관, 1997, 『호남고속도로 확장구간(고서~순천간) 문화유적 발굴조사보고서 Ⅱ』.
245 동양대학교박물관, 2009, 『영주 대촌리유적』.
246 계명대학교 행소박물관, 2006, 『김천 송죽리유적 Ⅰ』.
247 삼강문화재연구원, 2012, 『김천 지좌리 무문시대 집락』.

2-1구역[248]에서는 후기로 추정되는 주거지 6기와 토기요 7기 등이 조사되었다.

　　낙동강 중류로 유입되는 황강 지류와 주변지역에서는 합천댐 건설공사에 따른 수몰지구 내에 거창 대야리, 임불리, 합천 봉계리가 확인된다. 대야리[249]은 소형구덩이 1기(9호)와 주거지(미발굴) 1기를 확인하였고, 임불리[250]에서는 주거지 4기와 수혈 6기가 조사되었다. 그리고 봉계리[251]는 남부 내륙지역 후기문화의 표식적인 봉계리식토기가 확인되었는데 유구는 신석기시대 주거지 13기, 돌무지시설과 소성유구 각 1기 등이 조사되었고, 도토리와 호두(가래) 등이 자연유물도 출토되었다.

　　남강의 상류의 지천변에 자리한 의령군 마쌍리[252]에서 신석기 후기로 추정되는 무덤, 야외노지, 집석이 1기씩 확인되었다. 그리고 남강댐건설공사에 따른 수몰지구에 하천변을 따라 산청 강루리와 소남리, 진주 상촌리와 귀곡동이 확인된다. 강루리[253]에서는 유물포함층, 소남리[254]는 후기 단계의 주거지 2기, 적석유구 1기 등이 조사되었다. 그리고 상촌리[255]는 2개 기관이 조사를 참여하였는데, 상촌리A는 동의대학교에서 상촌리B는 동아대학교에서 조사하였다. 상촌리A에서는 주거

248 대동문화재연구원, 2012, 『김천 지좌리유적 I ~IV』.

249 동의대학교박물관, 1988, 『대야리유적 I 』.
　　　동의대학교박물관, 1988, 『대야리유적 II 』.

250 부산여자대학교박물관, 1990, 『거창 임불리 선사주거지(I)』.

251 東亞大學校博物館, 1989, 『陜川 鳳溪里遺蹟』.
　　　渡邊 誠, 1990, 「鳳溪里遺蹟出土の植物遺體」, 『고고역사학지』5 · 6, 동아대학교박물관.

252 경남발전연구원 역사문화센터, 2012, 『의령 마쌍리 · 산남리유적』.

253 국립문화재연구소, 1995, 『선사유적 발굴조사 보고서-산청 강루리 · 청원 내수리』.

254 신라대학교 · 가야문화재연구소, 1993, 『산청 소남리유적』.
　　　동아대학교박물관, 1997, 『남강유역문화유적발굴도록』.
　　　신라대학교박물관, 2000, 『신라대학교』(도록).

255 이동주, 2000, 「남강유역의 신석기문화와 일본열도-진주 상촌리유적을 중심으로-」, 『진주남강유적과 고대일본-고대 한일문화교류의 제양상-』, 경상남도 · 인제대학교 가야문화연구소.
　　　동아대학교박물관, 2001, 『진주 상촌리선사유적』.
　　　東義大學校博物館, 2002, 『上村里遺蹟』.

지 4기, 특수유구 1기, 소형구덩이 80기, 구상유구 4기가 조사되었고, 상촌리B는 보고서 뒤늦게 발간되었지만 소개된 자료에 따르면 신석기시대 주거지 23기, 화장시설 등이 조사되었다. 진주 귀곡동 대촌[256]은 지석묘 조사과정에서 원형집석노지 2기와 수혈 1기가 발굴하였다. 근래에는 택지개발사업으로 인하여 진주 평거동 3-1지구[257]에서 주거지 2기, 야외노지 10기, 소성유구 1기 등 70기가 확인되었고, 평거 4-1지구[258]에서 주거지 8기, 야외노지 14기 등 총 114기의 유구가 조사되었다. 시기는 중기와 후기로 나눌 수 있다.

금호강에서는 낙동강 본류(중류)와 만나는 하류지점의 분지와 소하천의 충적대지에 대구 서변동, 월성동, 대천동, 유천동, 달천리 등이 확인되었다. 이들 유적은 황강과 남강 상류와 달리 강변 주변에 형성된 충적대지에 위치하고 있다. 서변동[259]은 주거지 1기와 집석유구 4기 등이 확인되었고, 말기에 해당되는 대천동[260]에서는 2개의 주거지에서 유물이 수습되었으며, 달천리 135번지[261]에서는 야외노지 1기와 유물포함층이 확인되었다. 유천동[262]에서는 신석기 중기와 후기에 해당되는 주거지 2기, 야외노지 6기 등 총 101기에 이르는 유구가 확인되었다.

밀양강과 주변 지천에서는 청도와 밀양이 있다. 청도 오진리 암음[263]은 상류로 곡간형 입지를 가지고 있는데 1993년에 운문댐 건설로 발굴이 이루어졌다. 유구는 1기, 노지 2기가 확인되었으며 이른시기에 해당하는 오진리식토기와 석기가

---

256 부산복천박물관, 1998, 『진주 귀곡동 대촌 유적』.
257 경남발전연구원, 2011, 『진주 평거3-1지구 유적』.
258 경남발전연구원 역사문화센터, 2011, 『진주 평거 4-1지구 유적 Ⅰ·Ⅱ·Ⅲ』.
259 영남문화재연구원, 2002, 『大邱 西邊洞 聚落遺蹟Ⅰ』.
     영남문화재연구원, 2013, 『大邱 西邊洞 聚落遺蹟Ⅱ』.
260 경주대학교박물관, 2007, 『대구 대천동 현대 홈타운 신축부지내 발굴조사보고서』.
261 대동문화재연구원, 2011, 『달성 달천리 135유적』.
262 경상북도문화재연구원, 2013, 『大邱 流川洞 新石器時代 生活遺蹟』.
263 부산대학교박물관, 1994, 『淸道 梧津里 岩蔭 遺蹟』.

출토되었다. 중류의 분지와 합수지점에는 밀양의 금천리와 살내가 자리한다. 금천리[264]는 보고서가 미간이라 명확하지 않지만 11~12층의 신석기 문화층에서 신석기 후·말기로 비정되는 주거지와 야외노지가 확인되었고, 살내[265]은 신석기 전기후반에 해당하는 수혈 14기, 집석식노지 9기와 유물포함층이 조사되었다. 그리고 본류의 중류에 자리한 창녕군에는 비봉리[266]가 자리한다. 유적은 청도천과 낙동강, 그리고 바다의 영향에 의해 형성된 자연지대로 층위는 육성퇴적물과 수성퇴적물로 나누어진 45개층에 10개 문화층으로 구성된다. 유구는 층간 사이에 소토유구 7기, 야외노지 6기, 저장공 17기, 수혈 2기 등이 자리하고 있어 해수면 변동과 생계방식의 양태를 알려주는 자료를 제시하고 있다. 그리고 비봉리에서 북쪽으로 800m 이격된 들판에 수다리패총[267]이 자리한다.

태화형산강지역은 낙동정맥의 동편으로 형산강과 태화강유역이다. 강은 동쪽으로 흘러 동해로 유입되는데, 신석기시대 유적은 지천의 상류에 위치한다. 형상강유역의 상류에는 경주 용장리[268]에서 수혈과 야외노지가 발굴 조사되었고, 월성교지[269]와 황성동 267번지[270], 모아리 37번지[271]에서 신석기시대 유물포함층이 확인되었다. 태화강 상류에는 울산 궁근정리[272]이 위치한다. 유적에서는 야외노지, 소토유구, 석조유구 등의 유구가 확인되어 시기는 중기와 말기로 추정된다.

264 이상길·김미영, 2003,「密陽 琴川里遺蹟」『고구려고고학의 제문제』제27회 한국고고학전국대회 발표자료집, 한국고고학회.

265 경남발전연구원 역사문화센터, 2005,『密陽 살내遺蹟』.

266 國立金海博物館, 2008,『飛鳳里』.

267 우리문화재연구원, 2012,『창령 수다리 패총』.

268 신라문화유산연구원, 2010,『慶州 茸長里 月城朴氏 齋室 建立敷地 內 遺蹟』.

269 국립경주문화재연구소, 1992,「월정교지 남편농지 발굴조사」,『문화유적 발굴조사 보고(긴급발굴조사보고서Ⅰ)』.

270 동국대학교 경주캠퍼스박물관, 2002,『慶州 隍城洞 267遺蹟』.

271 신라문화유산조사단, 2008,「慶州 毛兒里 37番地 遺蹟」,『慶州의 文化遺蹟Ⅱ』.

272 울산문화재연구원, 2007,『울산 궁근정리유적』.

8) 남부해안권역

이 권역은 전라남북도와 경상남도의 해안과 도서지역으로 제주도를 제외한 남해안 일대를 대상으로 한다. 유적의 분포는 위치에 따라 남서부해안지역, 남해안서부지역, 남해안동부지역, 남동부해안지역 등 4지역으로 나눌 수 있다. 남서부해안지역은 금강하구에서 남쪽으로 해남 땅끝기맥의 동편을 경계로 서쪽에 해당된다. 남해안서부지역은 해남 땅끝에서 호남정맥의 남쪽으로 여수반도와 섬진강하구, 사천반도 서편까지를 범위로 한다. 남해안동부지역은 낙남정맥의 남쪽의 해안과 도서지역으로 사천반도 동편에서 낙동강 하구와 부산지역까지이다. 남동부해안지역은 낙동정맥의 동편의 동해안으로 울산 호미곶에서 남쪽으로 해안을 따라 부산까지를 범위로 한다.

남서부해안지역은 한반도 서해남부 해안지역으로 금강 하구에서부터 서해안을 따라 신안군의 도서지역을 범위로 한다. 유적들은 대부분 도서지역에 패총으로 보고되었지만 일부는 해안에 인접한 구릉 지역에서도 분포한다. 조사는 1954년에 국립박물관이 대흑산도 예리패총을 조사하였고, 1960년대에는 서울대학교 동아문화연구소에서 지표 및 시굴조사가 이루어졌다. 이후 1990년대에 구제 발굴이 이루어졌다.

금강 하구에 인접한 나지막한 구릉에 자리한 웅포리[273]에서 주거지 1기가 조사되었고, 내흥동[274]에서는 유물포함층이 확인되었다. 그리고 서천 장암패총[275]은 4개의 패총으로 이루어졌는데 기반층에서는 야영지 2기가 조사되었다. 또한 오식도군도에 자리한 가도[276]에서는 A~E패총 등 5개가 확인되었다. 이 중 A패총은 10개층으로 나뉘는데 신석기는 10~8층에서 확인된다. 유구는 야영지 4기와 야외노

273 김대성, 2007, 「益山 熊浦里 遺蹟」, 『한국신석기연구』14, 한국신석기학회.
274 충청문화재연구원, 2006, 『군산 내흥동 유적 I 』.
275 忠南大學校博物館, 2008, 『舒川 長岩貝塚』.
276 충남대학교박물관, 2001, 『가도패총』.

지 6기가 발굴되었다. 유적은 전기와 후기에 여러 차례에 걸쳐 반복점유된 캠프성유적이라 할 수 있다. 비웅도[277]에서는 3개의 A · B · C패총이 조사하였다. 각 패총에서는 신석기시대 유물이 확인되었다. 특히 B패총에서 적석노지 5기와 함께 상대적으로 많은 유물이 출토되었다. 다만 층위에 대한 명확한 언급이 부족하여 출토양상을 파악하기 어렵다. 비웅도에 속한 띠섬[278]에서도 패총이 조사되었다. 그리고 군산 오식도동 노래섬[279]에서는 가지구, 나지구, 라지구A · B, 마지구 A · B, 바지구 등 7개소의 패총이 확인된다. 가지구는 어획장소로 추정되면 나머지는 임시 주거공간으로 볼 수 있다. 대체로 패총은 2개 군집으로 나누어지는데 1군은 가지구 1문화층과 라지구 A패총 1문화층으로 남해안 전기로 볼 수 있고 2군은 가지구 2문화층, 나지구 포함층, 라지구 A패총 2문화층, 마지구A · B패총이 해당된다. 시기는 서해안 후기로 볼 수 있다.

또한 부안군에서는 계화도 산상[280]에서 토기와 석기가 수습되었다. 그리고 신안군 대흑산도 예리패총[281]는 시굴조사를 통해 3개 층을 확인하였는데 2~3층에서 신석기시대 후 · 말기에 해당되는 유물이 출토되었다. 가거도(소흑산도)[282]패총은

277 전북대박물관 · 목포대박물관, 2002, 『비웅도 · 가도 · 오식도패총』.

278 원광대학교박물관, 2001, 『띠섬패총』.

279 원광대학교 마한백제문화연구소, 2002, 『노래섬 I 』.
    곽진선, 2006, 「군산 노래섬유적의 신석기시대 석기 연구」, 원광대학교 석사학위논문.
    이영덕, 2009, 「서해남부 해안지역의 신석기문화」, 『한반도 신석기시대 지역문화론』, 동삼동패총 전시관.

280 전영래, 1979, 「부안 계화도 산사유적 신석기시대 유물」, 『전북유적조사보고』10, 전주시립박물관.

281 국립박물관, 1957, 『한국서해도서』.
    서울대학교 동아문화연구소, 1968, 『남해도서고고학』.
    최성락, 1988, 「흑산도지역의 선사유적」, 『도서문화』6, 목포대학교 도서문화연구소.

282 서울대학교 동아문화연구소, 1968, 『남해도서고고학』.
    최성락, 1988, 「흑산도지역의 선사유적」, 『도서문화』6, 목포대학교 도서문화연구소.
    국립광주박물관, 2006, 『가거도패총』.

1967년과 2005년에 시굴조사가 이루어졌다. 패층은 총 22개층으로 나누어지고, 유구는 수혈 1기, 집석노지 2기와 황갈색경화층이 확인되었다. 문화층은 2개로 Ⅰ문화층은 맨 아래층인 흑색부식토층에서 혼토패각 6층까지이고 전기에 해당된다. Ⅱ문화층은 순패각 1층에서 21번째 순패각층까지로 후·말기에 해당된다.

한편 서해안에 접한 함평만의 동쪽의 구릉사면에 위치한 장년리 당하산[283]에서는 신석기시대 문화층과 야외노지, 석기제작소, 부석유구, 원형유구 등이 조사되었다. 그리고 무안 소복기도[284]에서 토기 14점과 석기 2점이 지표 수습되었다.

남해안서부지역은 호남정맥의 남쪽에 자리한 해안지역과 도서지역이다. 가장 서쪽에는 남해안과 제주도와의 중간기착지로서 역할을 한 완도 여서도패총[285]이 분포한다. 이 패총은 5개의 층위로 구성되는데 Ⅲ~Ⅳ층을 단일문화층으로 보고 있다. 시기는 융기문과 영선동식 토기를 바탕으로 신석기 전기로 비정할 수 있다. 동쪽으로는 여수반도에서 1980년대 돌산 송도패총 조사를 시작으로 많은 조사가 이루어졌다. 송도패총[286]은 3개의 문화층으로 구성된다. 1문화층은 융기문토기가 중심을 이루고, 2문화층은 주거지 2기와 함께 변형융기문토기가 출토되며 3문화층에서는 층위가 교란되어 중·후기 토기가 뒤섞여 출토된다. 그리고 여수반도의 개도'마·바·사'와 안도'나'에서 석기가 지표 수습되었다[287]. 안도'가'패총[288]은 3개의 층위로 구성되는데 조기의 융기문에서 말기의 이 중구연토기까지 전시기에 걸쳐 유물이 출토된다. 유구는 무덤 4기, 노지 9기, 수혈 11기, 집석유구 3기 등 다수의 생활유구가 조사되었다. 특히 무덤에서 5개체의 인골이 확인되었는데 토광

---

283 목포대학교박물관, 2001, 『함평 장년리 당하산유적』.
284 김건수, 2012, 「소복기도 출토 즐문토기 고찰」, 『한국신석기학보』24, 한국신석기학회.
285 목포대박물관, 2007, 『완도 여서도패총』.
286 국립광주박물관, 1989, 『송도Ⅰ』.
　　국립광주박물관, 1990, 『송도Ⅱ』.
287 광주박물관, 1994, 『돌산세구지유적』.
288 국립광주박물관, 2009, 『안도패총』.

묘에 똑바로 누운 자세(仰臥伸展葬)로 확인되었고, 일본 조몬문화와 관련된 토기와 석기가 출토되어 주목을 받았다. 근래에는 경도[289]에서 4개의 패총이 조사되었다. 경도 내동패총은 5개 층으로 구성되었는데, 하층인 5층은 안정된 층으로 조기와 전기에 해당되는 유물이 수습되었고, 4층은 교란되었으나 대체로 후기로 비정된다. 내부에서는 신석기시대 적석노지 19기와 사슴뼈 2개체분이 확인되었다. 특히 사슴뼈 1개체는 뒤섞여 한뭉치로 확인되고, 다른 1개체는 두다리가 결박된 채로 확인되어 매납 행위에 대한 다양한 시각이 필요하다. 또한 새로운 채색토기가 여러 점이 출토되었다. 경도 외동패총은 4개층으로 구성되나 4층(전기)을 제외하고 모두 교란되었다. 내부에서는 적석노지 4기가 확인되었다. 경도 오복1패총은 5개층으로 구성되나 4층과 구지표면을 제외하고 교란되었다. 4층은 조기와 전기로 융기문토기가 출토된다. 유구는 한시적 거주를 목적으로 이용한 주거지 1기와 적석노지 6기가 조사되었다. 오복2패총은 시굴만 이루어지고 원형 보존되었는데 석기 1점이 출토되었다. 그리고 섬진강의 하구에는 광양의 오사리 돈탁[290]과 맞은 강너머에 자리한 하동군의 목도패총[291]이 있다. 돈탁패총은 근래에 시굴조사가 이루어졌다. 층위는 대부분 교란되었으나 여러 시기의 유물이 수습되었다. 목도패총은 5개층으로 구성되며 2층은 신석기 후기이고, 3~5층은 전기로 비정된다. 유구는 주거지 2기, 노지 12기 등이 확인된다. 한편 순천만으로 유입되는 상사천변의 충적대지에 자리한 순천시 마륜리 마륜[292]에서는 주거지 1가 조사되었다.

사천지역의 비양만 서편에 자리한 구평리패총[293]은 4개의 층으로 구성되나 짧은 기간에 형성되어 단일문화층을 가진다. 시기는 말기의 이 중구연토기가 중심

289 호남문화재연구원, 2014, 『여수 경도 신석기시대 패총』.

290 목포대학교박물관, 2012, 『광양 오사리 돈탁패총』.

291 국립진주박물관, 1999, 『목도패총』.

292 동북아지석묘연구소, 2013, 『順天 馬輪里 馬輪遺蹟』.

293 단국대학교중앙박물관, 1993, 『사천 구평리유적-신석기시대 조개더미 발굴보고-』.

을 이루고 있다. 그리고 비양만 동편에 자리한 선진리[294]는 5개의 퇴적층에 2개의 문화층이 있고, 유구는 노지 3기, 수혈 95기가 조사되었다. 그리고 남해군과 사천시가 사이에 자리한 늑도의 A지구패총[295]에는 집석유구 2기와 노지 4기가 확인된다. 시기는 융기문 토기편이 일부 확인되나 대체로 후기와 말기에 해당된다. 그리고 동편에 자리한 통영군에서는 육지에 인접한 도서지역에 패총이 조사되었다. 연대도유적[296]은 가지구와 나지구로 나누어져 발굴조사가 이루어졌는데 보고서는 가지구에 한해서만 발간되었다. 가지구에서는 특히 무덤 15기에서 인골 13개체가 확인되었다. 산등패총[297]은 2개 지구로 나뉘어지며 퇴적은 6개층으로 구성된다. 내부에서는 무덤 1기와 집석유구가 확인된다. 중심시기는 후·말기로 추정된다. 그리고 산등에서 동남쪽으로 약 4km 이격되어 상노대도[298]가 자리한다. 패총은 연세대학교에서 2개 지구(1·4지구), 동아대학교에서 2개 지구(2·3지구)를 조사하였다. 연세대에서 조사한 층위는 10개층이고, 10층을 중석기층으로 추정하고, 9~6층과 4~2층을 신석기 이른시기와 후·말기로 보았다. 동아대에서는 표준층위를 5개로 나누고 3개의 문화층을 설정하였다. 욕지도패총[299]은 4개의 층으로 퇴적되어 있는데 2층에서 무덤 2기가 포함된 돌무지시설 I 과 유물이 확인되고, 3층에서 무덤이 포함된 돌무지시설 II 가 조사되었다. 무덤에는 신석기시대 유적에서 최초로 인골이 나왔고 분석을 통해 잠수행위를 하였다는 것을 밝혔다.

　　남해안동부지역은 통영반도 동쪽에서 부터 부산광역시까지이다. 가장 서쪽에

294 경남문화재연구원, 2008, 『사천 선진리 유적』.
295 경남고고학연구소, 2006, 『늑도패총IV-A지구 패총』.
296 국립진주박물관, 1993, 『煙臺島 I 』.
297 부산수산대학교박물관, 1989, 『산등패총』.
298 손보기, 1982, 『상노대도의 선사시대 살림』, 수서원.
　　　동아대학교박물관, 1984, 『상노대도』.
299 국립진주박물관, 1989, 『욕지도』.

자리한 마산 망곡리[300]에서 야외노지 2기와 유물포함층이 확인되었고, 진해지역에서는 2개의 유적이 조사되었다. 남양동[301]에서는 흑색사질토에서 수혈, 생활면, 집석 등 유구 8기가 확인되었고, 안골동[302]에서는 2개의 층위로 구성된 패총이 조사되었다. 그리고 진해 남쪽으로 가덕도가 위치한다. 이곳에서는 부산 신항 준설토 투기장 건립공사에 발굴된 가덕도 장항유적[303]이 있다. 층위는 안정적으로 12개 층으로 구성되고, 6개의 문화층을 가진다. 유구는 집석유구 100기, 인골 48개체(묘역), 옹관묘 1기, 수혈 155기가 확인되었다. 특히 신석기시대 전기에 해당되는 집단 묘역과 인골은 매장행위에 대한 중요한 자료를 제시하고 있다. 그리고 남쪽에 자리한 가덕도 대항[304]에서도 석기가 지표 수집되었다.

낙동강 하구의 서편에 자리한 평탄한 충적지에는 김해지역이 자리한다. 농서리[305]는 4개의 퇴적층으로 구성되고 신석기 유물은 3~4층에서 후·말기의 토기가 출토된다. 화목동[306]은 농소리 동편으로 약 500m 이격되어 자리한다. 퇴적은 4층으로 구성되는데 4층에서 수혈 11기, 노지 1기, 집석노지 7기가 조사되었다. 죽림동[307]은 13개 층위를 가지나 문화층은 해발 -3m의 최하층의 자갈질 퇴적층에 자리한다. 융기문토기와 석기, 어패류와 식물종실이 출토되었다. 수가리[308]은 5개의 패총으로 이루어져 있는데 1978과 1979년에 2차에 걸쳐 모두 조사되었다. 유구

300 우리문화재연구원, 2010,『마산 망곡리 유적』.
301 동서문물연구원, 2011,『鎭海 南陽洞遺蹟』.
302 경남문화재연구원, 2003,『진해 안골동유적』.
303 한국문물연구원, 2014,『釜山 加德島 獐項遺蹟(上)·(中)·(下)』.
304 부산광역시립박물관, 1997,『부산의 선사유적과 유물』.
305 부산대학교박물관, 1965,『농소리패총 발굴조사보고서』.
306 경성대학교박물관, 2000,『金海 花木洞遺蹟』.
307 경남발전연구원 역사문화센터, 2009,『부산 죽림동유적』.
308 부산대학교박물관, 1981,『김해 수가리패총 I 』.
　　부산대학교박물관, 2011,『김해 수가리패총 II 』.

는 3패총에서 1기, 4패총에서 2기, 5패총에서 2기가 확인되었다. 층위는 6개층으로 구성되는데 유물의 출토양상으로 보아 3개의 문화층으로 나눌 수 있다. 층위와 문화층의 관계가 간결하여 동삼동패총과 함께 남해안 지역의 토기편년안을 제시하고 있다. 그리고 수가리와 인접한 가동패총[309]에서 야외노지 5기가 확인되었고, 남쪽으로 약 1~2km 가량 이격되어 범방패총과 범방유적이 자리한다. 이곳은 낙동강 하구의 서편으로 구릉의 남쪽사면에 해당된다. 범방패총[310]은 16개층으로 구성되며 13~7층이 그나마 안정적이고 6~4층은 재퇴적 층위이다. 내부에서는 토광묘 1기, 노지 8기가 조사되었다. 범방유적[311]은 패총의 남쪽 인근의 부산 아시안 게임 경기장부지에 자리한다. 퇴적양상은 10개 층위에 4개 문화층이 자리한다. 유구는 집석노지 37기와 위석노지 21기, 방형 적석유구 1기, 대형집석 1기 등이 있다. 2개 유적 모두 신석기 조기부터 말기까지 장기간에 형성된 유적이다. 또한 범방유적에서 남쪽으로 약 1km 떨어진 세산[312]에서 석기 1점이 수습되었다.

그리고 낙동강 하구 동편의 산능선 서쪽 사면에 금곡동 율리패총[313]이 자리한다. 유적은 바위그늘주거와 패총으로 구성된 복합유적이다. 바위그늘과 관련된 노지가 3기 확인되나 패총 위아래에 설치되어 있다. 패총은 4개층으로 구성되며 2~4층에서 대부분의 유물이 출토되었다.

부산의 남동편에서도 패총이 조사되었다. 영선동패총[314]은 1930년대에 간단한 시굴조사가 이루어진 후에 도로공사로 소멸되었지만 유물 일부가 소개되었다. 조

---

309 울산문화재연구원, 2014, 『釜山佳洞貝塚』.
310 부산직할시립박물관, 1993, 『범방패총 I』.
    부산광역시립박물관, 1996, 『범방패총 II』.
311 부산박물관, 2009, 『범방유적』.
312 부산광역시립박물관, 1997, 『부산의 선사유적과 유물』.
313 부산대학교박물관, 1980, 『금곡동 율리패총』.
314 부산광역시립박물관, 1997, 『부산의 선사유적과 유물』.

도[315]는 현재 국립해양대학교 자리로 1973년에 발굴된 자료에 따르면 2개지구 중에 2지구가 신석기패총이다. 퇴적은 상태가 불량하여 구체적인 층위를 알 수 없지만 다양한 인공·자연유물이 출토되었다. 그리고 조도패총에서 약 1km 이격되어 동삼동패총[316]이 자리한다. 동삼동패총은 남해안 지역의 대표적인 패총으로 1929년 발견 이래 30년대에 3차례에 시굴조사 이루어졌고, 1960년대에 정식발굴이 실시되었다. 이후 1990~2000년에 유적지정화사업과 주변지역에 대한 건설공사에 따른 구제발굴로 신석기시대 유물포함층과 패총, 생활유적지가 발굴조사되었다. 그 중 패총의 층위가 잘 정리된 1999년 조사에 따르면 패총의 층위는 9개층으로 이루어졌고, 문화층은 5개로 나눌 수 있다. 각 문화층은 남해안지역의 토기편년자료를 제시하고 있다. 유구는 주거지, 수혈, 주혈군, 구상유구, 적석유구, 노지, 집석유구, 옹관묘 등이 확인되고 있어 주거와 무덤을 포함된 복합유적임을 알 수 있다. 한편 남해바다가 내려다 보이는 다대포 봉화산과 용호동에서도 석기류가 일괄 수습된 바 있다[317].

남동부해안지역은 호미곶에서 동해안을 따라 남쪽으로 유적이 분포한다. 경주 봉길리13-1번지[318]는 대종천의 하구에 자리하는데 Ⅴ~Ⅵ층에서 주거지 3기와 유

315 국립중앙박물관, 1979, 『朝島貝塚』.
316 橫山長三郎, 1933, 「釜山府絶影島 東三洞貝塚調査報告」, 『史前學雜誌』5-4.
    及川民次郎, 1933, 「南朝鮮牧ノ島東三洞貝塚」, 『考古學』4-5.
    L.L Sample, 1974, 「Tongsamdong : A Contribution to Korea Neolithic Culture History」, 『Arctic Anthropolog』XI-2.
    국립중앙박물관, 2004·2005, 『東三洞貝塚Ⅰ~Ⅳ』.
    부산박물관, 2007, 『동삼동패총 정화지역 발굴조사보고서』.
    경성대학교박물관, 2006, 『太宗臺 進入道路 擴張敷地內 釜山 東三洞遺蹟』.
317 하인수, 1991, 「부산 다대동·용호동 출토 석기류」, 『년보』13, 부산직할시립박물관.
    부산광역시립박물관, 1997, 『부산의 선사유적과 유물』.
318 신라문화유산조사단, 2008, 「慶州 陽北面 奉吉里 13-1番地 遺蹟」, 『慶州의 文化遺蹟Ⅳ』.

물이 확인되었다. 그리고 태화강 지류인 동천강에 자리한 울산 중산동 139번지[319] 에서는 수혈 9기와 야외노지 2기가 확인되었다. 그리고 태화강 남안에 자리한 부곡동[320]에서도 구상유구 1기가 있고 처용리[321]에서는 수혈 9기와 매장유구 38기가 조사되었다. 그리고 외항천 하구에 자리한 세죽[322]에서는 4개층으로 구성된 패총에서 융기문토기가 출토되었다. 특히 III-3층에서는 토토리 저장혈로 추정되는 수혈 18기가 확인된다. 그리고 세죽에서 남동쪽으로 약 500m 이격된 황성동[323]은 신항만 부두 연결도로 공사로 인해 발굴 조사되었다. 유구와 유물은 A구간 VI~VIII층과 B구간 V~IX층에서 수혈유구 1기와 집석노지 6기 등이 확인되었다. 한편 주변의 약사동 861번지[324]와 성암동[325]에서 석기가 수습되었다. 그리고 울주군의 우봉리[326]와 신암리[327]에서는 융기문토기 단계 유물이 지구를 달리하여 출토된다. 그리고 주변의 신암리 당재골[328]에서 적석유구 1기가 확인되었고, 최근에는 울주 신암리 260번지 일원[329]에서 유물집중포함층과 수혈유구 9기가 발굴조사되어 융기문토기 단계의 유물이 확인되었다.

---

319 울산문화재연구원, 2009, 『울산 중산동 139유적』.
320 울산문화재연구원, 2009, 『울산 부곡동 112-1유적』.
321 우리문화재연구원, 2012, 『울산 처용리 21번지 유적』.
322 동국대학교 매장문화재연구소, 2007, 『울산 세죽 유적 I 』.
323 한국문물연구원, 2012, 『울산 황성동 신석기시대 유적』.
324 울산문화재연구원, 2005, 『울산 약사동 861유적』.
325 신라대학교박물관, 2000, 『신라대학교』(도록).
326 동아대학교, 1997, 『울산 우봉리유적』.
327 국립중앙박물관, 1988, 『신암리 I 』
    국립중앙박물관, 1989, 『신암리 II 』
    신종환, 1989, 「울주 신암리유적」『영남고고학보』6, 영남고고학회.
328 울산발전연구원 문화재센터, 2010, 『울주 신암리 당재골 유적』.
329 부경문물연구원, 2017, 『울주 신암리 유적』.

9) 제주도권역

제주도는 한반도에서 남해상에 동떨어져 자리한 큰 화산섬이다. 섬 중앙에 자리한 한라산을 중심으로 사방으로 점차 낮아지는 지형을 가진다. 그래서 제주도의 지형은 크게 제주해안지역, 제주내륙지역(중산간지대)로 구분할 수 있다.

제주해안지역은 제주도 해안지대이다. 유적은 1980년대 후반 북촌리 조사를 시작으로 한다[330]. 유적은 해발 20m내외의 완만한 구릉상에 자리한 바위그늘(岩陰) 유적으로 해안에서 약 600m 이격되어 있다. 1994년과 1997년에 고산리[331]가 발굴되면서 초창기단계에 대한 학계의 관심이 집중되었다. 유적에서는 고산리식토기로 대변되는 고토기와 타제석기 등이 출토된다. 그리고 비슷한 시기로 추정되는 김녕리[332]도 1997년에 조사되었다. 이후 개발사업으로 인해 많은 유적이 확인되었다. 제주국제공항 서쪽 평탄지에 자리한 이호동[333]은 3지점으로 구분되는데 다수

---

330 제주대학교박물관, 1988, 『제주 북촌리유적』.

331 제주대학교박물관, 1998, 『제주 고산리유적〈도판〉』.

　　제주대학교박물관, 2003, 『제주 고산리유적』.

　　강창화, 2007, 「제주 고산리 신석기문화 연구」, 영남대학교 박사학위논문.

　　제주문화유산연구원, 2014, 『제주 고산리유적』.

　　제주문화유산연구원, 2015, 『제주 고산리유적 II 』.

　　제주고고학연구소, 2017, 『제주 고산리유적 I (2구역)』.

　　제주고고학연구소, 2017, 『제주 고산리유적 II (2구역-2차)』.

　　제주문화유산연구원, 2017, 『제주 고산리유적 III』.

　　제주문화유산연구원, 2017, 『제주 고산리유적 IV』.

　　제주문화유산연구원, 2017, 『제주 고산리유적 V 』.

　　제주고고학연구소, 2018, 『제주 고산리유적 III (2구역)』.

　　제주고고학연구소, 2018, 『제주 고산리유적 IV』.

　　제주문화유산연구원, 2019, 『제주 고산리유적』(제주시 한경면 고산리 3431-1번지 근린생활시설 (소매점)부지 유적 발굴조사 보고서).

　　제주문화유산연구원, 2019, 제주 고산리유적』(제주시 한경면 고산리 3431-1번지 단독주택 신축부지내 발굴보고서).

332 제주도민속자연사박물관, 1999, 『제주 김녕리유적』.

의 수혈유구와 유물이 확인되었다. 그리고 제주공항부지의 평탄지(해발 31m)에 자리한 도두동[334]은 해안으로부터 900m 정도 이격되는데 주거지와 수혈유구가 확인되었다. 삼양동유적은 삼양동택지개발지구, 삼양유원지 조성[335], 삼화택지개발지구[336], 삼양초등학교 신축부지 등에서 초창기에서 말기에 이르는 다양한 유구와 유물이 확인되었다. 또한 비양도 2942번지[337]에서 수혈유구 3기가 조사되었고 제주 동남쪽에 자리한 신천리 한못궤동굴[338]에서도 동굴 외부와 내부에서 유물이 확인되었다. 서남쪽으로 단산 남사면 말단부에 자리한 사계리[339]는 해안과는 약 1.5Km 이격되는데 수혈유구 11기와 집석유구 8기, 소토유구 8기가 확인된다. 하모리[340]는 가파도를 마주하는 해안변(해발 약4m)에 자리하며 후·말기의 집석유구 5기와 소성유구 2기, 수혈유구 1기가 조사되었다.

제주내륙지역에는 하천이 흘러내리는 주변과 식용수가 풍부한 중산간 평탄지를 중심으로 유적이 분포한다. 오등동(병문천)[341]은 제주도 유적 중 가장 높은 병문천변의 완경사면(해발 370m)에 자리하는데 적석노지 1기와 수혈 34기 등이 확인된다.

333 제주문화유산연구원, 2010, 『제주 이호동유적』.
   제주문화유산연구원, 2011, 『제주 이호동유적(288번지)』.
   제주문화유산연구원, 2013, 『제주 이호동유적(1630-3번지)』.
334 제주문화예술재단, 2005, 『제주국제공항착륙대 확장공사부지내 문화유적 발굴조사 보고서』.
   제주문화유산연구원, 2011, 『제주 도두동유적-2162-2번지-』.
335 제주문화예술재단, 2006, 『삼양유원지 조성사업부지내 문화유적 발굴조사 보고서』.
336 동양문물연구원, 2011, 『제주 삼화지구 유적』.
337 제주문화유산연구원, 2013, 「부록. 제주라온랜드 비양도관광계이블카 개발사업부지내 문화재 발굴조사 보고서」, 『제주 관포리유적』.
338 제주문화예술재단, 2006, 「3. 신천리 한못궤(동굴)유적 발굴조사보고서」, 『성산~표산 국도 12호선 확장 및 포장공사 구간내 유적 발굴조사 보고서』.
339 제주문화유산연구원, 2010, 『제주 사계리 유적』.
340 제주문화예술재단, 2006, 『제주 하모리유적』.
341 제주문화유산연구원, 2012, 『제주 오등동유적(105번지)』.

그리고 회천동[342]은 제주 북쪽의 중산간지역(해발 74m)으로 수혈유구 9기와 주혈 등이 조사되었다. 또한 제주 남쪽 서귀포시에 자리한 온평리[343]는 해안에서 1km 정도 이격되어 형성된 저평한 구릉사면(해발 14.5m)에 자리하며 유물포함층이 확인되었다. 제주 동남지역 중산간지역에서는 성읍리[344]가 천미천변(해발 134m)에 자리하는데 수혈유구 38기와 적석유구 11기, 소토유구 4기 등이 조사되었다. 성읍리에서 북서쪽으로 약 1.6km 정도 이격되어 성읍 농촌용수유적[345]이 시굴 조사되었고, 번영로 도로확포장 공사시에서는 주혈군이 확인되었다[346]. 역시 중산간지대에 위치한 한남리[347]는 서중천변(해발 150m)에 자리하며 해안에서 5.3km 가량 이격되어 있다. 유구는 후·말기에 해당되는 수혈유구 3기와 집석유구 7기, 소토유구 3기가 조사되었다. 강정동[348]은 해발 73m 내외로 남고북저의 경사면에 위치하며 해안에서 2km 가량 떨어져 있다. 유적에서는 고산리식토기 중심의 유물포함층이 조사되었다.

2. 유적의 시간축

신석기시대 편년을 검토하기 위해 상대편년안과 절대연대자료를 살펴본다. 그리고 해수면의 변동, 기후와 자연환경의 변화를 검토하고자 한다.

---

342 제주문화유산연구원, 2012,『제주 회천동유적(1035-2번지)』.
343 제주문화예술재단, 2006,『성산~표산 국도12호선 확장 및 포장공사구간내 유적 발굴조사 보고서』.
344 제주문화예술재단, 2006,『제주 성읍리 유적』.
345 제주문화예술재단, 2006,『제주 성읍리유적-부록:성읍지구 농촌용수개발사업 문화재 시굴조사보고서』.
　　중앙문화재연구원, 2008,『제주 성읍리유적』.
346 한얼문화유산연구원, 2011,『제주 성읍리 유적』.
347 마한문화연구원, 2009,『한남~서성로간 군도 확포장공사구간내 문화유적 발굴조사 보고서』.
348 제주문화유산연구원, 2010,『제주 강정동 유적』.

1) 상대편년안 검토

신석기시대 편년의 기본은 토기를 중심으로 마련되었다. 특히 토기의 문양에 의한 친연성을 중심으로 유적간의 선후를 마련하고 수직화된 문양축을 확대하며 적용해가는 방향으로 이루어졌다. 그래서 토기편년은 지역에 따라 구분된다. 지역의 상대편년은 연구자에 따라 지역 범위와 명칭에 있어 차이가 있으나 대체적으로 동북, 서북, 중서부, 동해안, 남부 등으로 크게 나눌 수 있다. 각 지역의 토기분기의 설정과 특징은 몇 권의 도서[349]로 종합되어 발간되었는데 토기 문양에 근거한 형식학적 편년을 바탕으로 방사성탄소연대를 참고하여 편년작업이 수립되었다.

먼저 북한에 속한 동북과 서북, 중서북부권역은 절대연대자료가 보고되어 있지 않아 대부분의 논문이 토기의 형식학적 편년에 따르고 있다. 서국태는 80년대 후반에 북한지역의 종합적인 편년를 마련하고 크게 전중후 3시기로 나누었다[350]. 신석기시대 전기(5000~4000년기)는 서포항1기와 2기로 나누고 2기에 궁산문화 1기를 비정하였다. 중기(기원전 3000년기 전반)에는 서포항 3기로 설정하고 전반에는 궁산2기를 후반에는 궁산3기와 세죽리를 제시하였다. 후기(기원전 3000년 후반기~2,000년기초반)에는 궁산4기와 함께 토성리, 장성리, 신암리, 용연리를 설정하였다. 그리고 세부적으로 후기전반에는 서포항 4기와 남경1기를 놓고 후기후반에는 서포항 5기와 금탄리 2기를 비정하고 있다. 곽대순과 장성덕[351]은 동북지역의 선사유적을 종합화하면서 요동반도와 압록강 권역의 신석기 문화를 후와하층과 상층, 북구-석불산유형으로 구분하였다. 후와하층문화은 소주산하층문화와 병행한

---

349 동삼동패총전시관, 2009, 『한반도 신석기시대 지역문화론』.
　　중앙문화재연구원 편, 2011, 『한국 신석기문화 개론』, 서경문화사.
　　중앙문화재연구원 편, 2012, 『한국 신석기문화의 양상과 전개』, 서경문화사.
　　중앙문화재연구원 편, 2014, 『한국 신석기시대 토기와 편년』, 진인진.
350 서국태, 1986, 『조선의 신석기시대』, 사회과학출판사, p13.
351 郭大順 · 張星德, 2005, 『早期中國文明:東北文化與幽燕文明』, 江蘇教育出版社.
　　귀다순 · 장싱더, 김정열 번역, 2008, 『동북문화와 유연문명』(상), 동북아역사재단.

다고 하면서 절대연대는 6055~6255 BP을 제시하였다. 후와상층문화은 소주산 중층문화와 병행하고 절대연대는 4980 BP으로 정리하였다. 토기문양은 지자문이 사라지고 자점문(刺點文)이 출현하며 발형토기(통형기)의 구연이 외반되고 기벽이 팽창한다고 하였다. 그리고 후행하는 북구-석불산유형은 후기문화로 절대년대가 4650±100~4210±100BP 사이로 비정하였다.

중서북부 · 남부권역은 경기만과 한강하류역, 대동강유역을 대상으로 하고 첨저의 빗살무늬토기가 중심을 이룬다. 대동강유역은 5기로 나눈다. 궁산1~2기는 지탑리 1호 주거지와 2지구에 출토되는 토기를 통해 삼분위 구분계 문양이 시문된 토기가 중심을 이루고 있다. 궁산3기는 동체부의 문양이 변화되는데 금탄리1식으로 대표된다. 궁산4기는 남경1기가 해당되면 궁산5기는 동일계 횡주어골문을 기본으로 하는 금탄리2식과 남경2기에 해당된다. 경기만과 한강하류역 주변에서 최근 발굴유적의 증가에 따른 자료증가로 토기편년이 세밀해졌다. 임상택은 토기의 가장 기본적인 편년안을 4기로 구분하고 대동강권역과 병행관계를 검토하였다[352]. Ⅰ기후반(전기, 4,000~3,600 BC)은 구분계 3분위와 종주어골문이 중심으로 한다. Ⅱ기(중기, 3,600~3,100 BC)는 구분계 2분위를 중심으로 하고, 동일계와 서해안식 횡주어골문과 구연한정 단사선문의 유무에 따라 전반과 후반으로 나뉜다. Ⅲ기(후기, 3,100~2,300 BC)는 동일계가 중심을 이루는데 역시 서해안식 횡주어골문에 따라 전반과 후반으로 나누고 있다. Ⅳ기(말기, 2,300~1,500 BC)는 동일계 중심에 문양이 난삽화되거나 무문양화가 진행된다. 이에 반해 소상영의 편년안은 전체적인 양상에 있어서 유사한 면이 많지만 적용방법에 있어 절대연대자료를 통한 교정연대를 구하고 이를 유적과 유구의 상대서열로 설정하여 Ⅰ기와 Ⅱ기로 편년하고 있다[353]. Ⅰ기(전기)는

---

352 임상택, 2012, 「신석기시대 중서부지역 상대편년의 종합과 병행관계」, 『한국신석기문화의 양상과 전개』, 중앙문화재연구원 편, 서경문화사, pp118~123.

353 소상영, 2013, 「한반도 중서부 지방 신석기 시대 생계 · 주거 체계 연구」, 한양대학교 박사학위논문, pp45~89.

4,500(5,000?)~3,600 BC이고, Ⅱ기(후기)는 3,600~1,300 BC으로 하는데 취락의 분포와 분산으로 전반-중반-후반으로 세분하였다.

중부내륙권역은 이상훈에 의해 4시기로 나누어졌다. 조기는 미발견이고 전기는 동해안의 오산리유적에서 확인된 평저형토기가 있고 중·후기는 단사선문과 어골문계통의 침선문계토기가 중심을 이루며 말기는 무문토기로 전환되는 시기이다[354]. 또한 심준용은 남한강유역에서 확인되는 유적을 대상으로 하여 4시기로 구분하였다. 융기문토기를 지표로 하는 조기(6,000~4,000 BC), 종주어골문을 중심으로 하는 전기(4,000~3,000 BC)와 횡주어골문과 태선침선문, 집선문계토기의 중기(3,500~2,500 BC)로 구분하고 후기(3,000~2,000 BC)는 동일계토기, 사격자문, 퇴화침선문과 능격문을 지표로 삼았다.

동해안권역은 고동순에 의해 크게 조·전기, 중기, 후기의 3시기 편년안이 마련되었다[355]. 조·전기(6,010~3,600 BC)의 토기는 3기로 다시 세분되는데 조기전반은 무문양토기과 적색압날구획토기가 출토되고 조기후반(5,200~4,600 BC)은 융기문과 오산리식토기가 있다. 그리고 전기는 아직 토기문화가 미설정되어 있고 중기(3,600~3,000 BC)는 구분문계 침선문토기를 설정하고 있다. 후기(2,920~2,870 BC)는 야외노지만 확인되는데 토기구연부에 한정된 침선문토기가 확인된다. 이 시기는 침선문의 퇴화 또는 변화기로 인지하고 있다.

남부내륙권역과 남부해안권역, 제주도권역은 하인수의 편년안에 의해 구분된다[356]. 초창기(12,000~6,000 BC)는 고토기가 출토되는 고산리식 토기를 중심으로 하며 조기(6,000~4,500 BC)는 융기문토기를 표지로 한다. 전기(4,500~ 3,500 BC)는 자

---

354 이상훈, 2013, 「강원도 영서지역 신석기시대 유적 연구」, 강원대학교 석사학위논문, pp.46~52.

355 조은하, 2014, 「강원 영동지역 신석기시대 농경 수용과 생계양식의 변화」, 충북대학교 석사학위논문, p26. 〈표 5〉 강원 영동지역 신석기시대 편년안 참조.

356 하인수, 2006, 「영남해안지역의 신석기문화 연구-편년과 생업을 중심으로-」, 부산대학교 박사학위논문, pp.33~37.

〈표 2-2〉 신석기시대 지역별 토기편년안 정리

시기	북한 (서국배)	서북 (곽대순)	중서부·서부·남부 (임상택)	중서부·서부·남부 (소상영)	중부내륙 (심준용)	중부내륙 (이상훈)	동해안 (고동순)	남부내륙·해안, 제주도 (하인수)	점자리 (구자진)
B.C.8,000								초창기 (고산리식)	
B.C.7,000									
B.C.6,000	서포항1기?						무문양토기	오진리식?	
B.C.5,000	서포항2기, 궁산1기		궁산1기	Ⅰ기	조기 (융기문)	조기	조기 적색마연구회 오산리식토기 융기문토기	조기 (융기문)	Ⅰ기
B.C.4,000	서포항3기 / 세죽리, 금탄리1	후와하층	궁산2기 / 전기 (Ⅰ기후반) / 궁산3기 중기(Ⅱ기)		전기	전기	(전기공백)	전기(자돌압인문) (영선동식)	
B.C.3,000	서포항4기 / 남경1	후와상층	궁산5기 / 후기(Ⅲ기)	Ⅱ기 전반/중반	중기	중기	중기	중기(태선침선문계) (수가리Ⅰ식)	Ⅱ기
B.C.2,000	서포항5기 / 궁산4기 / 금탄리2 남경2, 정촌	북구 소주산 유형 / 용반리 덕안리	용반리 덕안리 / 만기(Ⅳ)	후반	후기	후기	후기	후기 (수가리Ⅱ식, 봉계리식)	Ⅲ기
B.C.1,000								말기(이중구연토기) (수가리Ⅲ식, 율리식)	

돌압인문기법으로 시문한 영선동식토기가 유행하며, 중기(3,500 ~2,700 BC)는 수가리 I 식으로 불리우는 구분계 태선침선문계 토기가 유행한다. 후기(2,700~2,000 BC)는 해안지역과 내륙지역에서 각각의 특징적인 양식으로 변화하는데 해안지역은 구연부만 단독 시문되고 문양의 정형성이 떨어지며 침선이 가늘어지는 수가리 II 식토기가 자리하고, 내륙지역은 구연하 공백이 있고 외반되며 사격자문과 조우문 등이 주로 시문되는 봉계리식토기가 유행한다. 말기(2,000 ~1,200? BC)는 이 중구연토기로 대표되는데 문양이 거의 사라져 사질의 태토가 사용된다.

한편 구자진은 기존의 편년안을 전제로 하여 집자리의 구조와 변화양상을 파악하고 3기로 나누었다[357]. 그리고 절대연대측정값의 보정연대를 통해 I 기와 II 기는 기원전 3,500을 기준으로 구분하고, II 기와 III 기는 절대연대 자료가 많지 않아 확언하기 어렵지만 기원전 3,000년을 기준으로 삼았다.

이상으로 한반도의 신석기시대 토기편년을 권역별로 살펴보았다. 대략적인 토기의 흐름은 가장 안정된 편년체계를 마련한 남부지역을 중심으로 고산리식토기, 융기문토기, 압날과 압인문계토기, 침선문계토기, 이 중구연토기 순으로 변화된다. 아직 북쪽에 자리한 권역은 다른 지역에 비해 상대적으로 자료가 부족할 뿐만 아니라 자료의 확인도 명확하지 않기 때문에 토기편년이 연구자별로 유동성을 가진다. 그러나 중부에 자리한 권역들은 근래 다수의 유적이 발굴되면서 토기의 세부 편년, 절대연대자료의 보정으로 인해 그 흐름이 대략적으로 밝혀지고 있다. 남부의 권역 역시 초창기에 대한 절대연대자료가 추가되면서 현재는 편년안이 안정화되고 명확해졌다.

지금까지의 토기의 양식적인 변화를 정리하면 <그림2-5>과 같이 도식화가 가능하다. 토기변화는 그림에서 보듯이 크게 4가지의 변화가 나타난다. 첫째 무문양에서 문양의 생성이다. 이것은 고산리식토기로 대표되는 무문양의 고토기에서 토기 표면에 점토띠를 덧붙여 문양을 구성한 융기문토기로 전환이다. 둘째는 평

---

357 구자진, 2010,「한국 신석기시대의 집자리와 마을 연구」, 숭실대학교 박사학위논문, pp. 33~42.

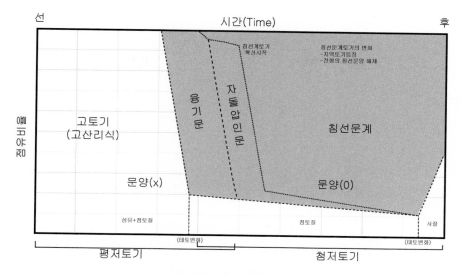

선　　　　　　　　시간(Time)　　　　　　　후

침선계토기
확산시작

침선문계토기의 변화
-지역토기등장
-전형의 침선문양 해체

복합도

고토기
(고산리식)

융기문

자돌압인문

침선문계

문양(x)

문양(0)

섬유+점토질　　　　점토질　　　　사질

(태토변화)　　　　　　　　　　　(태토변화)

평저토기　　　　　　　첨저토기

〈그림 2-5〉 신석기시대 토기변화 획기의 도식화

저토기에서 첨저토기로의 변화이다. 고산리식과 융기문토기는 평저토기이나 후행하는 침선문계토기는 모두 첨저토기로 그릇의 바탕부터 차이가 있다. 또한 문양의 구성을 점토띠를 덧붙이는 것에서 직접 침선을 하는 것으로 변화가 이루어진다. 그리고 셋째는 침선문계토기의 한반도 전역으로 확산을 들 수 있다. 신석기시대 중기가 되면 중서부지역의 침선문계토기가 확산되고 후기에는 지역별 문양화[358]가 등장하면서 전형의 침선계문양이 해체되기 시작한다. 즉 변화의 변곡점들은 토기양식의 변화 뿐만 아니라 석기와 골각기 등의 변화가 함께 이루어졌을 것이고 종내에는 생업의 변화가 동반되었을 것으로 예견된다.

---

358 폴록(Pollock)은 기원전 6,000~5,000년기의 이란 수시나 평원에 분포하는 토기연구에서 토기문양에 나타나는 양식의 복합도(stylistic complexity)가 변화해가는 방식을 2가지 모델로 제시하였다. 이 중 사회의 수평적인 분화 즉 같은 등급에 속하지만 서로 다르게 살아가는 집단의 수가 늘어나는 변동은 새로운 문양의 모티브를 채용하거나 기존 모티브들의 새로운 배열방식, 그릇 형태의 차별화 등을 시도한다고 하였다(칼라 시노폴리 지음, 이성주 옮김, 2008, 『토기연구법』, 도서출판 考古, pp. 206~212). Caria M. Sinopoli, 1991, 『Approaches to Archaeological Ceramics』, Plenum Publishing corporation.

2) 절대연대자료를 통한 편년 검토

절대연대는 20세기 미국에서 연륜법과 방사성탄소연대측정법 등 과학적 방법을 통해 연대를 파악하는 방법에서 시작된다. 신석기시대 절대연대측정은 C14연대측정법이 중심을 이루고 있는데 시작은 1960년대 동삼동패총 발굴조사에서부터이다. 이후 절대연대자료는 발굴조사의 증가와 함께 꾸준하게 축적되었지만 그 활용은 토기편년을 보완하는 자료로서 이용되었다. 현재까지 축적된 자료는 소상영에 의해 정리되었는데 총 720여건에 이른다. 축적자료의 양상은 북한지역 자료는 미확인되었고 모두 남한지역에서 확인된 자료이다. 최근 절대연대자료를 분석하여 신석기시대 편년에 대한 검토가 시도되었다[359].

절대연대값을 토대로 토기양식과 결합된 편년은 <표2-3>와 같다. 편년표에서 드러난 양상은 크게 3시기로 나눌 수 있다. 첫번째 단계는 초창기(7,800~7,300 BC)로 고산리식 토기로 대변되는 고토기가 확인된다. 현재 고토기가 제주도에서만 확인되고 있지만 오산리C의 무문양토기과 남부내륙의 오진리에서 출토된 토기는 초창기로 올려볼 수 있는 가능성이 상존한다. 또한 유경식타제석촉과 창선형첨두기 등 전환기에 해당되는 석기연구가 명확해진다면 한반도에서도 초창기의 양상이 보다 명확해질 것으로 기대할 수 있다.

두번째 단계는 조기와 전기에 해당하는 시기(6,000~3,600 BC)이다. 남부권역에서는 융기문과 영선동식 토기가 선후간으로 유행하고 중부 동해안지역에서는 압인압날로 시문된 오산리식토기와 죽변리식토기 다음으로 융기문토기가 출토되

---

359 소상영, 2012, 「¹⁴C연대측정치의 고고학적 활용방안 검토-중서부 신석기시대 ¹⁴C연대의 정리와 경기해안지역 취락의 동시기성 분석」, 『중서부지역의 신석기문화』2012년 한국신석기학회 학술대회.
소상영, 2013, 「¹⁴C연대 분석을 통한 중서부지방 신석기 시대 편년 연구」, 『한국고고학보』89, 한국고고학회.
소상영, 2014, 「¹⁴C연대분석을 통해 본 한국 신석기시대 편년」, 『한국 신석기시대 편년과 지역간 병행관계』2014년 한국신석기학회 학술대회.

고 있다. 그리고 중서남부권역에서는 구분계 침선문계 토기가 전기단계에 확인되고 있다. 이 단계의 특징은 오산리식과 융기문토기에서 확인되는 평저토기가 기원전 5,000년을 기점으로 원저 또는 첨저로 변화가 이루어진다. 또한 충남내륙과 남부지역의 지역적인 토기양식이 일정한 관계를 설정하면서 토기양식간의 영향을 주고 받는 것을 영선동식 토기를 통해 확인할 수 있다.

〈표 2-3〉 신석기시대 C14연대를 통한 지역간 편년(소상영 2014, 〈표6〉 참고)

calBC	기준편년	중서북부·남부			동해안			남부내륙·해안, 제주도		
8,000 ~ 7,000	초창기							고산리식	I 기	
6,000					무문양					
	조기				적색압날문구획	I 기				전반
5,000					오산리식 (평저, 압인압날)	II 기		융기문 (평저다수)	II 기	중반
					융기문(평저다수)	III 기				후반
4,000	전기	3분위 종주어골(경기) 영선동식(충남해안)	I 기			I 기		영선동식 원저,자돌·압인문	III기 후반	전반
3,000	중기	2분위, 동일계 횡주어골, 집선문	II 기	전반	2분위구분계 세·태선침선문	IV기	전반	수가리 I 식 태선침선문	IV기	전반
	후기	동일계, 구분계쇠퇴		중반	동일계위주 문양난삽화 무문화		중반	수가리 II 식 퇴화침선, 봉계리식		후반
2,000	말기	동일계위주 구분계일부 문양난삽화 무문화 구순각목, 공열문		후반			후반			전반
1,000								율리식 이중구연,무문양	V 기	후반

세번째 단계는 중기 이후의 단계로 볼 수 있다. 토기편년상 중기와 후기단계 (3,600~2,400 BC)는 남부 해안지역에서 태선침선문의 수가리 I 식과 퇴화된 침선문의 수가리 II 식으로 구분하고 있으나 문양조합이 유사하고 계승관계가 뚜렷하다. 내륙지역에서도 능격문과 봉계리식토기라는 지역적인 색체를 가진 새로운 요소의 출현을 기준으로 나눌 수는 있지만 큰 틀에서 보면 역시 수가리식토기 요소가 섞여 있다. 그리고 중서부와 중동부지역의 토기편년에서도 역시 2부위 구분계 토기와 횡주어골문에서 동일계로 변화되고 무문양화가 진행되는 것으로 토기분기를 설정하고 있는데 선행시기의 문양요소가 그대로 계승되고 있다. 따라서 중·후기의 토기는 지역적인 토기변화가 크지 않고 문양요소를 계승하고 있기 때문에 지역적인 문양의 변화로 이해할 수 있다. 이런 까닭에 절대연대측정값도 획기상 일률적이지 못하고 톱날처럼 엇비슷하게 설정된다. 이런 점은 말기 (2,400~1,400 BC)의 이중구연토기에서도 그대로 나타나 지역적인 차이가 발생한다. 그러나 반대로 이러한 지역적인 차이를 다른 관점에서 보면 청동기시대의 시점이 지역마다 다르다는 점을 말해준다고 하겠다.

3) 자연환경과 해수면 변동 검토

신석기시대는 신생대 제4기(Quaternary)의 마지막 빙기가 끝나는 1만년을 경계로 홀로세(Holocene)와 함께 시작한다. 홀로세는 온난화가 진행되면서 해수면이 급격하게 상승하면서 해안지역의 지형적인 변형와 자연환경의 변화가 동반된다. 이러한 외부환경의 변화는 한반도에 생존하는 신석기시대인의 삶과 직접적으로 연관되기 때문에 문화변동의 요인 중 하나라고 판단된다.

현재 신석기시대 자연환경에 대한 연구는 자연과학의 도움으로 해수면 변동 연구와 화분분석 등 2개의 축을 중심으로 이루어지고 있다. 먼저 해수면 변동에 대한 연구는 자연과학자의 해석과 이를 고고학적으로 접목시키려는 것으로 나뉜다. 자연과학자들의 해석은 2가지로 나뉘는데 하나는 해수면이 완만하게 상승하여 현재보다 높았던 때는 없다는 입장이 있고 다른 하나는 해수면이 상승하고 어느 시점에는 현재보다 높았던 때가 있다는 입장이 있다[360]. 이 2가지의 견해는 많은 논고를 통해 제시되고 있으나 고고학자의 입장에서는 세세한 양상을 알기 어렵다. 다만 고고학적으로 접목시키려는 연구에서 해수면의 상승이 현재 보다 일시적으로 높았다는 사례가 늘어나고 있는 실정이다[361].

해수면 변동에 대한 종합적인 검토는 해수면의 변동 경향를 정리하고 동남해안의 해안선을 제시한 황상일의 연구[362]와 중서부지역의 화분분석과 해수면 연구사례를 정리한 소상영의 검토[363]가 있다. 이를 정리하면 플라이스토세(Pleistocene)의 최종빙기 최성기(LGM : Last Glacial Maximum)에는 현재보다 약 140m 아래에 해수면이 있었고 이후 홀로세(Holocene)에 들어서면 해수면이 상승한다. 그리고 약 6,500 BP에는 해면의 미변동과 함께 현재의 해수면에 이르고 약 6,000 BP에는 현재와 같거나 평균해수면 1m(평균최고조는 4.85m)가 높았다. 그리고 3,000 BP에 이르면 강하구가 퇴적으로 육화되어 현재의 해안선에 가까워진다고 한다(그림2-6).

360 신숙정, 1994, 『우리나라 남해안지방의 신석기문화연구』, 학연문화사.
　　신숙정, 1998, 「해수면변동과 고고학」, 『고고학연구방법론』, 서울대학교출판부.
361 황상일, 2002, 「울산 황성동 세죽 해안의 Holocene 중기 환경변화와 인간생활」, 『한국고고학보』 48, 한국고고학회.
　　이동주, 2006, 「해수면 상승 흔적이 확인되는 동삼동유적의 성격에 대하여」, 『한국신석기연구』11, 한국신석기학회.
　　신숙정·김주용·양동윤·이진영·김진관. 2007, 「한강 하류지형의 발달과 고고학유적의 관련성 고찰」, 『한강고고』창간호, 한강문화재연구원.
　　이동주, 2009, 「동삼동유적에서 확인된 환경변동의 흔적과 그 성격」, 『한국신석기연구』18, 한국신석기학회.
362 황상일, 2006, 「해면변동과 충적평야 지형발달」, 『고고학과 자연과학』15회 영남고고학회 학술발표회, 영남고고학회.
363 소상영, 2011, 「Holocene 자연환경과 한반도 중서부 신석기시대 유적의 변화」, 『한국신석기연구』 21, 한국신석기학회.

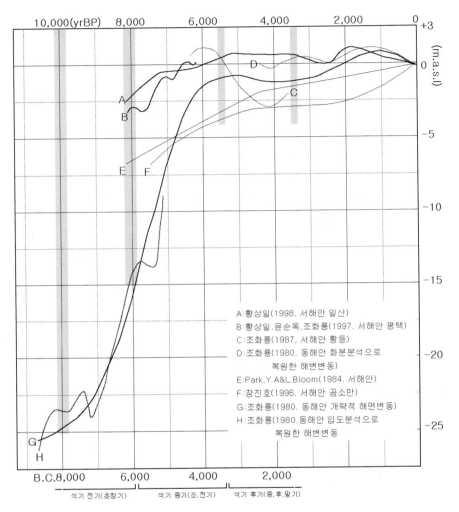

〈그림 2-6〉 한반도 Holocene 해수면 변동곡선(황상일 · 윤순옥, 2002,〈그림 2〉수정함)

A:황상일(1998, 서해안 일산)
B:황상일.윤순옥,조화룡(1997, 서해안 평택)
C:조화룡(1987, 서해안 황등)
D:조화룡(1980, 동해안 화분분석으로
　　복원한 해변변동)
E:Park,Y.A&L.Bloom(1984, 서해안)
F:장진호(1996, 서해안 곰소만)
G:조화룡(1980, 동해안 개략적 해면변동)
H:조화룡(1980,동해안 입도분석으로
　　복원한 해변변동)

　　한반도 해수면 변동곡선에 신석기시대의 시기별 변환점을 표시하면 초창기의
시점에 해당하는 BC 약 8,000년경에는 해수면이 현재보다 약 -25m 아래에 위치
하고 있다. 이를 수심이 표시된 지형도에 표시하면 동해안은 현재의 해안선과 거

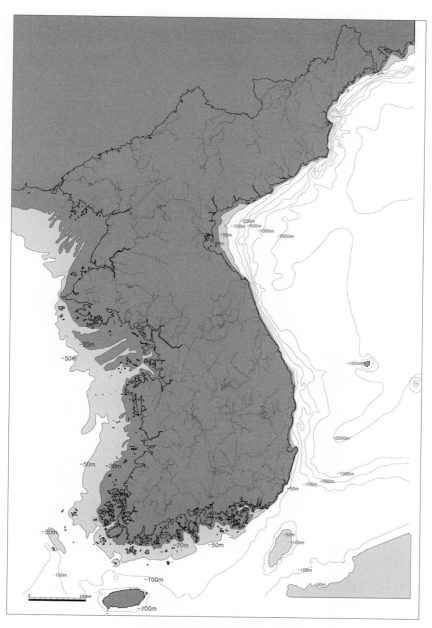

〈그림 2-7〉 해수면 변동에 따른 해안선 추정도

의 차이가 없지만 서남해안과 중서해안의 해안선은 현재보다 훨씬 많이 밀려져 있고, 길게 물러난 곳은 약 100km에 이른다(그림2-7).

해수면 변동과 신석기의 유적을 비교하면 토기편년의 초창기와 조·전기유적은 제주도, 강원도, 남해안 동부와 동남해안에 밀집분포하고 있으며 서해안과 남해안 서부는 확인되지 않고 있다. 그리고 해수면이 안정이 되어 현재와 비슷해지는 기원전 약 4,500경에 이르면 중서부지역에 유적이 등장하고 확산된다. 그리고 기원전 약 3,500경에는 한반도 전역에 유적이 확인되는 것을 알 수 있다.

한편 화분분석을 통한 식생은 2000년대 초반에 한국의 제4기 환경이 정리되었다[364]. 최기룡에 따르면 약 10,000~8,000 BP 사이에는 한반도 전지역에 오엽송, 전나무 등의 아한대 침엽수와 냉온대 고산지형의 낙엽활엽수가 감소 혹은 소멸되어갔고 이후 참나무류를 우점으로 하는 낙엽활엽수림이 분포지역을 확대되었다. 그리고 6,000 BP에서 부터는 동해안과 서해안의 저지대의 우점종이 전시대에 비해 확연이 달라지는데 서해안 저지대에는 참나무속(Quercus)→오리나무속(Alnus)→소나무속(Pinus)의 변천과정을 보이나 동해안 저지대에서는 참나무속(Quercus)→소나무속(Pinus)으로 변화되고 있다. 동서해안의 변천이 다른 점은 습윤한 환경에서 사는 오리나무속이 점유로 아마도 해수면의 변동에 따른 것으로 판단된다. 그리고 6,000~2,000 BP에는 동해안은 소나무속과 참나무속이 우점으로 하는 침엽수림과 낙엽활엽수림이 발달하였고 서해안은 오리나무속와 물푸레나무속(Fraxinus)이 우점하고 초본식물들의 출현율이 매우 낮다. 이에 반해 남부지역의 산지대에는 현재와 마찬가지로 냉온대산지의 삼림경관이 거의 유지되었다. 약 2,000BP에는 전시대의 낙엽활엽수림과 상록활엽수림의 분포역이 좁아지

---

364 박용안·공우석외, 2001, 「제3장 우리나라 화분과 규조의 제4기 생층서와 환경」, 『한국의 제4기 환경』, 서울대학교출판부.
    최기룡, 2002, 「한반도 후빙기의 식생 및 기후 변천사」, 『한국 신석기시대의 환경과 생업』, 동국대학교 매장문화재연구소편.

고 소나무속을 우점으로 하는 침엽수림의 분포역이 확대된다.

〈표 2-4〉 신석기시대 식생과 기후변동(박용안 · 공우석외 2001, 최기룡 2002)

BP		식생	기후
10,000~8,000		아한대 침엽수 및 냉온대 낙엽활엽수 감소하고 참나무류를 우점으로 하는 낙엽활엽수림이 확대시작 -서해안저지대는 습윤한 서식지에 자라는 오리나무 우점	온난습윤
8,000~6,000			
6,000~2,000	동해안	참나무속 →소나무속의 변천과정 소나무속과 참나무속을 우점으로 하는 침엽수림과 낙엽활엽수림 발달	온난건조
	서해안 저지대	습윤성식물인 오리나무속과 물푸레나무과가 우점하며 초본식물이 낮은 점으로 보아 토양이 습한 조건임	
	남부 산지대	현재의 냉온대산지의 산림경관 4500BP이후에는 가시나무속이 증가함.	
2,000이후		소나무속를 우점으로 하는 침엽수림의 분포역 증가	온난습윤

신석기시대의 식생은 〈표2-4〉에서 보듯이 크게 3시기로 나누어진다. 식생의 변화는 참나무속→(오리나무속)→소나무속으로 변화되는데 중서부지역을 제외하면 대체로 참나무속에서 소나무속으로 변화되고 있다.

정리하면 기후의 변동은 크게 기후회복기, 고온기, 하강기로 나누어진다[365]. 회복기(17,000~9,000 BP)는 초창기에서 조기단계에 해당되는데 대기온도가 지속적으로 상승하면서 해수면도 함께 상승하는 시기이다. 고온기(9,000~5,300 BP)는 따뜻하고 안정된 기후로 현재 보다 약 2~3℃쯤 높았던 시기로 조 · 전기단계에 해당된다. 특히 전기단계로 볼 수 있는 6,200~5,300BP에는 기온이 가장 높이 올라가고 해수면이 올라가며 산호초 성장선도 북쪽으로 올라간다. 또한 나무성장의 한계선 역시 중위도 지방에서는 북쪽으로 약 200~300km까지 올라갔을 것이다. 즉 이런 점을 토대로 보면 한강유역에서 북쪽으로 약 200km 쯤에 자리한 대동강

---

365 국사편찬위원회, 1997, 「Ⅱ. 신석기문화」, 『한국사』2, pp.316~329.

유역에서도 식생이 생육하기 좋은 자연환경을 가졌을 것이다. 다음 기후하강기 (5,300 BP~)는 기온이 불안정해지면서 전반적으로 기후가 하강하는 추세이다. 특히 중기단계와 후기단계에 해당하는 5,300~4,800 BP에 기온이 내려감으로서 전시기에 비해 한랭화되고 있어 식생의 생육조건이 북쪽지역 보다는 남쪽지역에 적합해지는 시기이다.

4) 석기 편년과 유적의 시간적 위치

석기 편년을 설정하기 위해 기존의 편년안과 절대연대 자료를 검토하고 해수면의 변동과 식생·기후의 변동 등을 정리하였다. 이를 토대로 본고에 적용할 편년을 다음 〈표2-5〉와 같이 나누었다. 편년안은 한반도 전지역을 대상으로 하고 있기 때문에 1차적으로 절대연대 자료를 기본으로 하고 2차적으로 토기를 중심으로 나누어진 상대편년을 대입하였다. 그리고 자연환경을 통해 변화의 원인과 양상을 해결해 보려 하였다.

신석기시대 석기편년안은 크게 초창기, 조기, 전기, 중기, 후기 등 5시기로 나눌 수 있다. 초창기단계(10,000~6,000 BC : 3000년 이상)는 현재까지는 남부지역에서만 확인된다. 이 시기의 토기는 고토기인 제주도지역의 고산리식 토기가 속한다 [366]. 모두 평저토기로 겉면에 아무런 문양이 표시되어 있지 않는다. 석기는 제주도지역에서 발간된 보고서를 참고하면 구석기시대 석기제작 전통을 그대로 유지하고 있다[367]. 특히 양면조정석기로 제작된 석촉은 후기구석기 후반에 등장하여 신

---

366 오진리식토기(오진리4층토기)는 대부분 무문양이고 기면조정시 조흔(條痕)의 정면흔을 남기고 있다. 특히 융기문토기를 포함하는 3층보다 아래층에서 출토되고 있다는 점에서 조기 즐문토기보다 선행하고 있어 토기 일부는 시기를 올려볼 수 있다. 그렇지만 유문토기 등이 같이 공출되고, 형식적 특징이 일률적이지 못하기 때문에 본고에서는 초창기로 비정하지 않는다.

367 현재는 제주도지역에서만 전환기적인 양상이 나타나고 있다. 그런데 한반도 내륙에서 신석기시대 토기와 공반되지는 않지만 유경식타제석촉이 확인되고 있어 앞으로의 연구가 기대된다.
　박근태, 2012, 「01. 신석기시대 초창기 단계의 문화양상」 『한국 신석기문화의 양상과 전개』, 중앙

석기시대 초반에 널리 활용된 제작방식이다. 이것은 일부 구석기시대인들이 홀로세의 자연환경 변화-해수면의 상승과 기후 온난화에 따른 식생변화-에 적응하여 생존하였음을 보여주는 것이다. 즉 주민의 교체가 단절적이지 않고 연속적이라는 것이다.

조기단계(6,000~4,500 BC : 1,400년)는 해수면 상승이 지속적으로 이루어지다가 끝무렵에는 현재의 해안선과 유사해 진다. 이 시기의 토기양식은 토기 겉면에 점토띠를 덧붙여 문양을 만드는 융기문토기가 중심을 이루고 있다. 유적들은 상대적으로 해안선이 안정화되었던 남해안과 동해안지역에 입지하고 있다. 서해안지역은 현재보다 약 15m 아래에 해안선이 형성되고 있기 때문에 조기단계의 유적이 있다면 서해 수중에 존재하고 있을 것으로 추정된다.

전기단계(4,500~3,600 BC : 900년)는 해수면이 현재와 같아지거나 높아지면서 서부지역을 중심으로 안정된 해안선을 따라 유적이 등장하고, 동해안지역과 남해안지역에서는 유적의 수가 증가하기 시작한다. 토기양식은 토기 표면을 눌러 시문한 자돌압인계토기가 중심을 이루는데 각 지역의 토기양식이 지역적인 교류 및 범위가 확장하면서 자체적인 지역문화를 성립하는 시기라 할 수 있다. 이것은 중서부의 침선문계토기의 확산, 남해안지역의 융기문계 토기양식의 북상과 동해안지역의 자돌압인문계의 남하로 설명할 수 있다. 즉 남해안지역에서는 조기에 유행한 융기문계토기가 해안을 따라 북상하고, 전기에는 동해안지역에서 조기에 유행한 자돌압인계토기가 전기단계에 남해안지역에서 받아들이는 것으로 각각의 지역에서 성장한 토기양식이 전기단계에 교류가 이루어진다. 그래서 문양에 있어 차이가 있을지언정 기본형태에 있어서는 두 집단 사이에는 평저토기라는 문화코드가 상존한다. 그리고 자연환경은 해수면의 상승이 끝나고 미변동은 지속적으로 이루어지면서 기후는 온난건조화 된다. 그러나 식생은 지역적인 차이가 있지만

문화재연구원편, 서경문화사.

참나무류의 낙엽활엽수림에서 점차 소나무속을 우점으로 하는 침엽수림으로 바뀌어나가는 점에서 늦은 시기로 갈수록 기온이 낮아진다.

<표 2-5> 신석기시대 석기 편년안

calBC	편년	내용						해수면 변동	생태환경
8,000 / 7,000	초창기 3,000년	고산리식 무문양, 평저						-25m 해수면 상승	온난습윤 참나무류 우점 (낙엽활엽수림) 기후회복기
6,000 / 5,000	조기 1,500년	평저 서포항1기?				오산리식, 융기문 평저중심	융기문 평저중심	해수면 -15m	온난건조 <-고온기 이후 지속적 하강
4,000	전기 900년	서포항2기	당산 / 세죽리	궁산1 / 궁산2	3분위구분 종주어골 원저	공백	영선동식 자돌·압인문 원저,	+0m +1/0m (평균최고조 4.85m)	동해안: 나무속과 소나무속 우점 서해안:오리나무속, 물푸레나무속이 우점
3,000	중기 800년	서포항3기	신암리1기	궁산3 궁산4	2분위구분계 횡주어골,집선문	2분위구분계 세·태선침선문	수가리 I 식, 태선침선문	해수면 미변동	남부: 현재와 유사 후반 가시나무속증가 하강기
2,000	후기 800년 이상	서포항4기 / 서포항2기	신암리2기	궁산5 / 룡반리덕안리	동일계 구분계쇠퇴 / 동일계위주 구분계일부, 문양난삽화 무문화, 공열문	동일계위주 문양난삽화 무문화	수가리 II식, 봉계리식, 세선화 / 말기(율리식) 이중구연,무문화		온난습윤 소나무속 우점 (침엽수림)
1,000		두만강	압록강	대동강	중서부	동해안	남부지역		

중기단계(3,600~2,800 BC : 800년)에는 지역에 따라 차이가 있으나 중서부지역의 침선문계토기가 남부지역으로 확산된다. 그리고 후기단계(2,800~2,000 BC(북부) /

1,500 BC(중부) / 1,200 BC(남부) : 800년 이상)에는 지역적인 토기의 등장과 전형적인 침선문계 문양의 변형이 이루어지면서 점차 난삽화되거나 무문양화되는 방향으로 진행된다. 중·후기단계의 지역별 토기양상을 보면 남부해안권역은 태선침선문의 수가리Ⅰ식과 퇴화된 침선문의 수가리Ⅱ식으로 구분되고 남부내륙권역은 능격문과 봉계리식토기라는 새로운 양식이 확인된다. 중서남부권역과 동해안권역에서는 2분위 구분계 토기와 동일계 문양으로 변화되거나 무문양화가 진행된다. 이처럼 중·후기의 토기는 선행시기의 문양요소가 그대로 계승되지만 지역적으로 토기문양의 변화가 이루어진다. 그래서 절대연대측정값도 획기상 일률적이지 못하고 톱날처럼 엇비슷하게 설정된다.

한편 남부지역은 이중구연토기를 기본으로 하여 말기를 설정하고 있는데 다른 지역에서는 확인되지 않는다[368]. 특히 북쪽에서부터 청동기시대로 전환이 되지만 남부지역은 이중구연토기라는 새로운 신석기시대 토기양식이 등장하는 것으로 추정된다. 하지만 한반도 전체를 대상으로 보면 지역적인 출토 범위와 수량이 한정적이기 때문에 획기를 나누기가 어렵다. 그래서 말기를 후기에 포함시켜 접근하고자 한다. 그리고 자연환경은 중기단계와 유사하지만 후기단계에는 점진적으로 한랭화 되면서 기후가 온난 습윤해지고 침엽수림으로 바뀌게 된다.

그리고 편년안에 따라 권역별로 석기가 출토된 유적을 시기별로 정리하면 아래 〈표2-6·7〉과 같다.

서북권역은 중기단계에 세죽리 노지구 등 압록강 하구부터 내륙까지 나타나고 후기단계까지 지속된다. 동북권역은 조기단계에 서포항유적이 있고, 전기를 거쳐 중기단계에서는 압록강 하구에서부터 두만강 중류까지 유적이 확산되고 있다. 후기단계에는 두만강 내륙의 유적이 수량이 감소하지만 동해안변을 따라 유적이 분

---

368 이동주(2014)는 최근 중서부지역에서 출토되는 공열문과 2열 단사선을 검토하여 말기를 설정하였지만 석기양상에서는 확인하기 어려운 면이 있다.

포하는 특징을 가진다.

　중서북부권역과 중서남부권역은 해수면이 현재와 유사해지는 전기단계에 유적이 등장한다. 중서북부권역은 대동강 하구주변의 해변구릉과 재령강 중류의 지천변에 유적이 입지한다. 중기단계에서는 내륙으로 더 유입되어 유적이 분포하다가 후기단계에서는 서해안 주변의 구릉지역이나 대동강 중류변에 자리한다. 중서남부권역은 전기단계에 한강하구의 경기만 도서지역과 한강중하류변에 유적이 집중 분포한다. 이후 중기단계에서는 도서지역보다는 해안변이나 좀더 내륙적으로 유입된 지천을 따라 형성된 구릉지역이 발달하면서 당진아산만 지역으로 유적이 확산되다가 후기단계에서 다시 도서지역에 집중되는 특징을 가진다.

　중부내륙권역은 조기단계에 융기문토기편이 확인되고 있어 동해안권역에서 유입된 문화가 상존하지만 석기의 출토는 전기단계부터이다. 전기단계에서는 유적 분포가 동굴을 중심으로 나타나지만 중기단계에 이르면 동굴 뿐만 아니라 한강 상류의 충적지 변에도 유적이 분포하고 후기단계에서는 한강 본류에서 한강 지천까지 유적 분포가 확산되고 있다.

　동해안권역은 오산리C유적의 황색점토층 절대연대가 초창기단계 까지 올라가고 있어 동해안변에 초창기단계 유적이 상존할 것으로 기대된다. 조기단계에서는 동해안으로 유입되는 지천의 하구와 주변에 형성된 석호 인근에 유적이 집중 분포한다. 전기단계에서는 현재 명확한 유적이 확인되지 않고 있지만 오산리C유적(보고서미발간)에서 전기단계의 유물이 보고된 바 있다. 이후 중기단계에서는 역시 조기단계와 유사한 입지에 유적 분포가 집중되지만 조기단계와 달리 산간지역인 내륙에서도 유적이 분포하고 있어 유적의 분포범위가 늘어나는 양상이다. 후기단계에는 유적의 분포수가 감소하지만 대체로 동해안변에 입지한다.

　남부내륙권역은 초창기단계에 일부 석촉연구자에 의해 유적이 분포하는 것으로 제시되고 있으나 아직 명확하지 않다. 조기와 전기단계 역시 당시의 낙동강으로 내만된 남해바다의 해안변이나 하구 주변에 자리하고 있기 때문에 본격적인 유적의 등장은 중기단계부터라고 할 수 있다. 중기단계에서는 금강중상류와 낙동강중상류의 충적지에 유적이 분포가 뚜렷하게 증가하고 후기단계에서는 영산강과 섬진강, 태화강, 형산강유역에까지 분포범위가 확산된다.

남부해안권역은 조기단계에 도서지역을 중심으로 유적이 자리한다. 크게 여수반도, 사천반도, 낙동강 하구와 도서지역, 울산지역의 동해안변으로 나눌 수 있다. 전기단계에서는 이들 지역 외에 서해안과 남해안 서부지역에서 유적이 확인되지만 중기단계에는 남부내륙권역과 달리 유적의 범위가 낙동강 하구와 도서지역으로 감소한다. 후기단계에서는 다시 전기단계와 마찬가지로 비슷한 지점에 유적이 분포한다.

제주도권역은 초창기단계의 표지적인 고토기가 출토되는 유적이 제주도의 서쪽과 북쪽 해안변을 따라 분포한다. 조기단계에는 유적이 일부 감소하지만 전기단계에서도 유사한 분포를 가진다. 다만 이 시기에 내륙 산간지역에서 유적의 입지하고 있어 유적의 분포 범위가 늘어나고 있다. 중기단계에는 남부해안권역의 서남부지역에서와 마찬가지로 유적이 확인되지 않다가 후기단계에 와서 유적의 증가가 뚜렷하게 나타난다. 그리고 내륙지역과 제주도 동쪽, 동남쪽에서도 유적이 분포하는 특징을 가진다.

이상으로 권역별로 유적의 시간적 위치를 설정하고 분포의 특징을 살펴보았다. 신석기시대의 유적은 해수면의 변동에 따라 전기단계에 이르러 한반도 전역에서 유적이 확인된다. 그리고 시기별로 유적의 분포범위와 방향이 권역별로 차이를 가지고 있어 한반도 내부에서 사회경제적인 변동이 따라 그 양상이 차이가 있다고 판단된다.

〈표 2-6〉 권역별 유적의 석기편년 종합①

편년안	서북권역	동북권역	중서부내륙권역	중서부남부지역				중부내륙권역		동해안권역
				중서부해안	한강하류	임진강	당진아산만	북한강	남한강	
조창기										오산리C(향석점토층)
조기		서포항1기								오산리AB(1,2기), 오산리C(1기), 망상동, 문암리 I, II(1기), 죽변리
전기 (대강), (후와하층)		서포항2기, 보이스만	군산1,2, 지탑리, 마산리	소정리1기, 가지산기, 운서동 I (1기), 영흥도외리, 능곡동(1기), 영종도송산 (오이도안골)	암사동, 미사리, 사송동1기	삼거리, 학곡리	담산리	교동	주천리 (예래), 공기2굴	오산리C(2기)
중기 (후와상층)		서포항3기, 흥성, 범의구석, 두루봉, 검은개봉	군산3기, 금탄리1기, 용곡서동굴	소정리2기, 가지산2기, 석곡리, 신길동, 농서리, 삼목도III, 능곡동(2기)	김포양촌, 운양동II		장재리안강골, 백암리점배골, 생배리, 소소리동골, 송월리, 기곡리, 우두리, 우두리아래꽃, 대청물, 동곡리, 율사리, 백석동고재리모양반지, 동평리, 마두리(중문연대체)	신매리, 역내동, 우두동II, 가래리	아우라지, 음성금석리, 삼옥리, 반곡동, 금굴, 황석리묘, 상사3그늘(1기), 조동리, 연당쌍굴	지경리, 송전리, 가평리(주거지), 오산리AB기, 오산리C(3기), 문암리 I, II(2기), 초당동, 하서리, 지변동, 용호리(오이노지)
후기	룡연리, 반궁리, 신암리, 석불산, 당산, 토성리, 취야와자, 소영당쌍산, 대주신구	서포항5기, 금곡, 자이사노프카, 자레치노예, 포시예트, 나진동, 송평동, 농포동, 원수대	군산4기, 금탄리2기, 남양리, 장흥, 남포, 석탄리, 청호리, 과임덕인리, 항교곡	소연평도, 시도, 모이도, 신길동마을큰골, 순서동 I (2기), 뱃말, 순서동장개마을, 순북동(한강,고리), 남북동, 을왕동III, 음왕동 I, 소정리3기, 백령도, 용유도, 오산리소정포(한강), 중산동(중앙), 오이도신포동, 가운데살막, 빗살막, 대부도흥곳	호평동자개울, 덕소리(고래), 뱃배(덕소뒤), 남양주덕송리, 사송동2기, 가래리	당동리, 대능리?, 원당리?	송학리2기, 대죽리(한서리), 고남리(A.2.B.3)	신매리 I, 철정리II, 내평리, 교동	꽃병굴, 주천리(강원), 용암리, 중금리, 수양개, 벌천리, 상사3그늘(2기), 덕천리소골	울진오산리아외, 철통리, 대전리, 추포리?

98 한국 신석기시대 석기제작과 체계

〈표 2-7〉 권역별 유적의 석기편년 종합②

편년안	남부내륙권역		남부해안권역				제주도권역
	금강 / 영산강 / 섬진강지역	낙동강지역 / 태화형산강지역	남서부해안지역	남해안서부지역	남해안중부지역	남동부해안지역	
초창기	하가(타제석촉)?						
조기		오진리(암음)(1기), 비봉리 I · II (1기),		송도(1기), 안도(1기), 목도(1기), 선진리(1기), 연대도(1기), 상노대도1기	부산죽림동, 동삼동(1기), 범방유적(1기), 범방패총(1기),	울산세죽, 울산황성동(1기), 울산신암동, 울주신암리(1,3구 울주신암리2기260,	도두동1기 (공항토취장), 사계리(1기),
전기		살내, 비봉리 I · II (2기), 경주황성동267, 수다리(31층),	가도(1기), 노래섬(가)1기, 노래섬(라)1기, 경암(1기), 휴화도산성 가가도(1기)	여서도, 송도(2기), 안도(2기), 경도(1기), 목도(2기), 연대도(2기), 상노대도2기,	가덕도장항(1기), 동삼동(2기), 범방유적(2기), 범방패총(2기), 영선동패총, 부산세산, 조도, 흥조동, 다대포봉화산	처용리221, 울산황성동(2기), 신암리당중게줄,	화천리1035-2, 도두동2162-2, 오등동2기(병문천), 삼양유원지, 비양도, 온평리1기,
중기	둔산, 대천리, 석곡리, 영하리, 쌍청리, 분병동, 장원리, 신관동공근, 신화리(사동나), 진그늘1기, 갈머리1기, 운암,	영주대촌리, 김천송죽리, 지좌리(산강), 상촌리(1기), 평거4-1(1기), 오진리암음(2기), 금구정류(산조리), 수다리(20층), 비봉리II (3기),	내홍동(문화층), 따섬, 가도(2기), 노래섬(가)2기, 노래섬(나)1기,	육지도(중서사기)	진해남양동1기, 가덕도장항(2기), 가덕도대항(중, 동), 수가리(1기), 동삼동(3기), 범방유적(3기),	봉길리13-1, 울주신암리2,4구	
후기	남양리, 월평리2,3기, 갈머리2,3기, 원촌, 진그늘2기, 안자동, 하월곡리, 전주장동, 노래동, 좌포리, 하가, 구미리, 남한매리, 죽산리하죽, 우정리유평,	지좌리(메/동), 묘아리, 임불리, 봉계리, 마쟁리, 강루리, 소남리, 상촌리(2기), 갑두장유류, 평거3-1, 평거4-1(2기), 서변동, 서천동, 달천리135, 유천동, 오진리암음(3기), 금천리, 월성교자, 송정리, 모아리3기, 군근정리(아와노지),	내홍동(문화층, 따섬, 가도(3기), 노래섬(가)2기, 노래섬(나)2기, 경암(2기), 강진대항단항 매죽산도예리, 비응도A, 가거도1,2기, 소복기도, 웅포리	송도(3기), 안도(3기), 경도2기, 돌도(3기), 마룡리, 구평리, 선진리(2기), 누도4사지구, 산등, 상노대도3기,	마산망곡리, 진해남양동2,3기, 가덕도장항(3기), 김해율소리, 화목동, 수가리(2,3기), 부산가동, 금곡동율리, 동삼동(4,5기), 범방유적(4기), 범방패총(3기),	중산동139, 부곡동112-1, 야굴동861,	북촌리암음, 이호동(사근288), 이호동1(630-3,1035-2), 도두동2기(공항토취장), 신천리한못게, 한남리, 사계리(2기), 하모리, 성읍리, 삼양리(한림), 성읍농소유수, 온평리2기,

3장. 신석기시대 석기 분류와 종류

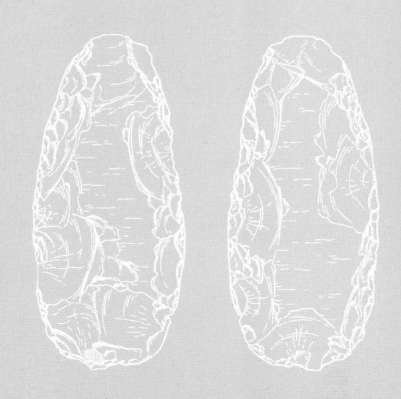

1. 석기 분류와 용어

신석기시대 석기분류는 2012년에 발간된 한국고고학전문사전(신석기시대편)에서 1차적으로 정리하였고 2014년 집중토론회에서 석기의 용어와 분류를 재검토하였다[369]. 지금까지 이루어진 신석기시대 석기분류는 3가지 유형으로 나눌 수 있다.

첫번째 유형은 도구를 기종별로 집성한 후에 형태를 나누고 용도에 따라 분류하는 것이다. 그리고 세부적으로는 타제와 마제를 구분하기도 한다[370]. 이 유형은

---

[369] 박근태, 2014, 「신석기시대 석기의 용어와 분류」, 『한국 신석기시대 석기의 분류와 제작방법』제4회 한국신석기학회 집중토론회, 한국신석기학회.

[370] 田中聰一, 2000, 「한국 중남부지방 신석기시대 토기문화연구」, 동아대학교 박사학위논문.
최종혁, 2005, 「한국 남부지방 농경에 대한 연구-석기조성을 중심으로-」, 『한국신석기연구』10, 한국신석기학회.
하인수, 2006, 「영남해안지역의 신석기문화 연구-편년과 생업을 중심으로-」, 부산대학교 박사학위논문.
임상택, 2006, 「한국 중서부지역 빗살무늬토기문화 연구」, 서울대학교 박사학위논문.
박준범, 2008, 「신석기시대 서울·경기·인천지역 출토 간석기에 대한 연구」, 『한국신석기연구』15, 한국신석기학회.
이정재, 2011, 「동해안지역 신석기시대 석기의 검토를 통한 생업의 변화-오산리 C유적 출토 석기를 중심으로-」, 『한국고고학 연합대회 발표자료집』제1회, 한국고고학회.
박성근, 2012, 「남부지역 신석기시대 석부 연구」, 부산대학교 석사학위논문.
박근태, 2014, 「신석기시대 석기의 용어와 분류」, 『한국 신석기시대 석기의 분류와 제작방법』제4회

가장 일반적인 분류안으로 <표3-1>과 같이 연구자별로 차이가 있다. 분류는 수렵어로구, 식량제작구, 목재제작구, 수확구, 공구류 등으로 구분되는데 대부분의 연구가 생업을 다루고 있다. 다만 기종별 석기의 기능에 대한 검토가 아직 명확하게 이루어지지 않았기 때문에 용도 설정에 어려움이 있다. 특히 유적 입지에 따른 자연환경과 석기 기능과의 관계에 대한 보다 면밀한 검토가 선행되어야 한다. 그럼에도 불구하고 이 분류방식은 신석기시대 생업을 풀 수 있는 실마리를 제공할 수 있다는 장점이 있다.

두번째 유형은 앞에서 제시된 기종별 석기의 기능에 대한 검토가 미진하기 때문에 용도별로 분류하지 않고 석기 그 자체로 분류하는데서 출발한다. 즉 석기는 다기능적인 용도로 사용되기 때문에 하나의 기능으로 나누기 어렵다 보고 석기 형태에 입각해서 석기 그 자체로 분류하는 유형이다[371]. 이 경우는 대체로 석기의 다양도 분석을 위해서 사용되는 방식이다. 연구자들의 분류와 기능을 정리하면 다음 <표3-2>와 같다.

세번째 유형은 석기의 기술적인 분류방식이다. 이 방식은 한국에서는 아직 시도되지 않았지만 일본에서는 조몬(繩文) 석기분류에서 소재와 가공에 의한 분류가 제시되었다(그림3-1). 1차 분류는 석기의 가공유물에 따라 가공석기와 무가공석기로 구분하고, 2차분류는 가공석기를 대상으로 하여 제작기술의 적용양상에 따라 타제석기, 고타석기, 반마제석기, 마제석기로 세분한다. 그리고 3차에서는 소재의 차이에 의해 박편석기와 석핵석기, 역석기로 나누고 있다. 이 분류방식은 석기의 기술적인 제작방법을 파악하기에 적합하다.

한국신석기학회 집중토론회, 한국신석기학회.

371 윤혜나, 2011, 「한국 중서부지역 신석기시대의 석기조성과 생업」, 전남대학교 석사학위논문.
유지인, 2012, 「신석기시대 중·후기 중서부 해안지역 취락의 석기조성 양상」, 『중서부지역의 신석기문화』, 한국신석기학회 학술대회.
소상영, 2013, 「한반도 중서부 지방 신석기 시대 생계·주거 체계 연구」, 한양대학교 박사학위논문.

田中聰一(2000)[372]		최종혁(2005)		하인수(2006)[373]			임상택(2006)		박근태(2014)		
수렵 어로구	타제석촉, 마제석촉, 석제작살 (석창, 작살), 어망추, 결합식조침부	수렵 어로구	석촉, 석창 작살, 채리개, 석조 결합식조침어부	생산 용구	수렵구	석촉(마제,타제), 석창(마제,타제), 첨두기	수렵 제작구	석촉, 석창, 어망추, 결합식	자돌구	석촉과 석창(타제·마제), 유경찔두기
									때리 칼기	사냥돌, 찔개(양면찔개, 외날찔개), 주먹도끼, 석봉의 일부
					어로구	어망추·석추 결합식조침(축부), 결합식조침 작살(석인·마제·타제)			자돌구	작살, 고정식작살, 결합식작살
식량 채집구	굴지구, 석겸, 보습	농경 구	정가구	가래, 굴패괭이, 보습	채집 농경구	타제석부(따비·괭이, 석겸, 유견석기, 유선형석기, 반월형석기 등)	굴지 제작 목공구	석부 (석부, 자귀, 따비·괭이, 대팻날·끌)	낚시	석추, 결합식조침 부석
			수확구	석겸, 타제석인, 반월형석기					어망	어망추
			조리구	갈판·갈돌					굴지구	타제석부 (돌보습, 돌괭이, 굽괭이)
식량 처리구	마석류, 石鑲, 마봉, 마반	제작 구	벌채부, 제작부	가공 용구	식료 가공구	갈돌, 마석, 갈판, 고석, 요석(홈돌), 대석·지석·석도, 석인, 석기(숫돌)	공구류	숫돌·받침	수확구	타제석부, 석겸, 석도형석기, 석인
목제 처리구	벌채부, 제작구				목재 가공구	벌채석부(소형포함), 석착, 끌형석기(끌개, 밀개, 자르개 등), 마제석부(소형포함) 부소·소형인부부, 결합식인부	식료 제작구	갈돌·갈판, 고석	석기 제작	숫돌(지석), 때식, 고석(망치), 인부마연석부, 단인석부, 석착, 돌톱, 망치, 밀개, 새기개
									목기 제작	마제석부(전면마연석부 인부마연석부, 단인석부, ...), 돌톱, 망치, 밀개, 자르개
					석재 가공구	지석(소형대형), 고석, 석추(숫돌)	수확구	낫·석도	조리구	갈돌, 갈판, 흠돌, 고석(공이)
									제작료 정리	식식, 석도, 석도형석기, 돌톱, 박편석기(긁개, 밀개, 자르개)
기타 공구부	석기류, 찰절석기, 지석, 소형지석, 발화석			비실 용구	기타	발화석	기타	박편석기, 용도미상 석기 등	기타	발화구, 몸돌, 격지
					장신구	이식, 수식, 석천			의례	석봉의 일부
					이례구	봉상석기 (여봉)			장신	수식, 귀고리, 판옥, 결상이식

372 곽진선(2005)은 田中聰一의 석기분류안을 참조하여 노래섬유적의 석기를 분류하였다.
373 박근태(2008)은 하인수(2008)의 석기분류안을 마제와 타제로 나누고 석기명칭을 한글화 하였다.

〈표 3-2〉 석기의 분류와 추정기능

윤혜나(2011)[374]		유지인(2011)		소상영(2013)	
고석(敲石)	공이,망치돌,파쇄용석기 등	고석	식료자원가공:찧기	projectile points (화살촉,찔개살, 자돌구 등)	식량자원 포획
박편석기	박편,긁개,박편석기	대석	식료자원가공:찧기		
반월형석도	미완성반월형석도	갈돌	식료자원 가공:갈기	낚시도구	어류 포획
석겸	미완성석겸,낫	갈판	식료자원가공:갈기	어망추	식량자원 포획 (주로 어류포획)
석구	팔매돌	석창	식료자원 획득 : 수렵및어로	굴지구 (타제석부)	식량자원획득:농경,채집 건설: 수혈주거지 축조
석도	석인,인기,자르개,돌칼류			낫	식량자원 채집: 자르기
타제석부	미완성굴지구,굴지구,굴지구류, 따비,괭이,곰배괭이,삽 등	석촉	식료자원 획득 : 수렵및어로	칼	식량자원 처리 및 채집:자르기
마제석부	석부류,양인석부,합인석부, 편인석기,자귀 등			갈돌	식량자원가공:갈기
석착	돌끌,끌,대패날	찔개살	식료자원 획득 : 수렵및어로	갈판	식량자원가공:갈기
석창	석창,창끝			고석	식량자원가공:찧기,빻기
석촉	미완성석촉,간돌살촉,활촉등	굴지구	식료자원 획득 : 굴토	대석	
석추	석추,송곳	합인석부	벌채, 목재가공 및 처리	마제석부 (목재가공구)	벌채, 목재가공 및 처리
어망추	그물추,강추석				
연석	갈돌,갈판,연석봉,석봉	마제석부	벌채, 목재가공 및 처리	타제석부 (목재가공구)	벌채, 목재가공 및 처리
요석	홈돌				
원판형석기	원반형석기	끌	목재가공 및 처리: 깎기	지석	마제석기 가공
작살	작살,돌작살			방추차	직물제조?
정	정	지석	석기가공, 마연	장신구	꾸미기(의례?)
지석	숫돌,미완성지석	석도	자르기	박편석기	식량자원 가공:자르기?
찍개	찍개	장신구	장식	정면구	토기정면
찔개살	찌르개살	어망추	식료자원획득 : 어로	시문구	토기시문
찰절석기	찰절구,썰개	기타	석재,미완성석기, 박편석기,원반형석기, 용도미상석기	골침	의류, 어망가공
톱니날석기	톱니날석기			기타	반제품, 용도미상

---

374 윤혜나의 석기분류는 청동기시대 석기 분류안을 참고하여 수정한 것이다(김민구 · 권경숙, 2010, 「제주도 송국리문화의 석기조성과 생업경제-호남지역과의 비교-」, 『호남고고학보』36, 호남고고 학회).

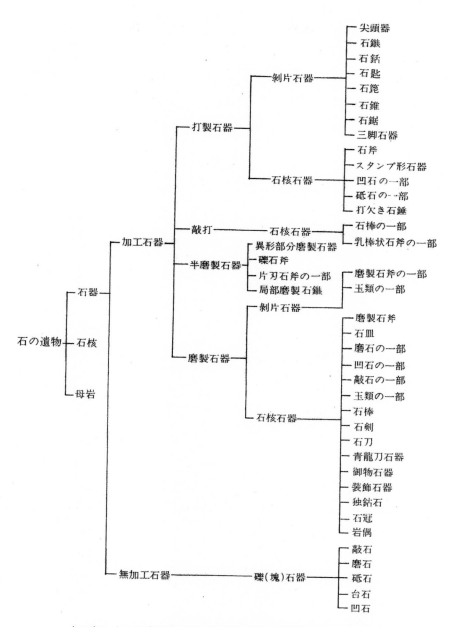

〈그림 3-1〉 조몬(繩文) 소개·가공에 의한 석기분류(鈴木道之助 1981)

신석기시대 석기분류는 일반적으로 형태와 용도, 기술, 재질에 따라 이루어진다. 각각의 분류방식은 장단점이 있기 때문에 연구자들은 연구목적에 따라 가장 적합한 분류를 시도하게 된다. 따라서 본고에서는 석기의 제작방법을 보여주기에 적합한 셋째 분류안에 의거하여 분류하고자 한다. 다만 소재·가공에 의한 분류는 일본 조몬(繩文)석기을 대상으로 하였기 때문에 한국의 신석기시대 석기분류에 그대로 적용하기 어려운 면이 있다. 그래서 이를 수정하여 〈그림3-2〉와 같이 분류하고자 한다.

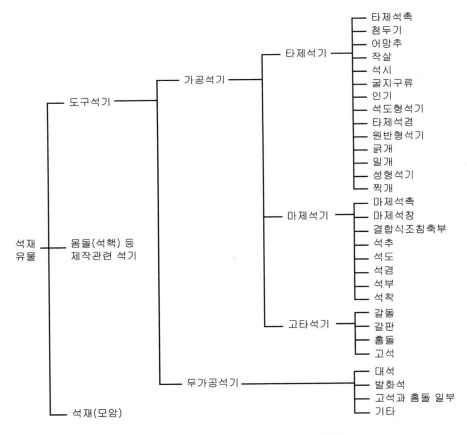

〈그림 3-2〉 신석기시대 제작에 의한 석기분류

석기분류 기준은 3가지이다. 1단계는 제작목적에 따라 석기제작과정에서 사용된 석기(제작석기), 도구로 만들어진 석기(도구석기) 그리고 유적내로 운반된 석재(모암)로 대별한다. 2단계는 가공유무에 따라 가공석기와 무가공석기로 구분하고, 3단계는 겉면에 남아 있는 최종 제작기술에 따라 타제와 마제, 고타석기로 세분한다.

한편 유적에서 출토된 석기는 보고자에 따라 동일석기에 다른 명칭을 부여하는 경우가 있다. 본고에서는 이러한 석기명칭의 혼란을 피하고자 다음 <표3-3>과 같이 명칭을 통일하고자 한다.

석기에서는 석기제작과 사용(재가공 사용), 폐기 등 일련의 순환적인 모든 행위가 관찰될 수 있다. 특히 기술적인 연구는 이러한 순환적인 행위에 대해 재질적인 속성과 표면에 남아 있는 흔적을 점검하는 과정에서 시작된다. 그래서 석기제작기술과 용어에 대한 개념이 선행되어야 한다.

석기제작기술과 겉면흔적[375]에 대한 용어와 내용을 정리하면 다음 <표3-4>과 같다.

석재획득[376]은 유적 밖에서 석재를 획득하거나 제작하여 가져오는 것으로 채집과 운반의 대상이 된다. 또한 석재는 주변의 지질양상과 비교를 통해 원산지를 파악하기도 한다.

가공준비[377]는 자연석을 그대로 이용하거나 자연석을 제작하여 형태잡기에 편하도록 자연석을 깨어내어 준비가 이루어진 석기와 행위과정이다. 즉 석재를 최종 형태에 가깝게 가장 적절한 행위가 가미되어 나타난 형상의 소재(素材)이다. 가공

---

375 석기 겉면에 남아 있는 크기차가 있는 격지면, 줄자국, 마모 흔적, 갈린 자국, 패이고 쪼인 자국, 이빠지고 깨진 자국, 광택 등을 육안 또는 고배율의 현미경으로 관찰할 수 있다(이기길, 1984, 「전곡리 석기의 만듬새와 쓰임새 분석」, 연세대학교 석사학위논문).
376 석재는 암반에서부터 강자갈에 이르기 까지 석기를 만들 수 있는 원료(原石)이다.
377 일반적으로 몸체(matrix)로 불리우며 도구를 만들기 위한 전단계의 석기로 도구를 완성 형태로 만들기 쉽게 마련한 '가공 전단계의 석기'로 정의한 바 있다(윤정국, 2006).

준비는 석기 크기와 두께 등에 밀접한 영향을 주는데 겉면양상에 따라 3가지로 나눈다. 첫째는 자연면(A)+자연면(B)이 그대로 남아 있는 자갈돌과 양면(A+B)이 모두 제작되어 격지떼어진 흔적이 남아있는 몸돌이 있는 자갈돌·몸돌소재이다.

〈표 3-3〉 석기용어의 검토와 정리[378]

	대표명칭		신석기시대 보고서에서 사용되고 있는 명칭
1	타제석촉		타제석촉
2	마제석촉		돌촉, 돌화살촉, 마제석촉, 활촉, 살촉
3	첨두기		첨두기, 유경첨두기
4	석창		돌창, 찌르개, 찔개살
5	작살	결합식	석거(石鋸), 조합식작살, 돌톱
		고정식	단식작살, 작살(石銛)
6	어망추		그물추
7	결합식조침축부		결합식낚시바늘, 조합식낚시바늘, 이음낚시, 결합식어구, 조침, 낚시축부
8	석시		석시(石匙),
9	굴지구류		곰배괭이, 기경구, 토굴구, 굴지구, 돌따비, 돌보습, 뒤지개, 돌괭이(石鍬), 따비형석기(石鋤), 가래, 리선(犁先), 타제석부
10	석추(石錘)		추형석기,
11	석도형석기/인기		石刀, 돌칼/석인석기(石刃石器), 인기(刃器), 단인기, 양인기, 반월형석도, 반달돌칼
12	석겸(石鎌)		돌낫, 낫, 석겸
13	원반형석기		원판형석기, 원판형석재, 원형석기, 원반석기,타원형석기
14	성형석기		뚜르개(석추), 긁개, 밀개, 자르개, 스크래퍼, 잔손질석기, 성형석기, 가공흔석기
15	찍개		주먹도끼, 외날찍개, 양면찍개,
16	석부	부분마연	인부마연석부, 인부마제석부, 국부마제석부
		전면마연	간도끼,전면마연석부, 통형석부, 합인석부
17	석착		자귀, 돌자귀, 편인석부, 돌끌, 돌대패, 대팻날, 석착(石鑿), 석산(石鏟), 단인석부
18	갈돌		연석, 연석봉, 연봉, 갈돌대, 마봉, 마석(磨石)
19	갈판		연판, 연석판, 갈판, 마반(磨盤)
20	홈돌		홈돌, 석명(石皿), 요석(凹石)
21	고석		공이, 공이돌, 망치돌, 석추(石鎚), 석추(石搥), 사냥돌, 다각면원구, 석구

---

378 대표명칭은 고고학전문사전 〈신석기시대편〉에 인용된 용어를 중심으로 정하였다.

	제작기술과 사용	석기 겉면흔적 및 상태	내용
1	석재획득	최초 획득 상태의 표면	원료의 채집과 채광, 유통
2	가공준비 (素材/몸체)	자연면, 판상(켜면), 격지면 등	자갈돌·몸돌소재, 판상소재, 격지소재, 기타소재
3	간접타격	돌날, 돌날면, 좀돌날	가공준비에 필요한 소재 확보
4	직접타격	격지흔적과 격지	형태잡기에 이용되는 기술
5	잔격지타격	잔격지면, 잔손질면	형태잡기 이후의 세부조정
6	눌러다듬기	잔손질흔적	형태의 세부조정 또는 인부, 잡이 등의 미세한 조정
7	고타기법	패이고 쪼인흔적	석기 겉면의 타격능선과 돌출부를 조정하여 면을 고르게 하는 기술
8	마연기법	거칠거나 미세한 줄자국	표면을 고르게 하는 기술
9	찰절기법	썰린흔적, 거친 줄자국	석재와 석기를 절단하는 기술
10	천공기법	구멍흔적	석기의 일부에 구멍을 뚫어내는 기술
11	사 용	닳은 흔적, 광택	사용흔분석, 자루 장착어부 검토

둘째는 한면(A) 또는 양면(A+B)이 켜면인 판상소재이다. 그리고 셋째는 한면(A/B)이 격지의 배변 또는 등면의 흔적이 있는 격지와 돌날의 최소 기준에 준하는 돌날추정[379]을 포함한 격지소재이다.

간접타격(間接打擊)은 석재(원석)에 제작도구를 직접 부딪쳐서 떼어내지 않고

---

379 후기구석기시대 돌날의 판별을 위한 기준은 4가지가 있다. 첫째는 길이와 너비의 장단비가 2:1이상이고 둘째는 등면의 능선과 인부의 날 부위가 나란하게 평행하며 셋째는 단면이 삼각형, 사다리꼴, 직사각형이다. 그리고 마지막은 유적에서 돌날몸돌과 부산물, 타면재생격지, 능조정격지 등이 공반되는 경우이다(국립문화재연구원, 2013,『한국고고학전문사전』(구석기시대편), pp. 91~92). 그런데 신석기시대 초창기단계 타제석촉과 첨두기 등은 4가지의 기준 중 2~3가지가 적합하지만 잔손질로 형태조정이 이루어져 소재가 명확하게 파악하기 어렵다. 따라서 본고에서는 초창기유적에서 돌날 관련 석기가 있고, 장단비가 2:1이상이며 단면이 장축으로 판판하고 두께가 얇은 석기를 돌날추정소재로 보고자 한다.

연질망치나 쐐기 같은 '중간매개체'를 이용하여 떼어내는 방법이다. 이 기술은 직접타격에 비해 타격지점의 위치 선정과 정확성이 높기 때문에 일정한 두께와 모양을 가진 돌날과 좀돌날의 생산에 주로 이용된다. 신석기시대에는 초창기단계의 유적에서 확인된다.

직접타격(直接打擊)[380]은 석재(원석)에 제작도구를 직접 부딪쳐서 떼어내는 방법이다. 신석기시대의 직접타격은 가공준비(소재)를 마련하거나 형태를 잡기 위해 사용된다. 이 기술 적용으로 나타나는 흔적은 석기에서 떨어져 나간 격지와 격지면흔적이 있다. 그래서 격지면흔적에서는 타격방향과 모양, 순서 등을 살피고 생산된 격지에서는 격지각과 방향, 형태 등을 통해 직접타격의 특징을 검출한다.

직접타격은 격지흔적의 깊이에 따라 큰격지타격과 잔격지타격, 눌러다듬기 등 3가지로 나눌 수 있다. 큰격지타격은 형태를 조정하기 위해 행해지는 기술이다. 잔격지타격는 형태가 잡힌 석기(소재)의 가장자리 등을 가볍게 두드려서 날을 형성시키거나 형태를 미세하게 조정하는 기술이다. 큰격지타격과 구분은 석기의 외연부에서 3cm의 미만의 격지면흔적[381]을 잔격지타격으로 보고 이상의 격지면흔적은 형태를 잡기위한 큰격지타격이라 구분한다.

눌러다듬기(加壓剝離)는 후기구석기시대의 전형적인 석기제작기술 중 하나로 뿔이나 뼈의 뾰족한 끝으로 석기의 가장자리에 힘을 주어 다듬거나 잔손질(retouch)을 하는 방법이다. 신석기시대의 잔손질은 석기의 가장자리에서 깊

---

380 용어상으로는 북한에서 때려깨기, 때려내기, 때려떼기, 타출기술(打出技術), 함마법, 직접타법 등이 사용되고, 남한에서는 가파른 대각선떼기, 수직떼기, 단순 수직눌러치기, 빗겨치기, 양극타법 등의 용어가 있다.

381 유적에서 잔격지는 작아서 거의 수습되지 않기 때문에 석기겉면의 소형 격지흔적에서만 검출된다.

이 1cm 미만으로 외연부를 미세조정한 기술로 정의한 바 있다[382]. 대체로 긁개, 작살, 긁개 등 소형 석기의 세부조정에 주로 이용된다. 특히 석질의 균질함(homogeneous)과 등방성(isotropic)[383]이 잘 발달된 흑요석제 석기(석촉, 石鋸 등)에서 주로 관찰된다.

고타기법(敲打技法)은 석기 겉면을 두드려서 표면을 고르게 하는 방법이다. 이 방식은 마연기법을 보조하는 것으로 대부분의 마제석기가 이 과정을 거치게 된다. 신석기시대 석기 중 갈돌과 갈판, 고석, 석부 등에서 흔적을 찾을 수 있다.

마연기법(磨硏技法)은 각기 다른 석재의 마찰을 통해 겉면이 갈리면서 표면이 고르게 되는 방법이다. 마연기법은 석기겉면에 줄자국으로 확인되는데 사용흔과 유사하기 때문에 주의가 필요하다. 또한 적용시점에 있어서도 원석을 처음부터 갈아서 사용하거나 최소한의 제작을 거친 이후에 사용하기도 한다. 도구의 제작 준비 상태에 따라 마연기법의 투입 시점을 달리한다. 마연에는 지석(숫돌)이 이용되는데 크기와 사용방식에 따라 휴대용 지석을 들고 대상물을 마연하거나 바닥에 대석 위에 고정하고 마연이 이루어지기도 한다. 그리고 대상물의 표면 처리상태에 따라 표면을 거칠게 가는 약마(略磨, 거친갈기)와 표면을 요철(凹凸)이 없게 정밀하게 가는 정마(精磨, 고운갈기)로 구분한다. 또한 석기에 나타난 마연 범위에 따

---

382 필자는 굴지구류 석기의 격지면흔적과 잔손질을 구분하기 위해 진그늘유적 석기를 분석한 결과 잔손질은 석기의 외연부에 자리한 1cm 미만의 격지흔이라 하였고, 이후에는 이를 잔격지떼기에 포함되는 것으로 수정한바 있다(2014, 「신석기시대 석기의 제작수법」, 『한국 신석기시대 석기의 분류와 제작수법』제4회 집중토론회, 한국신석기학회). 그런데 이러한 수정은 석기의 미세조정이라는 측면에서는 같은 범위에 포함시킬 수 있지만 명확한 기술적인 행위에서는 차이가 있다. 그래서 본고에서는 기술적인 측면에서 잔손질을 잔격지타격의 하위범위에 포함시키고자 한다.

383 균질함은 성분이나 성질이 고루 같아서 하나의 물질 가운데 어느 부분을 취하여도 성분이나 성질이 일정함의 정도이고, 등방성은 물질의 방향이 바뀌어도 그 물리적 성질이 달라지지 않는 성질이다.

라서 부분마연, (전면)마연으로 나누기도 한다.

　찰절기법(擦切技法, 자르기)은 석재(소재)를 직접 절단하는 방법으로 석기의 양면에 긴홈을 내고 찰절도구로 톱을 이용하는 것 같이 앞뒤로 왕복하면서 마찰을 통해 석기를 자르는 방법이다. 작업의 속도를 위해 홈에 모래를 넣거나 상하가 서로 엇갈리게 작업하기도 한다. 신석기시대에는 마제석부, 석촉, 결합식조침 등에서 확인된다. 북한에서는 자르기수법이라고 한다.

　천공기법(穿孔技法)은 찰절기법에서 이용된 직선의 왕복운동과 달리 회전운동을 통해 석기에 구멍을 뚫어내는 방법이다. 작살, 발화구 등에서 회전마찰의 흔적이 관찰된다.

　지금까지 신석기시대 석기제작방법과 용어를 살펴보았다. 각 제작기술을 석기제작에 적용하기 위해 코드화하면 다음 <표3-5>와 같다.

〈표 3-5〉 석기제작기술의 분석 코드

가공준비		형태 및 미세가공			표면조정 및 미세가공	
자갈돌 · 몸돌소재	I	직접타격	직접타격 (큰격지타격)	1	고타기법	a
판상소재	II		잔격지타격	2	마연기법	b
격지소재 *돌날추정소재(III*)	III		눌러다듬기	3	천공기법	c
		간접타격		4	찰절기법	d

2. 석기 종류와 현황

1) 타제석기

(1) 타제석촉

신석기시대 석촉은 가공방법에 따라 마제석촉과 타제석촉으로 나뉜다. 이 중

타제석촉은 슴베의 유무에 따라 유경식과 무경식으로 나누고, 밑의 형태에 따라 만입형, 평기형, 철기형, 곡선형, 혼합형, 첨기형이 있다. 이외에 몸통과 단면의 형태, 소재에 차이에 따라 구분하기도 한다. 최근 박근태[384]는 고산리유적 타제석촉을 대상으로 하여 평면형태에 따라 유경촉과 무경촉, 오각형촉, 첨두형, 비대칭형, 유엽형으로 구분하고, 단면형태에서는 능형, 렌즈형, 편렌즈형, 삼각형, 육각형, 사다리형 등으로 분류하였다. 석재는 주로 화산암계 응회암을 주로 이용하였다. 그런데 수습된 소량의 수정과 흑요석 등은 제주도 외부에서 유입된 것으로 보고 집단간의 교류의 결과로 판단하였다. 가공은 눌러다듬기가 이용되었을 것으로 보았는데 소재는 돌날 또는 격지를 이용하였다고 한다.

타제석촉의 출토현황은 356점으로 초창기단계에서는 제주도권역에서만 약 65%(232점)이 확인된다. 이후 급격하게 수량이 감소하지만 남부해안권역에서 소량 출토된다(그림3-3). 암질은 제주도권역에서는 응회암이 대부분이지만 남부해안권역에서는 조기단계 이후로 흑요석 등이 활용되고 있다.

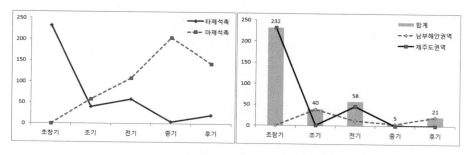

〈그림 3-3〉 타제석촉의 시기별 변화와 권역별 양상

---

384 박근태, 2006, 「고산리유적 석촉 연구」, 부산대학교 석사학위논문.

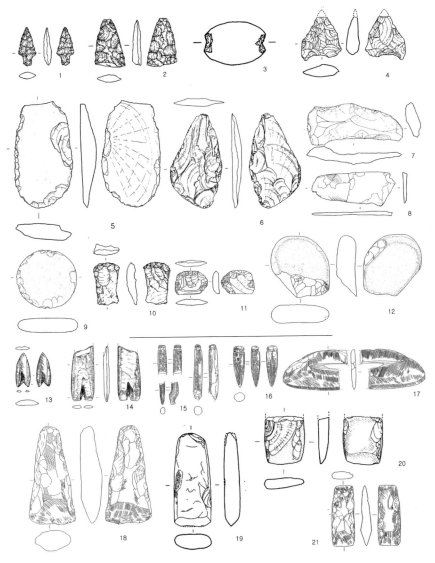

〈그림 3-4〉 신석기시대 타제석기와 마제석기의 종류

1. 타제석촉(강정동) 2. 첨두기(강정동) 3. 어망추(비봉리) 4. 작살(동삼동) 5. 굴지구류(암사동)
6. 석도형석기(진그늘) 7·8. 석겸(타제,마제-암사동) 9. 원반형석기(암사동) 10·11. 성형석기
(긁개:강정동·삼화지구) 12. 찍개(죽변리) 13. 석촉(진그늘) 14. 석창(진그늘) 15. 결합식조침축부(죽변리)
16. 석추(죽변리) 17. 석도(죽변리) 18·19. 석부(죽변리·암사동) 20·21. (암사동·죽변리)

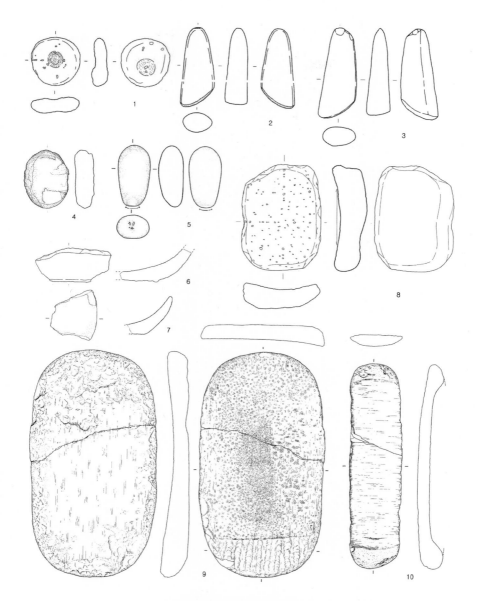

〈그림 3-5〉 신석기시대 고타석기의 종류

1. 홈돌(강정동) 2 · 3. 갈돌(강정동) 4 · 5. 고석(중산동 · 삼화지구)
6 · 7. 갈판(강정동 · 삼화지구) 8. 갈판(강정동) 9. 갈판(진그늘) 10. 갈돌(진그늘)

(2) 첨두기

석창의 일종으로 끝이 뾰족한 석기이다. 석창은 가공방법에 따라 타제와 마제로 구분하고 이를 다시 경부(莖部)의 유무에 따라 유경식과 무경식으로 나눌 수 있다. 첨두기는 타제의 무경식 석창으로 짐승을 찔러 죽이거나 가죽에 구멍을 뚫는 연장으로 사용되었던 것으로 추정된다.

첨두기의 출토현황은 초창기단계에 가장 많은 수량이 출토되지만 조기단계 이후에는 급감하고 일정 수량만 확인된다. 권역별 출토양상은 제주도권역에서는 초창기단계에 많고 이후 급감하지만 남부해안권역에서는 조기단계에 많고 이후 소량만 확인된다(그림3-6).

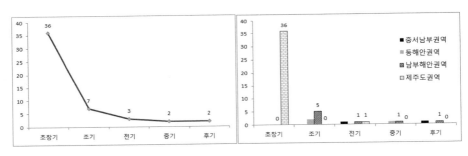

〈그림 3-6〉 첨두기의 시기별 변화와 권역별 현황

(3) 어망추

어망추는 신석기시대 어로도구인 어망의 부재로서 신석기시대에 출현하기 시작하여 현재까지 사용되는 도구이다.[385] 어망추의 분류는 재료에 따라 석제어망추(石製漁網錘)와 토제어망추(土製漁網錘)로 구분하는데 석제어망추는 가공형태에 따라 타격형(礫石錘)과 마연형(切目石錘)으로 세분할 수 있다[386].

---

385 본고는 보고서에서 제시된 어망추라는 용어를 그대로 유물수로 산정하였다. 하지만 어망추로 보고된 유물 중 일부는 편물추로 분류할 수 있는 사례도 있다. 앞으로 출토맥락에 대한 구체적인 검토가 필요하다.

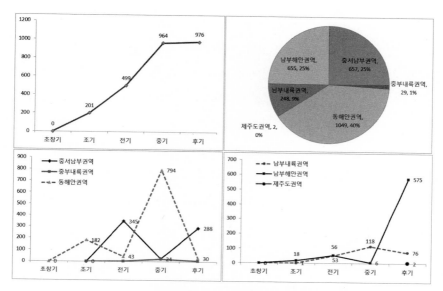

〈그림 3-7〉 어망추의 시기별 변화와 권역별 현황

어망추는 조기단계에서 출현한다. 이후 중기단계까지 비례적으로 수량이 증가하다가 후기단계에 이르러 수량이 일정해진다. 어망추의 권역별 변화양상을 보면 중서남부권역은 전기단계부터 출토되고 중기단계에 감소하다가 후기단계에 이르러 다시 급증한다. 중부내륙권역은 전기보다는 중기단계에 수량증가가 있고 후기단계에 감소한다. 동해안권역은 조기단계에 어망추와 결합식조침축부가 비슷한 수량으로 출발하지만 전기단계에는 대폭 수량이 감소한다. 그리고 중기단계에는 어망추가 급증한다[387]. 이후 후기단계에는 유적이 감소하면서 어망추도 소량 확인된다. 남부내륙권역은 다른 권역에 비해 수량은 적지만 전기단계에서 중기단계까지 증가하다가 후기단계에 소량 감소한다. 이에 반해 남부해안권역은 조기에

---

386 김경규, 2003, 「한반도 신석기시대 어로활동 연구-어망추를 중심으로-」, 충남대학교 석사학위논문.
387 송은숙(2006)은 동해안의 회유성 어종인 연어를 중심을 한 경제활동이 이루어졌다고 하였는데 이와 관련하여 필자는 어망추를 이용한 어망법이 이용되었을 것으로 본다.

서 전기단계까지 수량이 증가하고 중기단계까지 일시적으로 감소하다가 후기단계에 이르면 급격하게 늘어나고 있다(그림3-7).

어망추는 빈도상으로 조기단계에 동해안에서 시작된다. 전기단계에는 동해안권역에서 수량이 감소하고, 남부해안권역에서는 소량 증가한다. 하지만 중서남부권역은 해수면이 안정화되면서 강안을 끼고 자리한 유적에서 수량이 급증하고 있다. 중기단계에는 역전이 이루어져 중서남부권역과 남부해안권역은 감소한 반면에 동해안권역과 남부내륙권역에서 증가한다. 그런데 후기단계에는 반대의 현상이 나타나고 있다. 아마도 중 · 후기단계에 침선문계토기집단의 확산과 관련된다.

(4) 작살

신석기시대 어로도구의 하나로서 어류와 바다짐승을 찔러서 잡는 자돌구의 일종이다. 작살의 분류는 재질에 따라 골제와 석제로 구분되고 크기와 착장방법, 제작방법 등에 따라 세분된다. 이 중 석제 작살은 제작방법에 따라 마제와 타제로 구분되고 구조에 따라 단식작살과 결합식작살로 분류할 수 있다[388].

작살은 총 67점이 집계되었는데 출현시기는 조기단계이다. 수량변화는 조기단

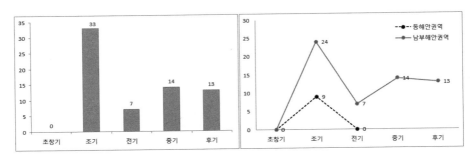

〈그림 3-8〉 작살의 시기별 변화와 권역별 현황

---

388 하인수, 2006, 「동남해안지역의 신석기시대 어로구」, 『신석기시대의 어로문화』, 동삼동패총전시관, pp. 166~168.

계에 가장 많은 수량이 확인되고 이후 감소한다. 그런데 권역별로 보면 2개의 권역에서만 출토되었다. 동해안권역에서는 조기단계에서만 확인되지만 남부해안권역을 조기단계이후로 수량이 적어지지만 지속적으로 출토되고 있다(그림3-8).

(5) 굴지구류

굴지구류 석기는 따비, 괭이, 보습, 돌삽, 굴지경작구, 굴지구, 농경구, 뒤지개, 타제석부 등 다양한 명칭이 사용된다. 이 석기는 농경도구 뿐만 아니라 다목적인 토굴구(굴지용구)로 기능을 가진 도구로 이해된다. 굴지구류는 보고서에서 형태적인 분류[389]가 이루어지기도 하였지만 한반도 전체적인 관점에서는 이루어지지 않았다. 앞으로 한반도 전역을 대상으로 하는 굴지구류의 형태분석이 필요하다.

굴지구류의 수량은 총 1,358점이다. 시기별로 보면 조기단계에 등장하고 전기단계에는 약 3배 정도 증가한다. 그런데 중기단계에는 전기단계와 마찬가지로 수량의 변동이 거의 없다가 후기단계에 다시 거의 2배 가까이 증가하는 양상을 가진다. 이를 권역별로 살펴보면 남부내륙권역(29%)과 남부해안권역(36%), 중서남부

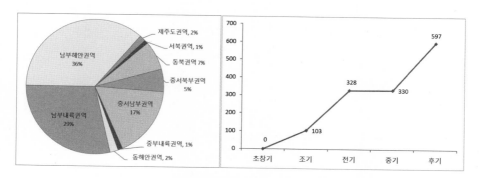

〈그림 3-9〉 굴지구류 석기의 시기별 수량과 권역별 비율

---

389 갈머리유적 보고서(호남문화재연구원 2003)에서는 평면형태, 인부의 형태와 각도에 따라 첨두형, 타원형, 장타원형, 신바닥형, 장방형, 기타 등으로 체계적인 분류가 이루어졌지만 한반도 전체 굴지구류 석기에 적용하기에 미흡한 면이 있다.

권역(17%) 순으로 출토빈도가 확인되는데 3개 권역의 합이 82%를 차지하고 있다 (그림3-9). 각 권역별 수량은 차이가 있지만 점진적으로 증가하고 있다. 세부적인 내용은 차후에 다루고자 한다[390].

(6) 석도형석기(石刀形石器)와 인기(刃器)

석도형석기와 인기는 자르고 베어내는 용도를 가진 타제석기이다. 일반적으로 보고서에 제시된 인기는 격지나 조각돌 등 한변이 날카로운 부위가 있는 석기로 보고 있다. 석도형석기는 인기로 분류된 석기 중에서 형태적으로 반월형, 삼각형 등 일정한 형태를 가진 석기이다. 두 석기는 켜면(片理)이 발달된 점판암, 혼펠스 등의 석재를 활용하여 제작되는데 인부와 손잡이 부위에 잔손질이 이루어져 있다. 인부는 한 변을 직선상 또는 호상으로 형성된다. 최근 사용흔 분석을 통해 수확구로서 가능성을 제시한 연구도 있어 신석기시대 농경도구로 주목된다[391].

인기는 중서남부권역과 남부해안권역에서 대부분이 출토된다. 시기적으로는 조기단계에 남부해안권역에서 확인되지만 전기단계의 중서남부권역에서 급증한다. 중기단계에는 동해안과 중부내륙권역, 남부내륙권역, 남부해안권역에서 확인되고 후기단계에는 수량이 증가한다. 석도형석기는 인기와 거의 동일한 빈도상의 변화가 보이지만 권역별에서 차이가 있다. 조기단계에 남부해안권역에서 확인되지만 전기단계에서 중서남부권역과 남부내륙권역에서 수량이 증가한다. 중기단계에는 중서남부권역은 감소하지만 남부내륙권역은 변동없이 일정하게 수량이 유지된다. 후기단계에는 남부해안권역이 급증하지만 남부내륙권역은 소폭 감소하고 있다(그림3-10).

---

390 앞으로 전체 굴지구류의 형태와 크기, 암질, 기능, 사용방식 등 다양한 연구가 필요하다.
391 김성욱, 2008, 「사용흔 분석을 통한 신석기시대 수확구 시론」, 『한국신석기연구』16, 한국신석기학회.

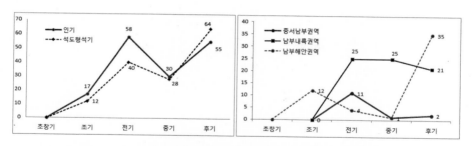

〈그림 3-10〉 석도형석기와 인기의 시기별 변화와 석도형석기의 권역별 양상

(7) 타제석겸

석겸은 곡식이나 잡초를 베거나 자르는 도구로서 제작방법에 따라 타제석겸과 마제석겸으로 구분된다. 수량이 많지 않아 형태분석이 이루어지지 않았지만 장방형과 새부리형 등으로 세분할 수 있다. 타제석겸은 암사동과 살내유적에서 각 1점씩 2점이 확인된다.

(8) 원반형석기(圓盤形石器)

이 석기는 원형 또는 타원형의 평면형태에 납작하고 판판한 두께를 가진 석기이다. 몸체 외연부에는 잔손질로 타격조성이 이루어져 있다. 정확한 용도는 알 수 없지만 농경도구 또는 토굴구, 찍개 등으로 볼 수 있다. 이 석기는 조기단계에 동해안권역에서 출현하지만 전기단계 이후부터는 중서남부권역에서 주로 확인된다. 특히 후기단계에서는 보령 송학동유적에서 다량 확인[392]되고 있는데 주변환경을 고려할 때 바다자원을 활용하는 용도로 이용되었을 것이다(그림3-11).

---

392 송학동패총(한강문화재연구원 2014)에서 출토된 굴지구형석기 B형과 C형은 형태상으로 원반형 석기로 추정해 볼 수 있다.

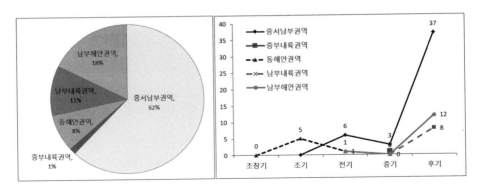

〈그림 3-11〉 원반형석기의 시기별 변화와 권역별 양상

(9) 긁개와 밀개, 성형석기

긁개과 밀개는 격지 등의 소재를 대상으로 하여 외연부의 가장자리에 잔손질을 연속으로 시도하여 만들어진 석기이다. 성형석기 역시 잔손질이 외연부에서 확인이 되지만 파손 등으로 인하여 날(인부)이 뚜렷하지 않은 석기이다. 긁개와 밀개는 일반적으로 날의 위치와 생김새에 따라 분류할 수 있다. 하지만 이들 석기에 대한 신석기시대 연구가 아직 이루어진 바 없어 명확하지는 않다.

현재 집계된 수량은 468점이다. 종류별로 보면 긁개가 많고 밀개가 소량 확인된다. 시기적으로는 초창기단계에서부터 전기단계까지는 점진적으로 감소하지만 중기단계에 급감하고 후기단계에 소량 증가하는 양상이다. 성형석기를 제외하고 긁개와 밀개의 변화는 전기단계에 가장 많은 수량이 확인되고 이후 점진적으로 감소한다. 권역별로 보면 남부해안권역(46%), 제주도권역(28%), 동해안권역(14%) 등 3개 권역이 약 86%가 출토되고 있다(그림3-12).

제주도권역은 초창기단계에 긁개와 성형석기가 높은 빈도를 가지지만 조기단계에서 급감하고 이후 소량 확인된다. 남부해안권역은 조기단계에 긁개의 수량이 높게 나타나고 이후 수량이 감소하지만 성형석기는 후기단계에 수량이 높다. 동해안권역은 남부해안권역과 유사하게 조기단계에서 빈도가 높고 이후 감소하는 추세이다. 이처

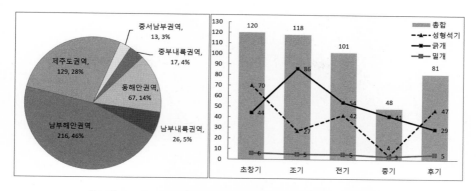

〈그림 3-12〉 긁개와 밀개, 성형석기의 시기별 변화와 권역별 양상

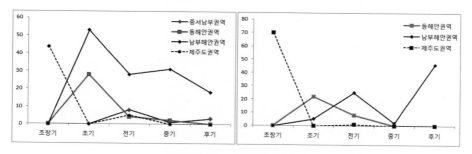

〈그림 3-13〉 긁개(右)와 성형석기(左)의 권역별 변화

럼 제주도권역을 제외하고는 조기단계 이후로 감소하는 추세가 나타난다(그림3-13).

(10) 찍개

　신석기시대의 찍개는 자갈돌의 가장자리의 일부를 타격하여 인부를 형성한 석기이다. 인부의 위치와 형태에 따라 외면찍개, 안팎날찍개 등 다양한 분류를 가진다. 신석기시대 찍개에 대한 연구는 아직 이루어지지 않아 명확하지 않다. 앞으로 연구가 필요하다. 지금까지 집계된 신석기시대 찍개는 총 139점으로 조기단계에서부터 확인된다. 전기단계에는 가장 많은 수량이 확인되지만 이후 단계에는 급감하고 소량만 나타난다. 권역별로 보면 동해안권역은 조기단계에 가장 많이 확인되지

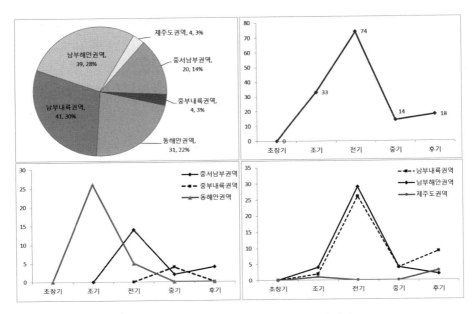

〈그림 3-14〉 찍개의 시기별 변화와 권역별 양상

만 이후 급감한다. 남부내륙권역과 남부해안권역, 중서남부권역은 전기단계에 빈도가 높지만 중·후기단계에는 모든 권역에서 수량이 감소하고 있다(그림3-14).

이상으로 살펴본 타제석기는 초창기단계에서 타제석촉과 첨두기 등 수렵구의 빈도가 높지만 이후 단계에서 감소한다. 그리고 조기단계는 작살과 석시 등의 어로구의 수량이 많고, 가공구인 성형석기와 긁개가 이후 점진적으로 감소한다. 전기단계는 굴지구류와 어망추, 석도형석기, 원반형석기 등이 빈도가 급증하고 이후 지속되는 양상이다.

나. 마제석기

(1) 마제석촉

석촉은 제작방법에서 따라 겉면에 마연기법이 적용된 석촉으로 타제석촉과 구분된다. 형태상으로 슴베의 유무, 기부의 형태, 단면양상에 따라 분류한다. 고동순[393]은 동해안지역의 마제석촉을 대상으로 평면과 기저부의 모습을 통해 일자형석촉, 삼각형석촉, 유엽형석촉, 보트형석촉으로 분류하고 유적별로 검토한 결과 전기단계에 일자형석촉이 중기단계에 유엽형석촉이 주로 사용되는 것으로 보았다. 이동주[394]는 기부 형태에 따라 평기식, 만입식, 양익식, 첨기식으로 대분류하고 크기에 따라 대형식과 소형식으로 나누고, 시기별로 특징을 제시하였다. 그 결과 조기단계에 동해안지역에서 평기식과 만입식이 처음으로 출현하는데 해안을 따라 남해안과 서남부지역으로 확산되고 전기단계에는 서북지역과 주변지역으로 확산된다. 그리고 중기단계 이후에는 농경문화의 수용과정과 관련하여 다양한 형식이 나타난다고 한다. 윤혜나[395]는 중서부지역 석촉을 계량적으로 분석하여 평균 길이는 4.5cm이고, 평균 너비는 1.6cm이라 하였다. 그리고 유역별 석촉의 비교를 통해 대동강유역에 비해 한강 및 금강유역의 석촉의 길이는 짧지만 금강유역은 석촉너비가 넓으며 대동강유역은 길이는 길지만 너비는 좁다고 하였다.

석촉은 동해안권역에서 가장 많은 수량이 확인되고 다음으로 남부해안권역과 중서남부권역 순으로 나타난다. 시기적인 변화는 조기단계에 출현하여 중기단계

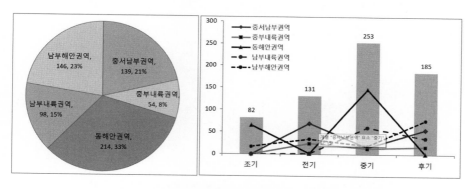

〈그림 3-15〉 마제석촉의 시기별 변화와 권역별 양상

393 고동순, 2006, 「동해안지방의 신석기시대 마제석촉에 대한 고찰」, 『강원고고학보』7·8, 강원고고학회.
394 이동주, 2010, 「우리나라 신석기시대 마제석촉의 연구」, 『문물연구』17, 동아시아문물연구소.
395 윤혜나, 2011, 「한국 중서부지역 신석기시대의 석기조성과 생업」, 전남대학교 석사학위논문, pp. 77~79.

까지 증가하다가 후기단계에 감소한다. 권역별 변화를 보면 동해안권역은 조기단계에 출현하고 전기단계에 감소하지만 중기단계에 급증하고 후기단계에 급감한다. 남부해안권역은 조기단계이후 증가하는 추세이고, 남부내륙권역은 중기단계에 출현하여 후기단계까지 증가한다(그림3-15).

(2) 석창

석창은 창의 끝에 뾰족하게 부착된 석재로 대상물을 찔러서 잡는 도구이다. 제작방법에 따라 타제와 마제로 구분한다. 석기의 분류는 석촉과 마찬가지로 평면과 단면모습, 기부의 형태에 따라 나눌 수 있다. 석창은 일반적으로 수렵도구로 볼 수 있지만 유적의 환경에 따라 어로행위에 활용되었다고 본다. 특히 중서남부권역에서 확인되는 찔개살의 경우는 그물추와 함께 어로구로 보는 경향이 있지만 조개채집 등에도 사용되었을 것으로 추정한다[396].

석창의 출토현황은 남부내륙권역과 중서남부권역에서 약 30%가량이 출토되고 다음으로 남부해안권역과 동해안권역 순으로 확인된다.

시기적인 변화는 조기단계에 출현하여 전기단계까지 동일한 빈도로 나타나지만 중·후기단계에는 증가한다. 권역별 변화는 동해안권역은 조기단계에 빈도가

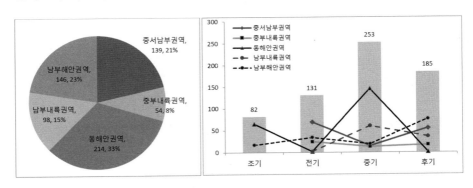

〈그림 3-16〉 석창의 시기별 변화와 권역별 양상

396 김건수, 1999, 『한국 원시고대의 어로문화』, 학연문화사, p181.

높지만 이후는 수량이 작아지고, 남부내륙권역은 중기단계에 빈도가 높게 나타나지만 후기단계에 감소하며 중서남부권역은 후기단계에 증가하는 양상이다. 남부해안권역은 조기단계 이후로 수량변동이 없이 동일한 양상이다(그림3-16).

(3) 결합식조침축부

신석기시대 어로도구 중의 하나로 침부와 축부로 구성된다. 보통 침부는 축부와 연결되는 부분으로 물고기와 직접적으로 닿는 부분으로 골제가 주로 이용되고, 축부는 낚시줄과 연결되는 바늘의 몸통부분으로 석재가 일반적이다. 석기의 분류는 결합형태, 평면형태, 두부형태, 결구형태, 결합면의 형태, 크기 등으로 나눌 수 있다. 결합형태는 정면결합식과 측면결합식, 상하교차결합식으로 구분되고, 평면형태는 C자형, J자형, I자형으로 나뉜다. 두부는 결구의 유무와 수량에 따라 구분하고, 결구형태와 결합면은 축부의 결합면 형태에 따라 나눈다. 크기는 17cm이상을 대형, 10~17cm을 중형, 4~10cm을 소형으로 나눌 수 있다[397].

결합식축부의 출토현황을 보면 남부해안권역과 동해안권역에서 대부분이 확인된다. 특히 조기단계에서 출현하고 가장 많은 수량이 확인되는데 전기단계 이후로 급격하게 감소한다(그림3-17).

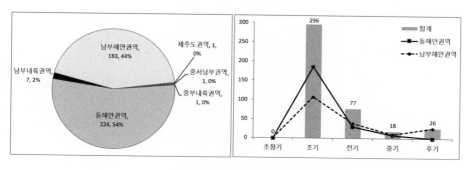

〈그림 3-17〉 결합식조침축부 권역별 양상과 시기별 변화

---

397 최득준, 2012, 「한반도 신석기시대 결합식조침에 대한 연구」, 부산대학교 석사학위논문, pp.7~37.

(4) 석추(石錐)

석기의 용도가 명확하지 않다. 형태상 추형(錐形)으로 뒤집어진 원뿔모양이고, 두부에 결박하기 위한 홈이 있어 어로와 관련되는 석기로 추정한다. 크기는 약 5~6cm 내외가 많다. 출토유적은 오산리와 문암리 등 동해안에서 주로 출토된다. 남해안에서는 범방유적에서만 확인되고 있다[398]. 석기는 빈도상으로 동해안을 중심으로 이른 시기에 활용되는 석기라 할 수 있다(그림3-18).

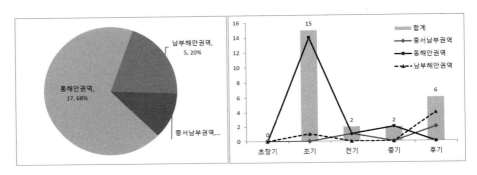

〈그림 3-18〉 석추의 권역별 양상과 시기별 변화

(5) 석도

석도는 가공도구로서 인부만 형성된 석기이다. 석도에 대한 연구는 미진하지만 출현시기는 조기단계부터이다. 출토지역은 남부해안권역과 동해안권역에 집중되고 있다. 시기별 빈도는 전기단계에 가장 많은 수량이 확인되고 중기단계에는 감소했다가 후기단계에 증가한다. 가장 많은 수량이 확인되는 남부해안권역과 동해안권역은 시기별 빈도차가 차이가 있다. 전기단계에는 남부해안권역이 높은 빈도가 나타나고 동해안권역은 확인되지 않는다. 중기단계는 수량이 감소하지만 반대로 동해안권역에서 더 많은 수량이 확인된다. 후기단계에는 중기단계와 반대되는 현상이 나타난다(그림3-19).

(6) 석겸

곡식이나 잡초를 베거나 자르는 도구로서 겉면이 마연기법을 통해 완성된 석기이다. 석겸은 전기단계에 중서부지역에서 확인되고 중기단계에는 동해안의 초당동유적에서 나타나며 후기단계에는 송도에서 출토되었다.

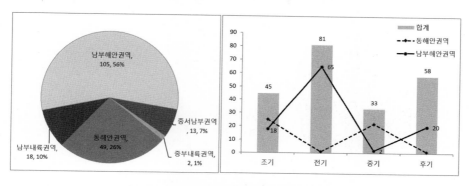

〈그림 3-19〉 석도의 권역별 양상과 시기별 변화

(7) 석부

석부는 자루와 도끼날로 구성된다. 신석기시대 마제석부는 일반적으로 목재를 가공하는 석재로 만든 도끼날이다. 석부의 기능은 목재를 벌목하는 벌목구와 가공하는 가공구로 활용되었을 것이다. 석기분류는 마연 범위, 인부형태, 평면모습과 횡단면, 크기 등의 속성으로 분류할 수 있다[399].

석부는 초창기단계 이후로 전기단계까지 수량이 증가하다가 중기단계에 급감하지만 후기단계에서 다시 급증하고 있다. 권역별로는 남부해안권역에서 가장 많이 출토되고 다음으로 동해안권역, 중서남부권역, 남부내륙권역 순으로 나타난다. 동해안권역은 조기단계에 등장하고 전기단계에 감소한다. 중기단계에는 소

---

399 윤지연, 2006, 「한반도 중서부지역 석부에 대한 일고찰」, 서울대학교 석사학위논문, pp. 18~24.
    박성근, 2012, 「남부지역 신석기시대 석부 연구」, 부산대학교 석사학위논문, pp. 9~19.

량 증가하지만 후기단계에 다시 감소한다[400]. 중서남부권역은 전기단계에 빈도가 높고 이후 감소한다. 남부해안권역은 조기와 전기단계에 동일한 수량이 확인되고 중기단계에 감소하다가 후기단계에 급증한다. 남부내륙권역은 전기단계에 등장하여 중기단계에 소량 감소하지만 후기단계에 다시 증가한다(그림3-20).

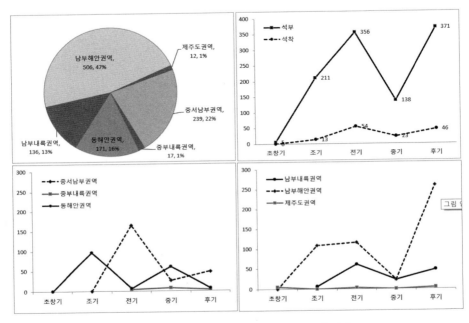

〈그림 3-20〉 석부의 권역별 양상과 시기별 변화

(8) 석착

석재로 제작된 대패로 목재가공구이다. 형태상으로 세장방형의 몸체에 마연된 인부를 가지고 있다. 단면으로는 장방형, 방형, 반원형으로 나눌 수 있다. 크기는 대체로 약 5~10cm 정도이다. 암질은 니암과 혼펠스 등 퇴적변성암계가 이용되었

---

400 울진 후포리유적에서 석부 180점이 출토되었지만 이를 제외하고 분석하였다.

다. 석착의 출토현황은 남부해안권역과 중서남부권역이 각 33~34%가 출토된다. 시기별로는 조기단계에서 출현하여 전기단계에 가장 많은 수량이 확인되지만 중기단계에 감소로 전환된다. 특히 중서남부권역은 전기단계와 달리 중·후기단계에서 수량이 급감한다(그림3-21).

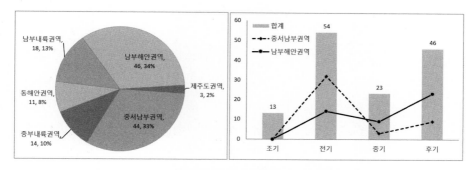

〈그림 3-21〉 석착의 권역별 양상과 시기별 변화

위에서 살펴본 바와 같이 마제석기는 조기단계에서 본격적으로 확인된다. 조기에는 결합식조침축부와 석추, 석도 등 어로구와 가공구의 빈도가 높지만 이후 점진적으로 감소한다. 그리고 수렵구는 타제석촉이 감소하면서 마제석촉이 증가한다. 목재가공구인 석부와 석착 등은 권역에 따라 각각 다양한 변화가 확인되지만 대체로 전기단계와 후기단계에 빈도가 높다. 정리하면 신석기시대 마제석기는 조기단계 이후로 타제석기를 대체하여 증가하고 있다.

다. 고타석기

(1) 갈돌

갈판과 세트를 이루는 연석도구이다. 갈돌은 갈판과 함께 나무열매나 곡물을 분쇄하거나 제분하기 위한 가공구이다. 갈돌은 갈판 위에 두고 사용하는데 전후 또는 좌우, 회전운동을 통한 마찰로 대상물을 가공한다. 형태는 공모양의 원구형과 봉형의 장방형으로 나눌 수 있는데 갈판의 형태와 관련된다. 원구형 갈돌은 평평하거나 오목한 갈판 위에서 좌우 또는 회전을 하였고, 장방형 갈돌은 안좌형 갈판 위에 양끝을 잡고 전후로 왕복하여 대상물을 가공하였다.

갈돌은 대부분의 유적에서 확인되는데 시기별 수량 변화는 초창기단계를 제외하고는 대체로 갈판과 동일하게 증가하는 추세이다. 권역별 출토량은 중서남부권역에서 가장 많이 확인되고, 다음으로 동해안권역과 남부내륙권역 순으로 나타난다. 제주도권역은 초창기단계에서 출현하여 점진적으로 감소하지만 후기단계에 수량증가가 보이고, 동해안권역은 조기단계와 중기단계에 동일한 수량이 나타난다. 중서남부권역은 전기단계에 빈도가 높다가 중기단계에 감소하지만 남부내륙권역은 중기단계에 증가하고 있다. 그리고 후기단계에는 남부해안권역에서 급격하게 증가하는 양상이다(그림3-22).

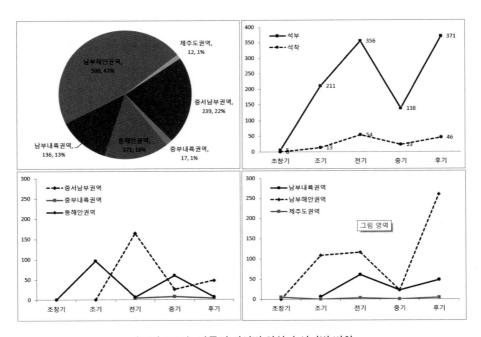

〈그림 3-22〉 갈돌의 권역별 양상과 시기별 변화

(2) 갈판

갈돌과 세트를 이루는 가공도구로 갈돌 아래에 두는 하석(下石)이다. 암질은 편암, 편마암 등 변성암계로 제작되는데 상부가 판판한 석재를 활용하고 있다. 형태는 타원형, 장방형, 안장형 등이 있다. 갈판은 초창기단계에서는 중앙이 오목하게 패인 타원형 갈판이 사용되다가 잡곡농경과 함께 장방형과 안장형 갈판으로 형태상 변화가 나타난다.

갈판은 초창기단계 이후 점진적으로 수량이 증가하는데 권역별로 빈도차가 있다. 제주도권역에서는 초창기단계에 가장 많은 수량이 확인되지만 조기단계 이후로 급감하고 후기단계에 소량 증가한다. 갈돌과 유사한 변화가 확인되는 동해안권역에서는 조기와 중기단계에 수량이 많고, 중서남부권역은 전기단계에 빈도가 높다. 남부내륙권역은 중기단계에 높고, 후기단계에는 남부해안권역에서 수량이 많아진다. 세부적으로 남부내륙권역과 남부해안권역의 변화를 보면 갈돌과 갈판의 추세는 증가하는 방향으로 동일한 변화가 확인된다(그림3-23).

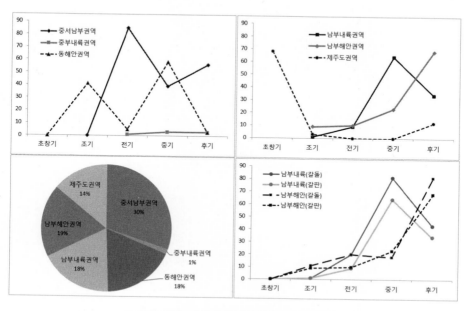

〈그림 3-23〉 갈판의 권역별 양상과 시기별 변화

(3) 홈돌

납작한 자연석의 한면 또는 양면의 중앙에 오목한 홈을 가진 석기로 식물성 식료의 분쇄 및 제분 등에 사용되었을 것으로 추정되는 가공도구이다. 석기의 형태는 자연석을 가공하지 않고 그대로 이용하거나 원형 또는 타원형으로 가공하였다. 크기는 대체로 직경 10cm 이내가 다수를 차지하지만 자연석을 그대로 이용한 경우에는 15cm이상의 석기도 많다. 중앙에 자리한 홈은 오목하게 패여있는데 깊이는 약 1cm 미만으로 얕은 편이다.

출토양상은 제주도권역과 중서남부권역에서 대부분이 확인된다. 제주도권역에서는 초창기단계부터 확인되나 이후 감소하다가 후기단계에 수량이 증가한다. 이에 반해 중서남부권역은 전기단계에 가장 높은 빈도로 출토되고 중기단계에 확인되지 않다가 후기단계에 소량 증가한다(그림3-24).

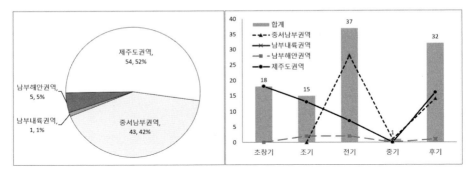

〈그림 3-24〉 홈돌의 권역별 양상과 시기별 변화

(4) 고석

자연면이 남아있는 자갈돌을 가공하지 않고 그대로 대상물을 두들겨 사용하는 석기이다. 형태는 공처럼 생긴 자갈돌과 봉형을 가진 자갈돌로 나눌 수 있다. 공형의 고석은 대체로 뾰족한 지점이나 전면에 고타흔이 남아 있지만 봉형의 고석은 긴축의 측부에 고타흔이 있다. 고석은 음식물을 가공하거나 석기제작 등에 활용된 다양한 기능을 가진 도구이다.

고석의 출토는 초창기단계부터 확인되는데 전기단계에 가장 많이 출토된다. 권역별로 보면 중서남부권역은 전기단계 이후 급감하지만 남부해안권역은 이른 시기에 비해 후기단계에 급증한다. 이외에 나머지 권역은 수량변화가 크지 않지만 동해안권역은 조기단계 이후로 감소하는 추세이고, 남부내륙권역은 중 · 후기단계에 증가한다(그림3-25)

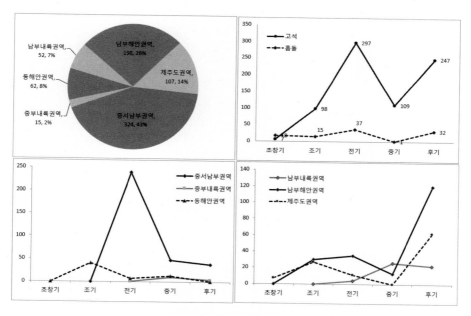

〈그림 3-25〉 고석의 권역별 양상과 시기별 변화

이상으로 고타석기인 갈돌과 갈판은 초창기단계 이후로 지속적으로 증가하지만 고석은 전기단계에 가장 많고 이후 감소하는 추세라는 것을 알 수 있었다. 즉 신석기시대 고타석기는 갈돌과 갈판을 중심으로 가공되고 있으면 점진적으로 증가하는 추세라고 할 수 있다.

4장. 석기 종류별 제작기술 검토

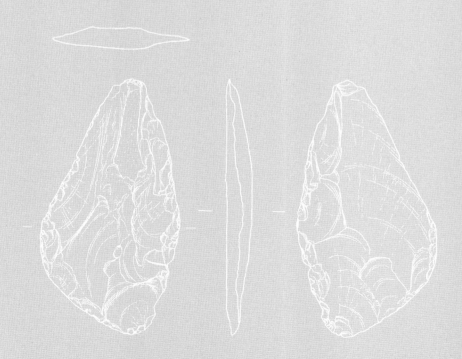

1. 도구의 풍부도와 대상유적

1) 도구의 다양성과 수량

신석기시대 석기 출토 유적을 도구의 다양성과 수량을 통해 검토한다. 도구석기의 수량은 유적에서 도구가 얼마나 많이 이용되었는지를 보여주는 것으로 석기의 출토 수량에 따라 집단의 규모와 거주기간, 도구의 제작 및 사용 등 유적내의 다양한 활동에 대한 강도를 판단할 수 있다. 그리고 다용도는 유적에서 석기 기종의 다양성을 보여주는 지표로서 유적의 자연과 생태환경에 적합한 도구의 사용양식을 보여준다.

먼저 도구석기에 대한 총 수량은 〈부록 2〉를 통해 확인할 수 있다. 수량의 단위를 검토하기 위해 5점과 10점, 20점 단위로 나열하여 히스토그램의 분포선을 살펴보았다. 이 결과 20단위에서 유적의 수량 변화가 가장 잘 나타났다. 그래서 20점 단위로 유적을 3개의 그룹으로 설정하였다. 다그룹은 유적내 도구석기가 1~20점이 출토된 유적으로 250개소가 해당되었다. 나그룹은 도구석기가 21~100점 구간에 속한 유적으로 81개소가 포함된다. 가그룹은 도구석기가 101점 이상의 유적으로 33개소가 해당된다. 각 유적의 그룹별 유적수량이 2.2~2.9배수가량 증가하고 있다(그림4-1).

그리고 다양도는 유적에서 출토되는 석기의 종류로 부록에서는 25개 기종으로 나누었다. 각 유적의 석기 기종을 정리하고 이를 1단위로 배열하여 히스토그램을 설정한 결과 다양도6을 경계로 하여 나눌 수 있다. 다양도1~6에 해당하는 유적은 B양상으로 하고 다양도7~17에 해당하는 유적은 A양상으로 설정하였다(그림4-2).

	도구석기 수량 단위	범주내 유적수	유적 규모
1범주	1~20	250	다그룹
2범주	21~40	39	나그룹 81개소
3범주	~60	25	
4범주	~80	9	
5범주	~100	8	
6범주	~120	4	가그룹 33개소
7범주	~140	6	
8범주	~160	3	
9범주	~180	5	
10범주	~200	2	
11범주	~220	0	
12범주	~240	3	
13범주	~260	2	
14범주	280이상	8	

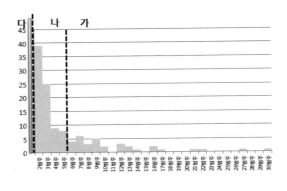

〈그림 4-1〉 도구석기 유물수의 히스토그램

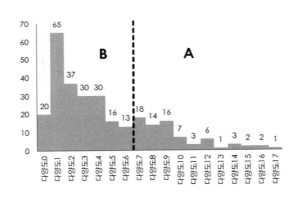

〈그림 4-2〉 유적의 다양도 히스토그램

이상으로 도구석기의 수량과 다양도를 통해 나누어진 유적 분류와 현황을 시기별로 정리하면 다음 〈표4-1〉과 같다.

		초창기	조기	전기	중기	후기	합계
가그룹	가A	1	4	9	9	9	32
	가B	0	0	1	0	2	3
	계	1	4	10	9	11	35
나그룹	나A	1	8	10	9	22	50
	나B	0	2	4	11	13	30
	계	1	10	14	20	35	80
다그룹	다A	0	5	3	3	1	12
	다B	4	8	27	64	115	218
	계	4	13	30	67	116	230
합계		6	27	54	96	162	345

유적은 총 345개소이다. 이 중 다그룹이 230개소(66.2%)로 약 2/3를 차지하고 있고 나그룹은 80개소(23.1%)로 약 1/5이며 가그룹은 35개소(10.7%)로 1/10를 차지한다. 그리고 이를 시기별로 다시 배열하여 검토하면 초창기단계보다 후기단계에 다그룹의 수량이 비례적으로 증가한다. 그리고 그룹별로 다양도의 변화를 살펴보면 A양상은 변화가 거의 없지만 다양도가 낮은 B양상은 다그룹에서 높은 분포를 보이고 있다. 이점을 시기적으로 접근하면 가그룹에서는 다양도가 높은 유적(A)이 전기단계까지 상승한 이후로 평행하지만 다양도가 낮은 유적(B)은 소량만 확인된다. 그리고 나그룹은 전반적으로 증가하지만 조·전기단계에서는 A양상이 중심을 이루다가 중기단계에 B양상이 증가하면서 A양상은 소량 감소하지만 후기단계에서는 다시 급증하고 있다. 다그룹은 A양상이 소량 확인되지만 B양상은 전기단계 이후로 급속도록 증가하고 있다(그림4-3).

정리하면 이러한 변화는 이른 시기보다 늦은 시기로 가면서 유적 단위의 활동이 보여주는 것으로 집단규모와 생계양식, 공간 점유양상과 관련될 것으로

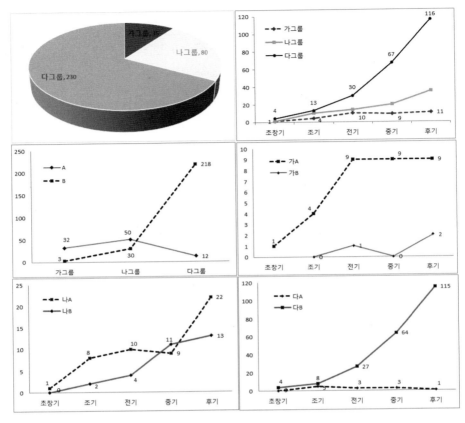

〈그림 4-3〉 분류된 그룹의 시기별 변화

본다[401].

2) 분석 대상유적의 선정

석기제작방법과 체계에 대한 연구를 위해 대상유적을 선정하고 출토 석기를 기종별로 검토하고자 한다. 먼저 석기의 수량과 다양도를 통해 그룹으로 분류된 유

---

401 앞으로 생계양식과 관련하여 유적 또는 지역간의 비교검토가 필요하다.

적을 시기별로 살펴보면 다음 〈표4-2〉과 같다.

　대상유적의 선정은 가A그룹 중에서 지역을 균등하게 설정하고, 지역내 시기가 명확한 유적을 대상으로 한다. 그리고 분석대상이 많은 경우에는 도구석기가 200점 이상인 유적과 석기 기종이 10종 이상으로 다양한 석기 기종이 있는 유적을 중심으로 한다. 또한 대상 유적이 없는 경우에는 나그룹에서 부합된 유적을 선정한다.　이를 통해 선정된 유적을 보면 초창기단계에는 삼화지구유적만 해당되지만 대상유적이 적기 때문에 석기 기종이 많은 B그룹의 강정동유적을 추가한다. 그리고 조기단계에는 오산리(C)유적 1기, 죽변리유적이 해당되는데 보고서가 발간된 단일시기의 유적인 죽변리를 대상으로 한다. 그리고 지역적인 배분을 위해 남해안 편년체계의 한축이 되고 있는 남해안권역의 동삼동유적을 포함시켜 시기적 변화를 살펴보고자 한다. 전기단계에는 침선문계토기집단이 분포한 중서남부권역의 운서동Ⅰ(1기)과 암사동이 부합되는데 상대적인 비교를 하기 위해 남부해안권역의 자돌압인계토기집단의 비봉리유적(2기)과 동삼동유적(2기)를 추가한다[402]. 중기단계에는 동해안권역의 초당동유적과 남부내륙권역의 송죽리가 해당되는데 입지와 지역에 따른 제작방법을 검토하기 위해 나그룹에 속하는 진그늘1기를 포함시킨다. 후기단계에는 중서남부권역의 중산동, 동해안권역의 철통리, 남부내륙권역의 상촌리, 제주도권역의 성읍리를 선정한다. 각 대상유적을 시기별로 정리하면 다음 〈표4-3〉과 같다. 유적은 초창기와 조기 각 2개소이고, 전기와 중기는 각 4개소이며, 후기는 5개소로 총 17개소를 대상으로 하였다.

---

402 가A그룹에 포함된 살내유적은 전기에서 말기에 해당된다. 입지상으로 낙동강의 충적대지에 자리하고 있어 내륙지역에 해당된다. 그런데 유물의 대부분이 유물포함층에서 출토되고 있어 시기가 혼재되어 있다. 특히 석기는 토기와 달리 시기가 명확하게 구분되지 않기 때문에 분석에 있어 혼란이 여지가 많아 연구대상에서 배제한다.

〈표 4-2〉 시기별 유적의 그룹 현황

		가그룹		나그룹		다그룹	
		가A	가B	나A	나B	다A	다B
초창기	제주도 권역	삼화지구	고산리	강정동			김녕리, 외도운동장, 오등동1기
조기	동해안 권역	죽변리 문암리1기 오산리C1기		오산리AB 망상동			
	남부내륙 권역					비봉리1기	오진리1기
	남부해안 권역	연대도1기		안도1기, 범방패총과유적1기 동삼동1기, 신암리,	세죽 신암리260,	송도1기, 우봉리 선진리1기, 상노대도1기	목도1기, 죽림동 황성동1기, 성암동
	제주도 권역				사계리1기		도두동1기
전기	중서남부 권역	암사동 운서동1기 미사리 학곡리				삼거리	소정리1기, 까치산1기, 송산 외1리, 능곡동1기 달산리, 사송동1기
	중부내륙 권역			공기2굴		교동	주천리(예맥)
	동해안 권역	오산리C2기					
	남부내륙 권역	비봉리2기 살내					수다리, 황성동267
	남부해안 권역			동삼동2기 가도1기, 노래섬가 경도1기, 목도2기 연대도, 상노대도2기 가덕도 장항1기	여서도 범방패총2기 범방유적2기	송도2기	장암1기, 노래섬라, 계화도 산상, 가거도1기, 안도2기, 세산, 영선동, 조도, 다대포, 용호동 처용리, 황성동2기, 신암리 당재골
	제주도 권역			오등동2기	도두동2162		삼양유원지, 비양도, 회천동
중기	중서남부 권역			능곡동2기 석교리	까치산2기 신길동 장재골 안강골	농서리 대죽리 (충문연)	삼목도III, 양변리, 동평리, 성내리, 백암리점배골, 백석동 고재미골, 풍기동, 상정리, 송월리, 율사리, 소소리동곡, 동곡리동곡, 우두리, 유곡리아랫말대창말, 서산해미기지리 송학리1기, 양촌, 운양동II,
	중부내륙 권역					상시3 그늘1기	거례리, 역내동, 신매리(강원), 우두동II, 아우라지, 삼옥리, 연당쌍굴, 금굴, 황석리, 조동리, 금석리, 반곡동
	동해안 권역	초당동 문암리2기 송전리, 지경리 지변동		오산리AB	하시동		용호리, 가평리, 오산리C3기 초당동II, 초당동287-14

중기	남부내륙권역	송죽리		진그늘1기 평거4-1(1기)	둔산, 대천리 상촌리1기 오진리2기	갈머리1기, 운암, 석곡리, 영하리 쌍청리, 봉명동, 장원리, 신용리 신관동관골, 대촌리, 궁근정리 지좌리(삼강), 비봉리3기, 수다리
	남부해안권역			욕지도, 동삼동3기 범방유적3기		남양동1기, 가덕도 장항2기, 대항 수가리1기, 봉길리13-1, 신암리
후기	중서남부권역	중산동 (한강)	소연평도	운북동(한강) 고남리 중산동(중앙)	모이도 송학리2기	백령도, 용당포, 소정리3기, 시도, 별망, 을왕동Ⅰ,Ⅲ, 남북동, 운서동2기, 운서동 젓개마을, 운북동(고려), 흘곳, 신갈동 만골 오이도신포동, 가운데살막, 뒷살막 대죽리(한서대), 호평동 지새울, 남양주 별내, 덕소리, 가현리, 원당리, 당동리, 대능리
	중부내륙권역			상시3그늘2기		내평리, 신매리Ⅰ, 철정리Ⅱ, 덕천리소골, 용항리, 주천리(강원) 꽃병굴, 수양개, 중금리, 법천리
	동해안권역		후포리		철통리	대진리, 오산리931
	남부내륙권역	갈머리2,3기		상촌리2기 원촌, 봉계리 평거3-1 평거4-1(2기)		남양리, 윌곡리, 농산, 안자동 학암리, 장동, 좌포리, 하가, 진그늘2 기, 노대동, 구미리, 대곡리, 죽산리, 유정리, 지좌리(대동), 대야리, 임불리, 마쌍리, 강루리, 소남리, 서변동, 귀곡동대촌, 대천동, 달천리135, 유촌동, 오진리3기, 금천리, 용장리, 월성교지, 모아리37,
	남부해안권역	동삼동4,5기 가도2기 노래섬가 (2기) 당하산		노래섬라(2기) 송도3기, 경도2기 늑도A,상노대도3기 화목동 수가리2,3기 범방패총3기 범방유적4기	내홍동 노래섬나,마, 바 안도3기 산등	웅포리, 장암2기, 비응도 띠섬, 대흑산도, 가거도2기, 소복기도, 돈탁, 목도3기, 마륜리, 구평리, 선진리2기, 망곡리, 남양동2,3기, 안골동, 장항3기, 농서리, 가동, 율리, 중산동139, 부곡동112, 약사동861
	제주도권역			사계리2기 성읍리	한남리	북촌리, 이호동(시굴), 이호동288, 이호동1630, 도두동2기, 신천리한못 궤, 하모리, 온평리2기 성읍농촌용수, 성읍리(한얼)

<표 4-3> 연구 대상유적의 시기별 현황

	초창기	조기	전기	중기	후기
대상유적	제주 강정동 제주 삼화지구	울진 죽변리 부산 동삼동(1기)	서울 암사동 인천 운서동Ⅰ(1기) 창녕 비봉리(2기) 부산 동삼동(2기)	김천 송죽리 진안 진그늘(1기) 강릉 초당동 부산 동삼동(3기)	인천 중산동(한강) 진주 상촌리 제주 성읍리 고성 철통리 부산 동삼동(4,5기)

2. 시기별 석기 제작기술 검토

1) 초창기유적과 출토석기

(1) 제주 강정동유적

유적은 제주특별자치도 서귀포시 강정동 일대에 위치한다[403]. 유적이 자리한 곳은 해안에서 2km 가량 떨어진 해발 73m내외로 남고북저의 경사면에 입지한다. 유적 서편에는 악근천과 강정천이 해안으로 유입되고 있다. 유적은 2개 구역으로 구분되는데 1구역에서 신석기시대 유물이 출토되었다. 유구는 확인되지 않았지만 고산리식토기 중심의 유물포함층이 조사되었다. 유물포함층은 5개층으로 구분되는데 유물은 주로 2~4층에서 출토된다. 토기는 고산리식토기(995점)와 무문양토기(201점)가 대부분을 차지하고 융기문토기(16점)과 점열문토기(8점)가 소량 확인된다. 석기는 석촉, 첨두기, 석도, 긁개 등 9종류의 석기가 출토되었다. 각 기종별 석기의 제작양상을 정리하면 다음과 같다.

가) 후기구석기시대와 관련이 있는 석기제작방법

강정동유적에서는 좀돌날몸돌과 좀돌날, 스폴 등 후기구석기시대의 전통을 가진 석기가 확인되고 있다(그림4-4:1~8). 또한 돌날소재로 여겨지는 몸체를 가지고 제작한 타제석촉과 성형석기가 있다. 이 중 돌날소재로 추정되는 석기는 2점이 있다. 그리고 잔손질이 되어 있지만 용도가 명확하지 않은 성형석기에서 돌날소재로 추정된 석기가 확인된다. 제작방법은 각각 1가지이다.

a. 타제석촉 제작① : 원석→간접타격을 통한 돌날추정소재 획득→눌러다듬기(잔손질)→완성(Ⅲ*3) 순으로 확인된다. 타제석촉 2점이 있다(그림4-4:13~14)

b. 성형석기 제작① : 원석→간접타격을 통한 돌날추정소재 획득→눌러다듬기

---

403 제주문화유산연구원, 2010, 『제주 강정동유적』.

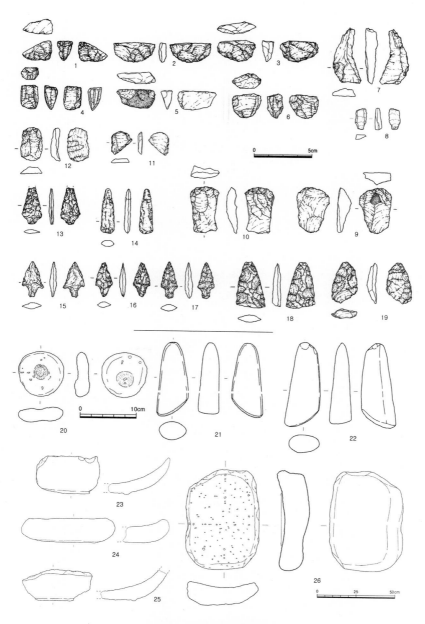

〈그림 4-4〉 제주 강정동유적의 석기

(잔손질)→완성(Ⅲ*3) 순이고 밀개 2점이 해당된다(그림4-4:11~12).

나) 새로운 제작방법

a. 타제석촉 : 총 18점이 출토되었다. 기부에 따라 유경식이 11점이고, 무경식이 4점이며 형태를 알 수 없는 3점의 타제석촉이 있다. 암질은 혼펠스와 응회암, 현무암제가 이용되었다. 새로운 제작방법은 1가지이다. 타제석촉 제작②는 원석→격지소재 획득→눌러다듬기(잔손질)→완성(Ⅲ3) 순으로 제작되었다(그림4-4: 15~17).

b. 첨두기 : 2점이 있는데 모두 하단부가 결실되고 상단부만 남아있다. 암질은 응회암제이다. 제작방법은 1가지이다. 첨두기 제작①은 원석→직접타격으로 격지소재 획득→눌러다듬기(잔손질)→완성(Ⅲ3) 순으로 제작되었다(그림4-4:18~19).

c. 성형석기 : 밀개 2점과 긁개 9점 등이 있다. 크기는 대체로 길이 약 3cm이고 유문암과 응결응회암을 이용하였다. 제작방법은 1가지이다. 성형석기 제작②은 원석→직접타격으로 격지소재 획득→눌러다듬기(잔손질)→완성(Ⅲ3) 순이고, 대부분의 긁개, 밀개, 새기개 등 성형된 석기가 해당된다(그림4-4:9~10).

d. 갈돌 : 9점이 출토되었다. 이 중 8점의 갈돌은 봉상의 형태에 곡선을 가진 사선으로 사용면이 있고, 나머지 1점(152번)은 상부가 결실되었지만 제형으로 사용면이 U자형이다. 암질은 현무암 등이 이용되었다. 제작방법은 1가지이다. 갈돌 제작①은 원석(봉상의 자연석)→긴축의 끝부분을 사선 또는 U자형으로 사용(사용면 곡선)→석기(Ⅰ) 순으로 활용되었다(그림4-4:21~22).

e. 갈판 : 4점이 확인되는데 3점은 절반가량이 결실되었다. 완형석기의 사용면은 오목하게 들어간 접시형이다. 제작방법은 1가지이다. 갈판 제작①은 원석(납작한 자연석)→(고타)→사용(중앙부 오목)→석기(Ⅰa) 순이다(그림4-4:23~26).

f. 홈돌 : 평면형태는 원형으로 앞과 뒷면 중앙에 오목하게 홈이 패여 있다. 단면형태는 세장방형이다. 암질은 현무암을 이용하였다. 제작방법은 1가지이다. 홈돌

제작①은 원석(납작하고 둥근 자연석)→중앙부분 사용→석기(Ⅰ) 순이다(그림4-4:20)

이외에 마제석부와 석도가 출토되었는데 제작방법과 출토위치로 보아 후대의 유물로 파악된다. 한편 석기산지 분석결과 유적에서 출토되는 유문암과 혼펠스제 석기는 제주도에는 분포하지 않는 석재로 추자도와 남해안 일대에서 반입되었다[404].

(2) 제주 삼화지구유적

유적은 제주특별차지도 제주시 삼양동 일원의 해안지역에 자리한다[405]. 유적의 서편에는 건천인 삼수천이 완만한 경사면을 따라 남에서 북으로 흘러내린다. 유구는 수혈 28기, 야외노지 9기, 구상유구 6기와 유물포함층이 확인되었다. 유물의 대다수는 유물포함층에서 확인되었는데 토기는 고산리식토기(50%), 무문양토기(12%), 점열문토기(35%)가 대부분을 차지한다. 석기는 석촉, 첨두기, 성형석기 등 11종류의 석기가 출토되었다. 각 기종별 석기의 제작양상을 정리하면 다음과 같다.

가) 후기구석기시대와 관련이 있는 석기제작방법

유적에서는 후기구석기시대와 관련이 있는 좀돌날몸돌과 좀돌날, 스폴 등이 출토되었다(그림4-5:1~7). 또한 타제석촉을 제작하는데 일부 석기는 돌날로 추정되는 소재를 이용하고 있다.

a. 타제석촉은 기부의 형태에 따라 유경식과 무경식으로 구분된다. 유경식은 총 47점이 있고, 무경식은 55점이 확인된다. 유경식의 크기는 길이 2.0~4.2cm, 너비 1.1~2.6cm이고, 무경식의 크기는 길이 1.7~4.3cm, 너비 1.2~3.3cm이다. 암질은 석영안산암질응회암과 혼펠스를 주로 이용하였지만 현무암과 편암도 소량 활용하

---

404 한국지질환경연구소, 2010, 「강정동 유적 석기류의 고고지질학적 분석」, 『제주 강정동유적』, 제주 문화유산연구원, pp.273~279.

405 동양문물연구원, 2011, 『제주 삼화지구유적』.

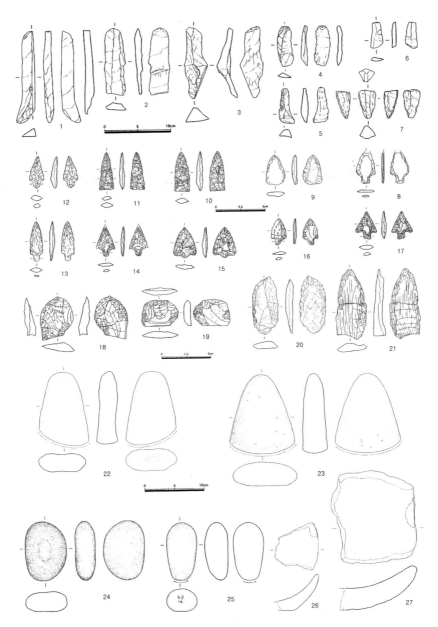

〈그림 4-5〉 제주 삼화지구유적의 석기

였다. 제작방법은 1가지이다. 타제석촉 제작①은 원석→간접타격을 통한 돌날추정 소재 획득→눌러다듬기→완성(Ⅲ*3)으로 추정된다. 석기 2점이 있다(그림4-5:8~9).

나) 새로운 제작방법

a. 타제석촉 : 무경식, 유경식 등이 있는데 대부분이 두께가 일정하지 않다. 격지소재를 이용한 제작방법은 1가지이다. 타제석촉 제작②는 원석→직접타격을 통한 격지소재 획득→눌러다듬기(잔손질)→완성(Ⅲ3) 순으로 제작되었다(그림 4-5:10 ~17).

b. 첨두기 : 14점이 출토되었다. 대부분 훼손되었지만 완형의 석기는 평면모습이 유엽형 또는 이등변 삼각형이다. 크기는 약 5.9~9.4cm, 너비 2.6~3.9cm이고, 암질은 응회암과 혼펠스가 주로 사용되었다. 제작방법은 1가지이다. 첨두기 제작①은 원석→직접타격으로 격지소재 획득→눌러다듬기(잔손질)→완성(Ⅲ3) 순으로 제작되었다(그림4-5:20~21).

c. 성형석기 : 긁개와 밀개 등 22점이 출토되었다. 대부분이 형태조정이 이루어진 후에 잔손질을 하여 날을 형성하였는데 용도를 확인할 수 없다. 크기는 길이 2.6~10.5cm, 너비 1.3~7.9cm이다. 암질은 응회암과 혼펠스를 주로 이용하였지만 현무암과 석영이 소량 확인된다. 제작방법은 1가지이다. 성형석기 제작②는 원석→직접타격으로 격지소재 획득→눌러다듬기(잔손질)→완성(Ⅲ3) 순이다(그림4-5:18~19).

d. 갈돌 : 18점이다. 평면 형태는 봉형과 원형, 삼각형이 있지만 대부분은 봉형이다. 단면은 접시형이 많다. 사용면은 사선방형을 가진다. 크기는 길이 4~10cm이고, 암질은 대부분 현무암이지만 화강섬록암, 사암, 안산암 등이 소량 확인된다. 갈돌 제작①은 원석(봉상/원형의 자연석)→긴축의 끝부분을 사선으로 사용(사용면 곡선)→석기(Ⅰ) 순으로 제작되었다(그림4-5:22~23).

e. 갈판 : 대부분 결실되어 크기와 평면 형태가 명확하지 않다. 단면상태가 접시형태로 중앙에 사용면이 오목하게 패여 있다. 암질은 모두 현무암이다. 제작방

법은 1가지이다. 갈판 제작①은 원석(납작한 자연석)→(고타)→사용(중앙부 오목)→
석기(Ⅰa) 순이다(그림4-5:26~27).

　f. 홈돌 : 15점이 있다. 평면 형태는 타원형, 말각방형으로 앞면 또는 양면 중앙
에 오목하게 홈이 패여 있다. 암질은 현무암, 안산암을 이용하였다. 크기는 길이
가 약 5~15cm이다. 홈돌 제작①은 원석(납작하고 둥근 자연석)→중앙부분 사용→
석기(Ⅰ)이다(그림4-5:24).

　g. 고석 : 봉형의 형태를 가지고 있으며 장축의 끝에 고타흔이 있다. 크기는 길
이 9~13cm이고 암질은 현무암을 이용하였다. 제작방법은 1가지이다. 고석 제작
①은 원석(봉형의 자연석)→긴축의 끝부분을 사용→석기(Ⅰ)이다(그림4-5:25).

　한편 석재의 사용에 있어 10cm이하의 석촉과 첨두기, 성형석기 등은 외부에서
반입된 석재를 이용하였지만 10cm이상의 갈돌과 갈판 등 대형의 석기는 제주도
에서 흔히 획득할 수 있는 현무암 석재를 주로 활용하였다. 그리고 외부반입 석재
는 남해안과 제주도 중간에 자리한 추자도와 여서도 등을 통해 응회암과 반려암,
석영 등을 반입하고 있어 일정한 교류양상을 가지고 있다[406].

　나. 조기유적과 출토석기

　(1) 죽변리유적

　유적은 경상북도 울진군 죽변면 죽변리 일원에 위치한다[407]. 이곳은 동해안권
역에 속하는데 죽변항의 동쪽 끝부분에서 죽변항을 감싸고 있는 구릉에 자리한
다. 유적에서는 19층에서 문화층 5개와 유물포함층, 구상유구, 수혈 2기 등이 조

406 김동규, 2011, 「제주도 신석기시대 석기 소고-삼화지구 가-2지역(2차)유적을 중심으로-」, 『제주 삼
　　화지구유적』, 동양문물연구원, pp.486~487.
407 삼한문화재연구원, 2012, 『울진 죽변리 유적』.

사되었다. 유물은 옹, 완, 배, 절견발, 호, 이형토기 등의 토기류와 원반형토제품이 수습되었고, 석기는 보습과 괭이 등 굴지구류부터 석도, 석부류, 찰절구 등이 확인된다. 그리고 유기물로 가공된 목기, 배부재, 탄화된 자연목이 출토되었다. 편년은 절대연대 보정값이 기원전 5,000년 가량으로 조기단계에 해당된다. 석기는 15종류가 출토되었다. 각 기종별 석기의 제작양상을 정리하면 다음과 같다.

가) 이전 시기에 확인된 제작방법

a. 첨두기 : 크기는 약 13~17cm이고 암질은 화강암과 규암이다. 제작방법은 1 가지가 있다. 첨두기 제작②는 원석→격지소재→잔격지타격으로 미세조정→완성(Ⅲ2) 순으로 제작되었다(그림4-6:6).

b. 갈돌과 고석 : 전체석기의 절반에 해당하는 약 130여점이 출토되었다. 대부분의 석기는 갈돌과 고석의 기능을 함께 가지고 있다. 즉 횡면에는 갈돌의 흔적이 장축의 끝부위에는 고타흔이 남아 있다. 암질은 편마암, 화강편마암, 화강암, 안산암, 유문암, 응회암, 현무암 등 다양하다. 제작방법은 각각 1가지이다.

갈돌 제작①은 봉형의 자연석을 획득→끝 부위를 고타하면서 사용→석기(Ⅰ) 순이고, 고석 제작①은 갈돌(일반 자연석)의 뾰족한 부분을 이용하여 고타→석기(Ⅰ) 순으로 이용되었다(그림4-6:19~ 22).

c. 갈판 : 판판한 자연석을 이용하였다. 제작방법은 1가지이다. 갈판 제작①은 자연석→사용(여러방향으로 사용하고, 편평함)→석기(Ⅰa) 순이다(그림4-6:25).

나) 새로운 제작방법

a. 마제석촉 : 석촉은 2점이다. 크기는 길이 약 4cm이고, 너비는 2.5cm 내외이다. 하나는 전면 마연되었으나 기부가 훼손되었고, 다른 하나는 신부 일부가 마연되었지만 미완성된 석촉으로 볼 수 있다. 암질은 혼펠스이다. 제작방법은 1가지이다. 석촉 제작①은 원석→판상소재→마연→완성(Ⅱb) 순이다(그림4-6:4).

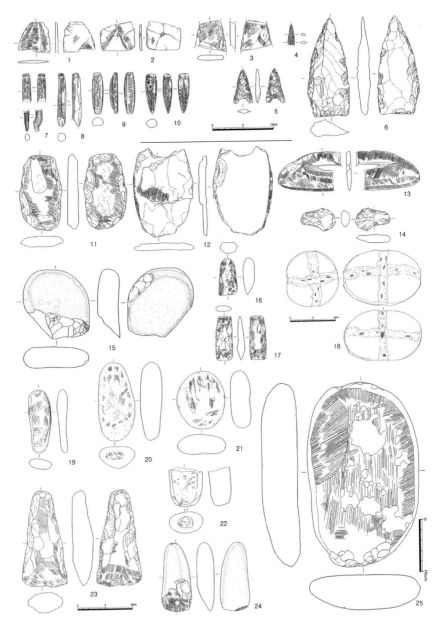

〈그림 4-6〉 울진 죽변리유적의 석기

b. 마제석창 : 9점이 출토되었다. 형태는 석기 일부가 결실되어 명확하지 않지만 삼각형으로 추정된다. 암질은 니암과 혼펠스가 이용되었다. 제작방법은 2가지이다. 석창 제작①은 원석→판상소재→(찰절)→마연→천공→완성(Ⅱb(c)) 순이고(그림4-6:1~2), 석창 제작②는 원석→판상소재→잔격지타격→마연→완성(Ⅱ2b) 순으로 제작되었다(그림4-6:3).

c. 작살 : 형태는 삼각형이고 기부가 만입되었다. 암질은 사누카이트이다. 크기는 약 4~6cm가량이다. 제작방법은 1가지이다. 작살 제작①은 원석→직접타격으로 격지소재획득→눌러다듬기로 잔손질→완성(Ⅲ3) 순으로 제작되었다(그림4-6 :5).

d. 결합식조침축부 : 대부분 중간에 부러진 편으로 34점이 출토되었다. 암질은 혼펠스가 대부분이지만 셰일도 소량 확인된다. 제작방법은 1가지이다. 제작①은 원석→직접타격으로 몸돌획득→(직접타격, 고타)→마연→찰절→완성(Ⅰ1bd) 순으로 제작되었다(그림4-6:7~8).

e. 석추 : 크기는 약 4~8cm가량이고, 암질은 혼펠스이다. 두부에 결구홈이 남아 있다. 제작방법은 1가지이다. 제작①은 원석→직접타격으로 몸돌획득→(직접타격, 고타), 마연, 찰절, 완성(Ⅰ1b) 순으로 제작되었다(그림4-6:9~10).

f. 어망추 : 어망추는 1점이 출토되었다. 타원형의 자갈돌에 +자로 고타의 결구홈이 있다. 암질은 화강편마암이다. 크기는 직경 약 10~17cm가량이다. 제작방법은 1가지이다. 어망추 제작①은 둥근자연석→고타→완성(Ⅰa) 순으로 제작되었다(그림4-6:18).

g. 굴지구류 : 19점이 확인된다. 암질은 혼펠스가 많지만 유문암, 화강암, 편마암, 화강암, 섬록암도 소량 확인된다. 제작은 소재에 따라 2가지로 나누어진다. 제작①은 원석(납작한 자연석)→직접타격→잔격지타격→완성(Ⅰ12) 순으로 제작되었는데 유물은 소량이다(그림4-6:11). 제작②는 원석→납작한 판상소재획득→직접타격(형태)→잔격지타격→(고타) →완성(Ⅱ12(a)) 순으로 제작되었다. 대부분의 굴지구류는 여기에 속한다(그림4-6:12).

h. 석도 : 11점이 출토되었으며 대부분 편이다. 암질은 혼펠스가 대부분이지만 소량의 안산암도 이용되었다. 중앙부에는 횡으로 구멍이 있다. 제작방법은 1가지이다. 석도 제작①은 자연석→판상소재→마연→(찰절)→완성(Ⅱb) 순으로 제작되었다(그림4-6:13).

i. 성형석기(긁개) : 긁개 1점으로 암질은 니암이다. 제작방법은 1가지이다. 성형석기 제작③은 원석→격지소재→직접타격→잔격지타격→완성(Ⅲ12) 순으로 제작되었다(그림4-6:14).

j. 찍개 : 인부의 형태에 따라 외날 또는 안팎날이 있다. 한쪽 부위에는 자연면이 남아 있다. 암질은 석영, 화강편마암, 응회암 등을 이용하였다. 제작방법은 1가지이다. 찍개 제작①은 원석(자연석)→직접타격을 통해 격지 박리후 몸돌을 획득→직접타격(인부조정)→완성(Ⅰ1) 순으로 제작되었다(그림4-6:15).

k. 석부 : 암질은 섬록암, 화강암, 응회암, 편마암, 유문암 등 다양하다. 제작방법은 마연이 되어 있어 명확하게 드러나지 않지만 일부 석기에서 가공흔을 찾을수 있다. 제작방법은 2가지이다. 석부 제작①은 원석(자연석)→직접타격(형태)→잔격지타격(인부)→(고타)→마연→완성(Ⅰ12ab) 순으로 대부분의 석부는 이 제작방법에 의해 제작되었다(그림4-6:23). 석부 제작②는 원석(자연석)→인부중심으로 직접타격→(고타)→마연→완성(Ⅰ1ab) 순으로 제작된다(그림4-6:24).

l. 석착 : 소량 출토되었다. 석부와 동일한 암질을 사용하고 있다. 제작방법은 1가지이다. 석착 제작①은 원석(자연석)→직접타격으로 형태잡기→(고타)→마연→완성(Ⅰ12ab) 순이다(그림4-6:16~17).

(2) 동삼동유적(1기)

부산 동삼동유적은 남해안 지역의 대표적인 패총이다. 유적은 1929년 발견 이래 1930년대에 3차례에 걸쳐 시굴조사가 이루어졌고, 1960년대에 정식발굴이 이루어졌다. 그러다가 1990년대 말과 2000년대에 유적지 정화사업과 주변지역에 대한 건설공사에 따른 구제발굴로 신석기시대 유물포함층과 패총, 생활유적지가 발굴 조사되었다. 그 중 패총의 층위가 잘 정리된 1999년 조사에 따르면 층위는 9개층으로 이루어졌고, 문화층은 5개로 나눌 수 있다. 각 문화층은 남해안지역의 토기편년에 대한 중요한 자료를 제시하고 있다. 유구는 주거지, 수혈, 주혈군, 구상유구, 적석유구, 노지, 집석유구, 옹관묘 등이 확인되고 있어 주거와 무덤을 포함한 복합유적임을 알 수 있다.

여기에서는 층위관계가 명확하게 제시된 패총과 단일문화층이 확인된 유적을 중심으로 석기구성을 살펴보고자 한다[408]. 동삼동유적에서 신석기시대 조기에 해당되는 동삼동유적 1기는 9~8층에 해당된다. 석기 기종은 9종류가 출토되었다. 각 기종별 석기의 제작양상을 정리하면 다음과 같다.

가) 이전 시기에 확인된 제작방법

a. 타제석촉 : 5점이 있다. 암질은 흑요석과 사누카이트, 응회암이 사용되었다. 형태는 모두 기부가 만입되었고 크기는 2~3cm이다. 제작방법은 1가지이다 타제석촉 제작②은 원석→직접타격으로 격지소재획득→눌러다듬기(잔손질)→완성(Ⅲ3) 순으로 제작되었다(그림4-7:1~2).

b. 첨두기 : 1점만 출토되었다. 암질은 흑요석이고, 크기는 약 3cm이다. 첨두기 제작①은 원석(흑요석)→직접타격으로 격지소재획득→눌러다듬기(잔손질)→완성(Ⅲ3) 순이다(그림4-7:3).

c. 성형석기(긁개) : 3점이 있다. 석기 한변에 인부가 형성되어 있는데 형태는 부정형이다. 암질은 니암혼펠스와 흑요석, 수정이 이용되었다. 제작방법은 1가지이다. 성형석기 제작②는 원석→격지소재→눌러다듬기(잔손질)→완성(Ⅲ3) 순으

408 부산박물관, 2007, 『동삼동패총 정화지역 발굴조사보고서』.
    경성대학교박물관, 2006, 『太宗臺 進入道路 擴張敷地內 釜山 東三洞遺蹟』.

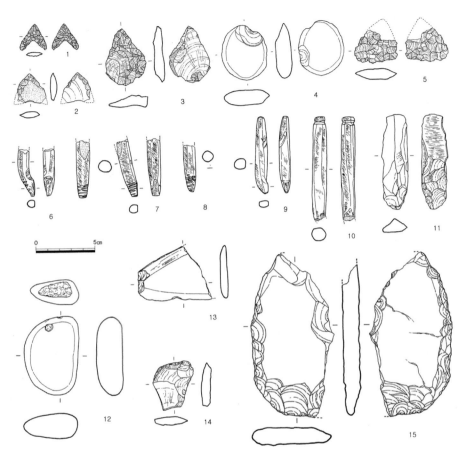

〈그림 4-7〉 부산 동삼동유적(1기)의 석기

로 제작되었다(그림4-7:14).

　d. 고석 : 모두 봉형으로 한쪽 또는 양쪽 끝에 고타흔이 있다. 3점이 출토되었
는데 크기에 있어 차이가 있다. 이 중 큰 고석은 길이가 14.5cm이고, 작은 고석은
6.9cm이다. 암질은 화강암 등이 이용되었다. 제작방법은 1가지이다. 고석 제작①
은 원석(봉형의 자연석)의 뾰족한 부분을 이용하여 고타→완성(Ⅰ) 순으로 제작되

었다(그림4-7:12).

나) 새로운 제작방법

a. 어망추 : 화강암 자갈돌을 이용한 1점이 확인된다. 크기는 직경 3.9~4.7cm
이다. 어망추 제작②는 둥근자연석→직접타격→완성(Ⅰ1) 순으로 제작되었다(그
림4-7:4).

b. 작살 : 흑요석제로 이용한 1점이 출토되었다. 형태는 삼각형이지만 타제석
촉과 달리 기부가 만입되지 않고 횡으로 평행하다. 크기는 약 3cm가량이다. 작살
제작①은 원석(흑요석)→직접타격으로 격지소재획득→눌러다듬기(잔손질)→완성
(Ⅲ3) 순이다(그림4-7:5).

c. 결합식조침축부 : 낚시도구인 결합식조침축부는 조기단계에 등장한다. 유적
에서는 축부 6점과 미완성 축부가 출토되었다. 암질은 니암혼펠스와 혈암제가 이
용되었다. 상부와 하부에 결박흔이 있다. 제작방법은 1가지이다. 결합식조침축부
제작①은 원석→몸돌획득→직접타격→(고타)→마연→찰절→완성(Ⅰ1bd) 순으로
제작되었다(그림4-7:6~10).

d. 굴지구류(타제석부) : 암질은 응회암과 화강암이 이용되었다. 형태는 훼손되
어 알 수 없다. 크기는 약 14cm 가량이다. 제작방법은 2가지이다. 굴지구류 제작
①은 원석(깨어진 화강암편)→직접타격→잔격지타격→완성(Ⅰ12) 순이고, 제작②
는 원석→납작한 판상소재획득→직접타격(형태)→잔격지타격→완성(Ⅱ12) 순으
로 제작되었다(그림4-7:15).

e. 석도 : 1점이 출토되었다. 일부 결실되어 형태는 명확하지 않지만 삼각형으
로 추정된다. 암질은 세립사암제이다. 인부는 한면에서 사선으로 마연하여 2변을
형성하였다. 길이는 6cm이상이다. 석도 제작①은 원석(사암)→(판상소재)→마연
→완성(Ⅱb) 순으로 제작되었다(그림4-7:13).

3) 전기유적과 출토석기

(1) 암사동유적

암사동유적은 중서남부권역 한강하류지역에 속한다. 유적은 한강변의 충적대지에 자리하고 있는데 주거지와 야외노지 등이 확인된 대규모 마을유적이다[409]. 토기는 대부분 첨저의 포탄형을 하고 있고 문양은 전면에 걸쳐서 새겨져 있는데 부위별로 다른 문양을 시문하고 있다. 석기는 석촉, 석창, 어망추, 굴지구류 등 15종류가 출토되었다. 각 기종별 석기의 제작양상을 정리하면 다음과 같다.

가) 이전 시기에 확인된 제작방법

a. 마제석촉 : 총 19점이 출토되었다. 대부분 세일계 암질을 이용하였다. 제작방법은 조기단계에 확인되는 제작①이 있다. 제작은 원석→판상소재→마연→완성(Ⅱb) 순으로 제작되었다(그림4-8:1~2).

b. 마제석창 : 2점으로 세일을 이용하였다. 석창 제작①은 원석→판상소재→(찰절)→마연→(천공)→완성(Ⅱb) 순으로 제작되었다(그림4-8:3~5).

c. 어망추 : 165점이 출토되었다. 제작방법은 1가지이다. 어망추 제작②는 둥근 자연석→양변을 직접타격→완성(Ⅰ1) 순으로 제작되었다(그림4-8:6~8).

d. 굴지구류 : 31점이 출토되었는데 3가지의 제작방법이 있다. 이 중 1가지는 전기단계에 새롭게 확인된 제작방법이고, 나머지 2가지 제작방법은 조기단계에서 확인된다. 굴지구류 제작①은 원석(납작한 자연석)→직접타격→잔격지타격→완성(Ⅰ12) 순이고, 제작②는 원석→납작한 판상소재획득→직접타격(형태)→잔격지타격→완성(Ⅱ12) 순으로 제작된다(그림4-8:17~18).

e. 찍개 : 13점이 있다. 제작방법은 1가지로 조기단계에서 확인된다. 찍개 제작①은 원석→직접타격→몸돌→직접타격(인부조정)→완성(Ⅰ1) 순으로 제작된다(그

---

409 국립중앙박물관, 1994 · 1995 · 1999 · 2006 · 2007 · 2008, 『岩寺洞 Ⅰ~Ⅴ』.

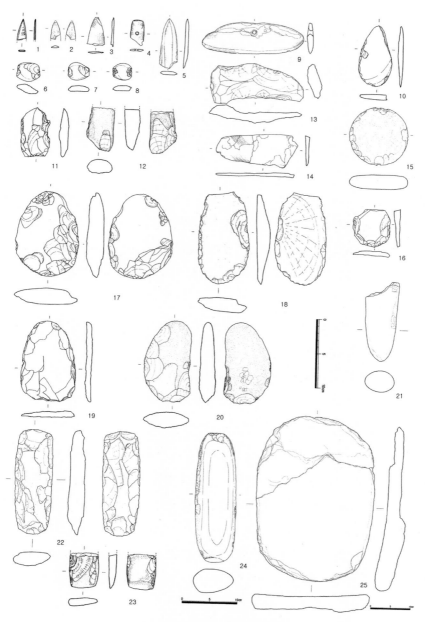

〈그림 4-8〉 서울 암사동유적의 석기

림4-8:12).

　f. 석부 : 100여점이 출토되었다. 제작방법은 조기단계와 동일하게 1가지이다. 석부 제작①은 원석(봉형의 자연석)→직접타격(형태잡기)→잔격지타격(미세조정)→고타→마연→완성(Ⅰ12ab) 순이다(그림4-8:22).

　g. 석착 : 제작방법은 1가지로 전시기부터 확인되고 있다. 석착 제작①은 원석→(직접타격 판상소재획득→잔격지타격→고타)→마연→완성(Ⅰ12ab) 순으로 제작되었다(그림4-8:23).

　h. 갈돌 : 약 50여점이 출토되었다. 제작방법은 1가지이다. 갈돌 제작①은 원석(봉형의 자연석)→사용→완성(Ⅰ) 순으로 제작되었다(그림4-8:24).

　I. 고석 : 제작방법은 1가지로 조기단계에서부터 확인된다. 제작①은 원석(봉형의 자연석 또는 봉형의 갈돌)→긴축의 끝부위를 사용하여 고타→완성(Ⅰ)으로 확인된다(그림4-8:21).

　나) 새로운 제작방법

　a. 굴지구류 : 유적에서는 3가지의 제작방법이 있는데 굴지구류 제작③은 새로이 확인된다. 이전 시기와 달라진 점은 대형격지를 적극적으로 활용하고 있는 것이다. 제작은 원석(자연석)→직접타격으로 격지소재획득→잔격지타격→완성(Ⅲ2) 순이다(그림4-8:19).

　b. 석도 : 새롭게 확인되는 기종으로 판상소재를 이용하였다. 2점이 출토되었다. 석도 제작②는 원석→직접타격으로 판상소재획득→마연→천공→완성(Ⅱ2bc) 순으로 확인된다(그림4-8:9).

　c. 인기와 석도형석기 : 인기는 격지타격을 통해 형성된 석기로 한변이 날카로운 인부가 있다. 49점이 출토되었다. 석도형석기는 인기와 마찬가지로 격지타격과 잔격지타격를 통해 형태를 조정한 석기로 측변에 인부가 있다. 11점이 확인된다. 각 석기는 동일한 제작방법을 가지고 있다. 제작방법은 2가지가 있다. 제작①

은 원석(반원형자연석)→직접타격으로 형태조정→잔격지타격으로 미세조정→완성(Ⅰ12) 순으로 제작되고(그림4-8:20), 제작③은 원석→직접타격으로 격지소재획득→잔격지타격→완성(Ⅲ2) 순으로 제작되었다(그림4-8:16).

d. 타제석겸과 마제석겸 : 새로운 기종과 함께 판상소재와 격지소재를 통한 제작방법이 나타난다. 제작방법은 각각 1가지씩이다. 타제석겸의 제작①은 원석(자연석)→직접타격으로 격지소재획득→직접타격으로 형태조정→잔격지타격→눌러다듬기로 미세조정→완성(Ⅲ123) 순으로 확인되고(그림4-8:13), 마제석겸의 제작①은 원석(자연석)→직접타격으로 판상소재획득→마연→완성(Ⅱb) 순으로 제작된다(그림4-8:14).

e. 원반형석기 : 새롭게 확인되는 기종으로 제작방법은 2가지이다. 제작①은 원석(원반형자연석)→직접타격으로 조정→완성(Ⅰ1) 순이고(그림4-8:15), 제작②는 원석(자연석)→직접타격으로 격지소재획득→직접타격으로 형태조정→잔격지타격으로 미세조정→완성(Ⅲ12) 순으로 제작된다(그림4-8:16).

f. 갈판 : 형태상의 변화와 함께 제작방법도 새롭게 출현한다. 제작방법은 1가지이다. 갈판 제작②는 원석(세장형·타원형자연석)→직접타격(형태)→잔격지타격(미세조정)→고타→사용(왕복이동, 안좌형으로 중앙 오목)→완성(Ⅰ12a) 순으로 제작되었다(그림4-8:25).

(2) 운서동Ⅰ유적(1기)

인천 운서동유적에서는 신석기시대 주거지와 야외노지, 패총, 기타유구가 조사되었다[410]. 이 중 주거지의 대부분은 1기(전기)에 해당되고 2기(후기)는 패총과 야외노지, 57호 주거지가 있다. 1기의 석기 기종은 12종류가 출토되었다. 각 기종별 석기의 제작양상을 정리하면 다음과 같다.

---

410 중앙문화재연구원, 2010, 『인천 운서동 유적』.

가) 이전 시기에 확인된 제작방법

a. 마제석촉 : 10점이 출토되었다. 제작방법은 1가지이다. 제작①은 원석→판상소재→마연→완성(Ⅱb) 순으로 제작된다(그림4-9:1).

b. 마제석창 : 대부분 편으로 10점이 출토되었다. 제작방법은 1가지이다. 제작①은 원석→판상소재→(찰절)→마연→완성(Ⅱb) 순으로 제작된다(그림4-9:2).

c. 찍개 : 제작방법은 1가지로 조기단계에 확인된다. 찍개 제작①은 원석→몸돌→직접타격(형태)→완성(Ⅰ1) 순으로 제작하였다(그림4-9:11).

d. 어망추 : 2점이 있다. 제작방법은 1가지이다. 어망추 제작②는 원석(둥근형태의 자연석)→양변을 직접타격→완성(Ⅰ1) 순이다(그림4-9:3).

e. 굴지구류 : 고석과 갈돌, 갈판을 제외하면 가장 많은 56점이 확인된다. 굴지구류 제작②는 층리면이 발달된 원석→직접타격으로 납작한 판상소재획득→직접타격(형태)→잔격지타격→완성(Ⅱ12) 순으로 제작되었다(그림4-9 :6).

f. 석부 : 20점이 출토되었다. 제작방법은 1가지이다. 석부 제작①은 원석(납작한 모양의 봉형 자연석)→직접타격(형태잡기)→잔격지타격(미세조정)→고타→마연→완성(Ⅰ12ab) 순이다(그림4-9:4).

g. 석착 : 제작방법은 1가지이다. 제작①은 원석(봉형의 자연석)→직접타격→잔격지타격→고타→마연→완성(Ⅰ12ab) 순으로 제작되었다(그림4-9:5).

h. 갈돌 : 2가지의 제작방법이 확인된다. 이 중 제작①은 초창기단계에서부터 확인된다. 제작②는 새로운 제작방법이다. 제작①은 원석(봉형의 자연석)→사용(평편)->완성(Ⅰ) 순으로 제작되는데 제작② 보다 많은 수량에 적용되었다(그림4-9:9).

I. 갈판 : 2가지의 제작방법이 있다. 제작①은 초창기단계에서 부터 확인되지만, 제작②는 새롭게 나타난다. 제작①은 원석(판형자연석)→고타→사용(왕복이동, 평편)→완성(Ⅰa) 순으로 활용된다(그림4-9:12).

j. 홈돌 : 1가지 제작방법이 있다. 제작①은 원석(자갈돌 또는 갈돌)의 중앙에 고

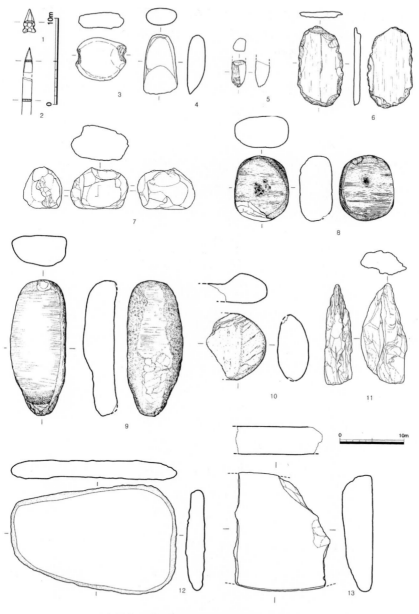

〈그림 4-9〉 인천 운서동 I 유적(1기)의 석기

타→완성(Ⅰ(a)) 순으로 활용된다(그림4-9:8).

k. 고석 : 다른 석기 기종에 비해 가장 많은 178점이 출토되었다. 제작방법은 1가지로 초창기단계에서부터 확인된다. 고석 제작①은 원석(공형 또는 타원형의 석영)→전면을 사용하여 고타/파손→완성(Ⅰ) 순으로 이용된다(그림4-9:7).

나) 새로운 제작방법

a. 갈돌 : 형태적인 변화가 있는 갈돌이 확인된다. 제작방법은 2가지인데 이 중 제작②가 새로운 제작방법이다. 제작②는 원석(판상의 자연석)→직접타격(형태)→잔격지타격(미세조정)→고타→사용(사용면평편 또는 양끝 돌출)→완성(Ⅰ12a) 순으로 나타난다(그림4-9:10).

b. 갈판 : 2가지의 제작방법이 있다. 제작①은 전시기에 나타나고 제작②은 새로운 제작방법이다. 제작②은 원석(세장형·타원형자연석)→직접타격(형태)→잔격지타격(미세조정)→고타→사용(왕복이동, 평편, 중앙 오목)→완성(Ⅰ12a) 순으로 제작되었다(그림4-9:13).

(3) 동삼동유적(2기)

부산 동삼동유적에서 전기에 해당되는 층위는 7층과 6층(3호주거지)이 있다. 석기 기종은 4종류가 출토되었다. 각 기종별 석기의 제작양상을 정리하면 다음과 같다.

가) 이전 시기에 확인된 제작방법

a. 타제작살 : 단일한 석재(흑요석)을 이용한 1가지 제작방법이 있다. 제작①은 원석(흑요석)→직접타격으로 격지소재획득→눌러다듬기(잔손질)→완성(Ⅲ3) 순으로 제작되었다(그림4-10:1).

b. 결합식조침축부 : 2점이 출토되었다. 제작방법은 1가지이다. 제작①은 원석

→(몸돌소재획득)→(직접타격, 고타)→마연→찰절→완성(Ⅰ1bd) 순으로 확인된다
(그림4-10:2).

　c. 굴지구류 : 제작방법은 1가지이다. 제작①은 원석(납작한 자갈돌)→직접타격
(형태)→잔격지타격→완성(Ⅰ12) 순으로 제작되었다(그림4-10:4).

　d. 고석 : 제작①은 원석(봉형의 자연석)의 뾰족한 부분을 이용하여 고타→완성
(Ⅰ) 순으로 제작되었다(그림4-10:3).

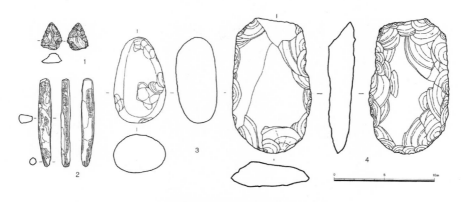

〈그림 4-10〉 부산 동삼동유적(2기)의 석기

나) 새로운 제작방법

새로운 제작방법은 확인되지 않았다.

(4) 비봉리유적(2기)

비봉리유적은 경상남도 창녕군 부곡면 비봉리 일대에 자리한다[411]. 이곳은 낙동강
하구의 지류인 청도천의 서편으로 동쪽으로 뻗어내린 구릉의 말단부에 입지한다[412].

411　국립김해박물관, 2008, 『비봉리Ⅰ』.
412　위치상으로 내륙권역에 속하지만 비봉리유적(2기)는 전기단계로 유적 앞으로 고비봉만이 형성되어

유적 앞으로는 충적대지가 평탄하게 펼쳐 있고, 뒷편으로는 약 400m 높이의 월봉산과 처녀봉이 자리한다. 유적은 유적퇴적물과 수성퇴적물 등 특성에 따라 45개층으로 구분되고 문화층은 10개로 나누고 있다. X~Ⅵ문화층은 신석기시대 조기이고, Ⅴ~Ⅲ문화층은 전기이며, Ⅱ~Ⅰ문화층은 중기이후에 해당된다. 이 중 전기에 해당되는 Ⅴ~Ⅲ문화층에서는 제1패층과 1부석층, 14호·15호 저장공, 추정주거지, 1호 야외노지 등 유구가 확인된다. 토기는 압인문토기와 단선문토기가 출토되고 구순각목문의 기법이 성행한다. 또한 유기물과 목재, 씨앗 등 자연유물 등도 확인되고 있다. 석기는 어망추, 결합식조침축부, 굴지구류, 석도, 석부, 갈판, 갈돌, 고석(공이) 등 8종류가 출토되었다. 각 기종별 석기의 제작양상을 정리하면 다음과 같다.

가) 이전 시기에 확인된 제작방법

a. 어망추 : 크기차이가 다양한 50여점의 어망추가 확인된다. 제작방법은 1가지이다. 어망추 제작②는 원석(둥근형태의 자연석)→양변을 직접타격→완성(Ⅰ1) 순이다(그림4-11:1~6).

b. 결합식조침축부 : 6점이 출토되었다. 암질은 모두 이암을 이용하였다. 1가지 제작방법이 있다. 제작①은 원석→(몸돌소재획득)→(직접타격, 고타)→마연→찰절→완성(Ⅰ1bd) 순으로 확인된다(그림4-11:7~8).

c. 굴지구류 : 인부가 호상으로 형성된 석기를 대상으로 하였다. 제작방법은 2가지이다. 암질은 이암이 중심을 이룬다. 굴지구류 제작①은 원석(납작한 자연석)→직접타격→잔격지타격→완성(Ⅰ12) 순이고, 제작②은 원석→납작한 판상소재획득→직접타격(형태)→잔격지타격→완성(Ⅱ12) 순으로 제작된다. 유물은 대부분 제작②를 통해 제작되었다(그림4-11:9~10).

d. 석부 : 60여점이 출토되었다. 제작방법은 1가지이다. 암질은 이암과 혼펠스

있었을 것으로 추정된다. 그래서 생계방식도 육상자원과 바다자원을 적절하게 이용하였을 것이다.

가 대부분이고 편마암이 소량 확인된다. 석부 제작①은 원석(봉형의 자연석)→직접타격(형태잡기)→잔격지타격(미세조정)→고타→마연→완성(Ⅰ12ab) 순으로 제

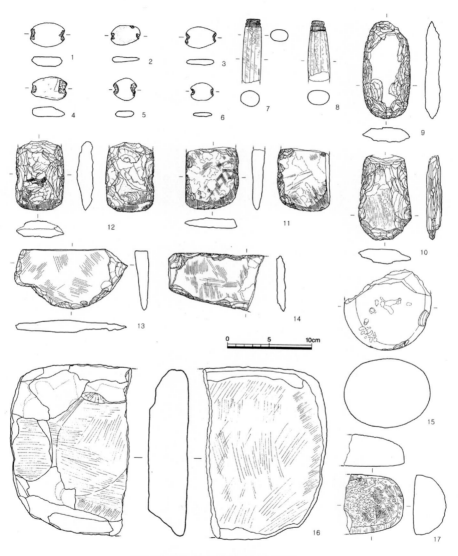

〈그림 4-11〉 창령 비봉리유적(2기)의 석기

작되었다(그림4-11:11~12).

e. 고석 : 4점으로 소량 확인된다. 화강섬록암이 이용하였다. 고석 제작①은 원석(타원형의 자갈돌)의 뾰족한 부분을 이용하여 고타→완성(Ⅰ) 순으로 제작되었다(그림4-11:15).

나) 새로운 제작방법

a. 석도(석도형석기) : 10여점이 출토되었다. 암질은 니암을 이용하였는데 한변을 수평으로 두고 나머지 변을 모두 인부로 제작하였다. 제작방법은 2가지이다. 석도형석기 제작①은 원석(납작한 자연석)→직접타격→잔격지타격→완성(Ⅰ12) 순이고(그림4-11:13), 제작②는 원석→납작한 판상소재획득→직접타격(형태)→잔격지타격→완성(Ⅱ12)순이다(그림4-11:14).

b. 갈돌 : 1가지의 제작방법이 확인된다. 암질은 사암과 안산암질응회암 등이 사용되었다. 제작②는 원석(봉상의 자연석)→직접타격(형태)→잔격지타격(미세조정)→고타→사용(사용면평편)→완성(Ⅰ12a) 순으로 나타난다(그림4-11:17).

c. 갈판 : 형태적인 정형성이 나타나면서 새로운 제작방법이 확인된다. 제작방법은 1가지이다. 제작②는 원석(타원의 판형자연석)→직접타격→(잔격지타격, 고타)→사용(평편)→완성(Ⅰ12a) 순으로 제작된다(그림4-11:16).

4) 중기유적과 출토석기

(1) 송죽리유적

김천 송죽리유적은 남부내륙권역 낙동강지역에 속한다[413]. 유적은 낙동강지류인 감천의 남안에 자리한다. 유구는 주거지, 토기요지, 야외노지, 석기제작장 등이 조사되었는데 공간배치가 주거와 생산시설이 분리되고 있어 주목된다. 석기

---

413 계명대학교행소박물관, 2006, 『김천 송죽리 유적 Ⅰ』.

기종은 석촉과 석창 등을 비롯하여 11종류가 출토되었다. 각 기종별 석기의 제작 양상을 정리하면 다음과 같다.

가) 이전 시기에 확인된 제작방법

a. 마제석촉 : 4점이 출토되었다. 제작방법은 1가지이다. 석촉 제작①은 원석→판상소재→마연→완성(Ⅱb) 순으로 제작되었다(그림4-12:1~3).

b. 첨두기 : 5점이 있다. 판상소재를 이용한 1가지 제작방법이 있다. 첨두기 제작③은 원석→판상소재→잔격지타격→눌러다듬기→완성(Ⅱ123) 순으로 제작되었다(그림4-12:4~5).

c. 어망추 : 58점의 다양한 크기의 어망추가 출토되었다. 제작방법은 자연면이 남아 있는 자갈돌을 이용하였다. 어망추 제작②는 원석(둥근형태의 자연석)→양변을 직접타격→완성(Ⅰ1) 순으로 제작되었다(그림4-12:6~7).

d. 굴지구류 : 14점의 출토되었다. 제작방법은 3가지이다. 조기단계에 제작①과 제작②가 확인되고 제작③은 전기단계에 나타난다. 이 중 제작②를 통해 가장 많은 수량이 제작되고 다음으로 제작③이 있다. 제작①은 원석→직접타격→잔격지타격→완성(Ⅰ2) 순이고(그림4-12:17). 제작②는 원석→납작한 판상소재획득→직접타격(형태)→잔격지타격→완성(Ⅱ12) 순으로 제작된다(그림4-12:16). 제작③은 원석(자연석)→직접타격 대형격지소재획득→잔격지타격→완성(Ⅲ2) 순이다(그림4-12:18).

e. 석도형석기와 인기 : 8점이 출토되었다. 2가지의 제작방법이 있는데 모두 전기단계에 확인된다. 제작②는 원석→납작한 판상소재획득→직접타격, 잔격지타격으로 미세조정→완성(Ⅱ12) 순이고(그림4-12:11), 제작③은 원석→직접타격으로 격지소재획득→잔격지타격으로 미세조정→완성(Ⅲ2) 순으로 제작되었다(그림4-12:8~10 · 15).

f. 석부 : 제작방법은 1가지이다. 석부 제작①은 원석(봉형의 자연석)→직접타격

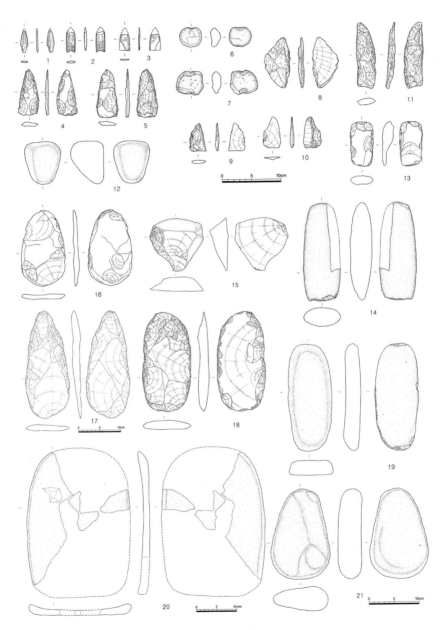

〈그림 4-12〉 김천 송죽리유적의 석기

(형태잡기)→잔격지타격(미세조정)→고타→마연→완성(Ⅰ12ab) 순으로 제작되었다(그림4-12:14).

  g. 석착 : 제작방법은 1가지이다. 석착 제작①은 원석(봉형자연석)→직접타격→잔격지타격→고타→마연→완성(Ⅰ12ab) 순으로 제작되었다(그림4-12:13).

  h. 갈돌 : 어망추와 함께 가장 많은 52점이 출토되었다. 제작방법은 1가지이다. 갈돌 제작①은 원석(봉형,공형의 자연석)→사용(평편)→완성(Ⅰ) 순으로 제작되었다(그림4-12:19).

  I. 갈판 : 47점이 출토되었다. 제작방법은 2가지이다. 제작①은 원석(자연석)→고타→사용(왕복이동, 평편)→완성(Ⅰa) 순이고(그림4-12:21), 제작②는 원석(세장형·타원형자연석)→직접타격(형태)→잔격지타격(미세조정)→고타→사용(왕복이동, 평편, 중앙 오목)→완성(Ⅰ12a) 순으로 제작되었다. 수량은 제작①이 조금 많다(그림4-12: 20).

  j. 고석 : 3점으로 소량 확인된다. 제작방법은 1가지이다. 제작①은 원석(공형의 자연석)→긴축의 끝부위를 사용하여 고타→완성(Ⅰ) 순으로 제작되었다(그림4-12:12).

  나) 새로운 제작방법
  새로운 제작방법은 확인되지 않았다.

  (2) 진그늘유적(1기)
  진안 진그늘유적은 남부내륙권역 금강 최상류지역에 자리한다[414]. 유적은 곡간 평탄지에 자리하며, 앞으로는 금강의 지류인 정자천이 흘러내린다. 석기 기종은 4종류가 출토되었다. 각 기종별 석기의 제작양상을 정리하면 다음과 같다.

---

414 조선대학교박물관, 2005, 『진안 진그늘 선사유적』.

가) 이전 시기에 확인된 제작방법

a. 마제석촉 : 9점이 있다. 제작방법은 1가지이다. 제작①은 원석(셰일)→판상소재→마연→완성(Ⅱb) 순으로 제작되었다(그림4-13:1~2).

b. 마제석창 : 1점이 출토되었다. 제작방법은 1가지이다. 제작①은 원석(셰일)→판상소재→마연→완성(Ⅱb) 순으로 제작되었다(그림4-13:7).

c. 굴지구류 : 23점이 출토되었다. 제작방법은 3가지로 모두 이전 시기에 확인되었다. 굴지구류 제작①은 원석(자연석)→직접타격→잔격지타격→완성(Ⅰ12)이고(그림4-13:10), 제작②는 원석→납작한 판상소재획득→직접타격(형태)→완성(Ⅱ12)이다(그림4-13: 12). 그런데 소재획득을 위해 일부 석기는 불을 통해 열을 가열한 소재도 있다. 제작③은 원석(자연석)→직접타격 대형격지소재획득→잔격지타격→완성(Ⅲ2)이다(그림4-13:11). 이 중 제작②가 가장 많이 활용되었고 다음으로 제작③이 있다.

d. 석도형석기 : 14점이 있다. 제작방법은 2가지이다. 석도형석기 제작②는 원석→납작한 판상소재획득→직접타격→잔격지타격(잔손질)→완성(Ⅱ12) 순이고(그림4-13:8), 제작③은 원석→직접타격으로 격지소재획득→잔격지타격(잔손질)→완성(Ⅲ2) 순으로 제작되었다(그림4-13:9). 수량으로 보아 제작③이 적극적으로 활용되었다.

e. 석겸 : 부러진 편으로 1점이 확인된다. 제작방법은 1가지이다. 제작①은 원석(편암)→판상소재→마연→완성(Ⅱb) 순으로 제작되었다(그림4-13:6).

f. 석부 : 1점이 있다. 제작방법은 1가지이다. 석부 제작①은 원석(자연석)→직접타격(형태잡기)→(잔격지타격?)→고타→마연→완성(Ⅰ12ab) 순으로 제작되었다(그림4-13:3).

g. 석착 : 3점이 출토되었다. 제작방법은 1가지이다. 석착 제작①은 원석(자연석)→직접타격(형태잡기)→(잔격지타격?)→고타→마연→완성(Ⅰ12ab) 순으로 제작되었다(그림4-13:4).

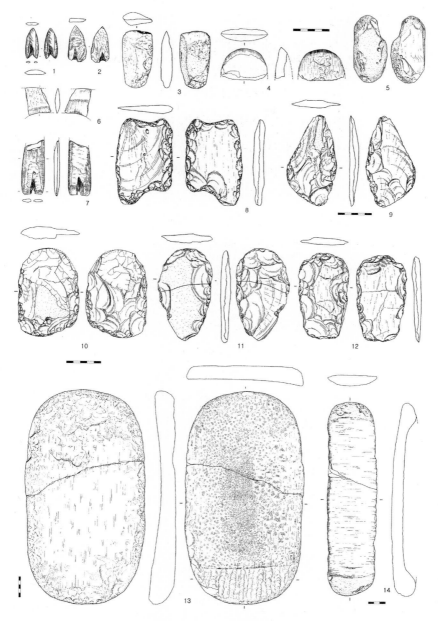

〈그림 4-13〉 진안 진그늘유적(1기)의 석기

h. 갈돌 : 4점이 있고 제작방법은 1가지이다. 갈돌 제작②는 원석(판상의 자연석)→직접타격(형태)→잔격지타격(미세조정)→고타→사용(사용면평편 또는 양끝 돌출)→완성(Ⅰ 12a) 순으로 제작되었다(그림4-13:14).

Ⅰ. 갈판 : 5점이 출토되었다. 판상의 자연석을 이용한 제작방법 1가지가 있다. 제작②는 원석(판상의 자연석)→직접타격(형태)→잔격지타격(미세조정)→고타→사용(왕복이동, 사용면안좌형)→완성(Ⅰ 12a) 순으로 제작되었다(그림4-13:13).

j. 고석 : 형태가 다른 고석이 4점 확인된다. 자갈돌 소재를 이용한 제작방법이 1가지가 있다. 제작①은 원석(봉형, 공형의 자연석)의 뾰족한 부분을 이용하여 고타→완성(Ⅰ) 순으로 제작되었다(그림4-13:5).

나) 새로운 제작방법
새로운 제작방법은 확인되지 않았다.

(3) 초당동유적

강릉 초당동유적은 동해안권역에 속하는데 8개 지점에 대한 조사가 이루어졌다. 초당동 391번지에서는 유구가 가장 밀집되는데 주거지 4기, 야외노지 5기, 할석유구 5기 등을 확인하였다[415]. 석기는 석촉, 어망추, 굴지구류 등 10종이 출토되었다. 초당동Ⅱ(379-3번지)에서는 할석유구 7기가 확인되었고 석기는 석촉, 결합식조침축부, 굴지구류 등 3종류가 출토되었다[416]. 초당동 287-14번지 등 6지점에서는 주거지 2기, 야외노지 2기 등이 조사되었고 석촉, 어망추, 석도가 출토되었

---

415 강원문화재연구소, 2006, 『강릉 초당동 신석기 유적-강릉 허균 · 허난설헌 자료관 건립부지 문화유적 발굴조사 보고서』.
416 예맥문화재연구원, 2007, 『강릉 초당동 유적Ⅱ-월송리~허균생가간 도로개설 공사구간 발굴조사 보고서』.

다[417]. 이들 3개 유적은 약 150m이내에 자리하고 있어 동일한 사구내에 형성된 하나의 유적으로 볼 수 있다. 각 유적의 석기 기종을 종합하면 11종류가 출토되었다. 기종별 석기의 제작양상을 정리하면 다음과 같다.

가) 이전 시기에 확인된 제작방법

a. 마제석촉 : 46점이 출토되었다. 제작방법은 1가지이다. 제작①은 원석(셰일)→판상소재→마연→완성(Ⅱb) 순으로 제작되었다(그림4-14:1~2).

b. 석창 : 1가지의 제작방법이 있다. 제작①은 원석(셰일)→판상소재→마연→완성(Ⅱb) 순으로 제작되었다(그림4-14:7~8).

c. 어망추 : 많은 수량의 어망추가 확인되는데 모두 자갈돌을 이용하여 제작되었다. 제작방법은 1가지가 있다. 어망추 제작②는 원석(둥근형태의 자연석)→양변을 직접타격→완성(Ⅰ1) 순으로 제작되었다(그림4-14:3~4).

d. 결합식조침축부 : 제작방법은 1가지이다. 제작①은 원석→(몸돌소재획득)→(직접타격, 고타)→마연→찰절→완성(Ⅰ1bd) 순으로 제작되었다(그림4-14:9).

e. 굴지구류 : 제작방법은 2가지가 확인된다. 굴지구류 제작①은 원석(자연석)→직접타격→잔격지타격→완성(Ⅰ12)이고, 제작③은 원석(자연석)→직접타격→대형격지소재획득→잔격지타격→완성(Ⅲ2) 순으로 제작되었다. 석기 수량이 많지 않지만 제작방법은 거의 동일하게 활용되었다(그림4-14:14~15).

f. 석도 : 제작방법은 1가지이다. 석도 제작②는 원석→납작한 판상소재획득→잔격지타격→마연→완성(Ⅱ2b) 순으로 제작되었다(그림4-14:6).

g. 인기 : 제작방법은 1가지이다. 석도형석기 제작②는 원석→납작한 판상소재획득→직접타격→잔격지타격→완성(Ⅱ12) 순으로 제작되었다(그림4-14:13).

h. 석겸 : 제작방법은 1가지이다. 석겸 제작①은 원석(니암)→판상소재→마연→

417 강원문화재연구소, 2006, 「강릉 초당동 287-14번지 주택신축부지내 유적」, 『강릉 초당동유적Ⅱ』.

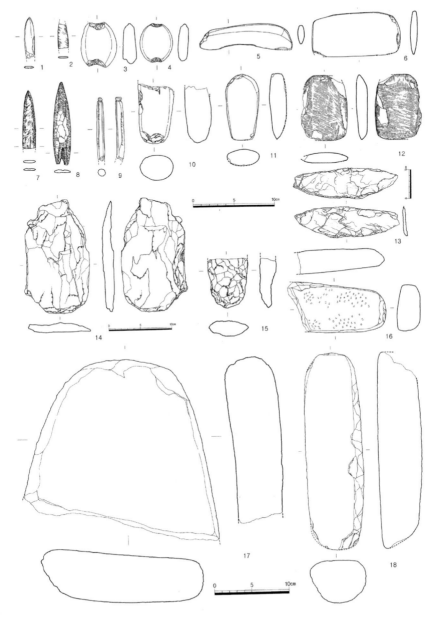

〈그림 4-14〉 강릉 초당동유적의 석기

완성(II) 순으로 제작되었다(그림4-14:5).

 i. 석부 : 조기부터 확인되고 있는 제작방법이 이용되었다. 19점이 출토되었다. 제작방법은 2가지이다. 석부 제작①은 원석(자연석)→직접타격(형태잡기)→잔격지타격→고타→마연→완성(I 12ab) 순이고, 제작②는 원석(봉형의 자연석)→(직접타격?)→고타→마연→완성(I 1ab) 순으로 제작되었다(그림4-14:11~12).

 j. 갈돌 : 23점이 출토되었고 제작방법은 2가지이다. 갈돌 제작①은 원석(봉형의 자연석)→(고타)→사용(평편)→완성(I (a)) 순으로 제작되었고, 제작②는 원석(판상의 자연석)→직접타격(형태)→잔격지타격(미세조정)→고타→사용(사용면평편 또는 양끝 돌출)→완성(I 12a) 순으로 제작되었다(그림4-14:16~18).

 k. 갈판 : 6점이 있다. 제작방법은 1가지이다. 갈판 제작①은 원석(판상의 자연석)→고타→사용(평편)→완성(I a) 순으로 제작되었다(그림4-14:17).

 l. 고석 : 자갈돌 소재를 이용한 제작방법이 1가지가 있다. 3점이 확인된다. 고석 제작①은 원석(봉형, 공형의 자연석)의 뾰족한 부분을 이용하여 고타→완성(I) 순으로 활용되었다(그림4-14:10).

 나) 새로운 제작방법
 새로운 제작방법은 확인되지 않았다.

 (4) 동삼동유적(3기)
 부산 동삼동유적에서 중기에 해당되는 층위는 5층이고 유구는 1~2호주거지, 4호 수혈이 있다. 석기 기종은 16종류가 출토되었다. 각 기종별 석기의 제작양상을 정리하면 다음과 같다.

 가) 이전 시기에 확인된 제작방법
 a. 타제석촉 : 흑요석 등 균질한 암질을 이용하였다. 제작방법은 1가지이다. 제

작②는 원석(흑요석, 사누카이트 외)→직접타격으로 격지소재획득→눌러다듬기(잔손질)→완성(Ⅲ3) 순으로 제작되었다(그림4-15:1~2).

b. 마제석촉 : 제작방법은 1가지이다. 제작①은 원석(점판암 외)→판상소재→마연→완성(Ⅱb3) 순으로 제작되었다(그림4-15:3).

c. 첨두기 : 제작방법은 2가지이다. 첨두기 제작①은 원석→직접타격으로 격지소재획득→눌러다듬기(잔손질)→완성(Ⅲ3) 순이고, 제작②는 원석→직접타격으로 격지소재획득→잔격지타격→완성(Ⅲ2) 순으로 제작되었다(그림4-15:6~7).

d. 작살 : 흑요석과 같은 균질한 암질을 이용하였다. 제작방법은 1가지이다. 작살 제작①은 원석(흑요석외)→직접타격으로 격지소재획득→눌러다듬기(잔손질)→완성(Ⅲ3) 순으로 제작되었다(그림4-15:5).

e. 결합식조침축부 : 제작방법은 1가지이다. 제작①은 원석→(몸돌 획득)→(직접타격→고타)→마연→찰절→완성(Ⅰabd) 순으로 제작되었다(그림4-15:8~9).

f. 굴지구류 : 23점으로 가장 많은 수량이 출토되었다. 제작방법은 3가지이다. 굴지구류 제작①은 원석(자연석)→직접타격→잔격지타격→완성(Ⅰ12) 순으로 제작되었다. 제작②는 원석→납작한 판상소재획득→직접타격(형태)→잔격지타격→완성(Ⅱ12) 순이다. 대부분의 굴지구류가 이 방법을 활용하고 있다. 제작③은 원석(자연석)→직접타격으로 대형격지소재획득→잔격지타격→완성(Ⅲ2) 순으로 제작되고 있다(그림4-15:16~18).

g. 석도 : 1점이 있다. 제작방법은 1가지이다. 제작①은 원석→직접타격으로 납작한 판상소재획득→마연→완성(Ⅱb) 순으로 제작되었다(그림4-15:4).

h. 인기와 석도형석기 : 각각 1점씩 출토되었다. 2가지의 제작방법이 있다. 모두 전기단계에 확인된다. 제작①은 원석→직접타격으로 자갈돌을 박리한 몸돌을 획득→직접타격(형태)→잔격지타격→완성(Ⅰ12) 순으로 제작되었고, 제작③은 원석→직접타격 격지소재획득→잔격지타격(잔손질)→완성(Ⅲ2) 순으로 인기에서 주로 확인된다(그림4-15:10 · 15).

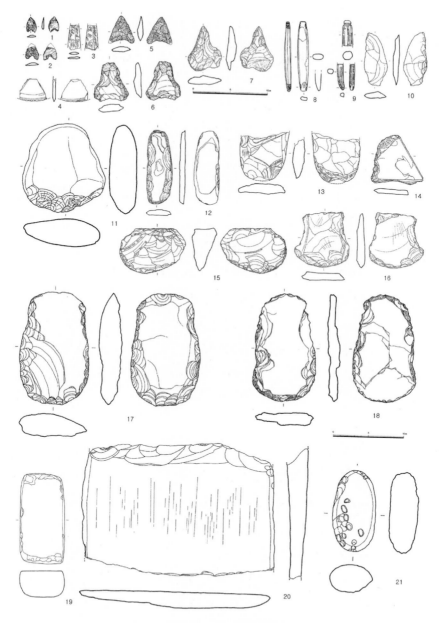

〈그림 4-15〉 부산 동삼동유적(3기)의 석기

I. 찍개 : 2점이 있다. 제작방법은 1가지이다. 찍개 제작①은 원석(자연석)→직접타격→몸돌 획득→직접타격(인부조정)→완성(Ⅱ112) 순으로 제작되었다(그림 4-15:11).

j. 석부 : 2점이 있다. 제작방법은 1가지이다. 석부 제작①은 원석(자연석)→직접타격(형태잡기)→잔격지타격(미세조정)→(고타)→마연→완성(Ⅰ12ab) 순으로 제작되었다(그림4-15:13).

k. 갈돌 : 3점이 확인된다. 제작방법은 1가지이다. 갈돌 제작②는 원석(판상의 자연석)→직접타격(형태)→잔격지타격(미세조정)→고타→사용(사용면평편)→완성(Ⅰ12a) 순으로 제작되었다(그림4-15:19).

l. 갈판 : 굴지구류 다음으로 가장 많은 16점이 출토되었다. 제작방법은 1가지가 있다. 갈판 제작②는 원석(판상의 자연석)→직접타격(형태)→잔격지타격(미세조정)→고타→사용(왕복이동, 사용면평편)→완성(Ⅰ12a) 순으로 제작되었다(그림 4-15:20).

m. 고석 : 자갈돌 소재를 이용한 제작방법은 1가지이다. 고석 제작①은 원석(봉형의 자연석)의 뾰족한 부분을 이용하여 고타→완성(Ⅰ) 순으로 활용되었다(그림 4-15:21).

나) 새로운 제작방법

a. 성형석기(긁개) : 제작방법은 1가지이다. 성형석기 제작④는 원석→직접타격으로 납작한 판상소재획득→잔격지타격→완성(Ⅱ12) 순으로 제작되었다(그림 4-15:14).

b. 석착 : 제작방법은 1가지이다. 제작④는 원석→직접타격으로 판상소재획득→(직접타격)→잔격지타격(미세조정)→마연→완성(Ⅱ12b) 순으로 제작되었다(그림 4-15:12).

5) 후기유적과 출토석기

(1) 중산동유적

인천 중산동유적은 중서남부권역 경기만지역에 자리한다. 신석기시대 유적은 4지점에서 확인되었다. 토기는 대부분 동일문계 토기이고 문양은 단치구를 이용해 사격자문, 횡주어골문 등을 시문하였다. 석기는 석촉, 석도, 갈판, 갈돌, 석부 등이 출토되었다. 여기서는 석기의 종류가 다양하고 수량이 풍부해 석기 특징을 잘 보여주는 21·23지점의 석기를 살펴보았다[418]. 석기 기종은 11종류가 출토되었다. 각 기종별 석기의 제작양상을 정리하면 다음과 같다.

가) 이전 시기에 확인된 제작방법

a. 마제석촉 : 제작방법은 1가지이다. 제작①은 원석→판상소재→마연→완성(Ⅱb) 순으로 제작되었다(그림4-16:9).

b. 마제석창 : 보고서에는 찔개살로 보고되었다. 제작방법은 1가지이다. 제작①은 원석→판상소재→마연→완성(Ⅱb) 순으로 제작되었다(그림4-16:7~8).

c. 어망추 : 크기가 다르지만 모두 둥근 자갈돌을 이용하여 제작되었다. 어망추 제작②는 둥근자연석→양변을 직접타격→완성(Ⅰ1) 순으로 제작되었다(그림4-16:1).

d. 석도형석기 : 미완성된 석기이다. 제작방법은 1가지이다. 제작③은 원석→직접타격 격지소재획득→잔격지타격으로 미세조정→완성(Ⅲ2) 순으로 제작되었다(그림4-16:2).

e. 석부 : 자연면이 남아 있는 원석으로 제작하였는데 형태조정 양상에 따라 제작방법은 2가지이다. 석부 제작①은 원석(봉형의 자연석)→직접타격(형태잡기)→

---

418 한강문화재연구원, 2012, 『인천 중산동 유적』.

잔격지타격(미세조정)→고타→마연→완성(Ⅰ12ab) 순이고, 제작②는 원석(봉형자연석)→(직접타격?)→고타→마연→완성(Ⅰ1ab) 순으로 제작되었다(그림4-16:4~5).

　f. 갈돌 : 석기의 최종형상과 유사한 원석을 이용하였다. 제작방법은 1가지이다. 갈돌 제작②는 원석(세장형·봉형의 자연석)→직접타격(형태)→잔격지타격(미세조정)→고타→사용(왕복이동, 양끝돌출)→완성(Ⅰ12a) 순으로 제작되었다(그림

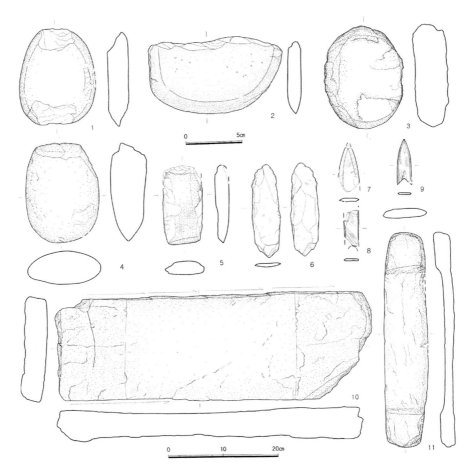

〈그림 4-16〉 인천 중산동유적의 석기

4-16 :11).

g. 갈판 : 제작방법은 1가지이다. 갈판 제작②는 원석(세장형 · 타원형의 자연석)→직접타격(형태)→잔격지타격(미세조정)→고타→사용(왕복이동, 양끝돌출)→완성(Ⅰ12a) 순으로 제작되었다(그림4-16:10).

h. 고석 : 자갈돌 소재를 이용한 제작 방법이다. 고석 제작①은 원석(봉형 · 타원형의 자연석)→긴축의 끝부위를 사용하여 고타→완성(Ⅰ) 순으로 활용되었다(그림4-16:3).

나) 새로운 제작방법

a. 석도 : 납작한 자갈돌을 소재로 하였다. 제작방법은 1가지이다. 석도 제작④는 원석(납작한 자갈돌)→마연→완성(Ⅰb) 순으로 제작되었는데 1점만 확인된다(그림4-16:2).

(2) 상촌리유적

이 유적은 남부내륙권역에 속한 낙동강의 지류인 남강의 충적대지에 자리한다. 유적은 상촌리A와 B로 2개 지점이 발굴되었는데 현재 상촌리A유적은 보고서가 발간되었다[419]. 유구는 신석기시대 주거지 5기, 특수유구 1기와 다수의 수혈이 조사되었다. 토기는 침선문계 문양에 원저 또는 환저형의 발형과 심발형토기가 출토된다. 석기 기종은 10종류가 출토되었다. 각 기종별 석기의 제작양상을 정리하면 다음과 같다.

가) 이전 시기에 확인된 제작방법

a. 어망추 : 조기단계에서부터 확인되는 제작방법으로 1가지가 있다. 어망추 제

---

419 동의대학교박물관, 2002, 『상촌리 유적』.

작②는 원석(둥근형태의 자연석)→양변을 직접타격→완성(Ⅰ1) 순으로 제작되었다. 어망추의 대부분은 이 제작방법을 활용한다(그림4-17:1).

b. 굴지구류 : 어망추 다음으로 가장 많은 15점이 출토되었다. 제작방법은 2가지이다. 굴지구류 제작①은 원석(자연석)→직접타격→잔격지타격→완성(Ⅰ12) 순이고, 제작②는 원석→납작한 판상소재획득→직접타격(형태)→잔격지타격→완성(Ⅱ12) 순으로 제작되었다. 유적에서는 제작②가 제작① 보다 많이 제작되고 있다(그림4-17:9~10).

c. 석도 : 제작방법은 1가지이다. 석도 제작①은 원석→판상소재→마연→완성(Ⅱb) 순으로 제작되었다(그림5-10:2).

d. 인기와 석도형석기 : 제작방법은 2가지가 있다. 석도형석기 제작②는 원석→납작한 판상소재획득→직접타격(형태)→잔격지타격→완성(Ⅱ12) 순이고, 제작③은 원석→직접타격으로 격지소재획득→잔격지타격으로 미세조정→완성(Ⅲ2) 순으로 제작되었다(그림4-17:3~6).

e. 석부 : 10점이 있다. 제작방법은 1가지이다. 석부 제작①은 원석(봉형의 자연석)→직접타격(형태잡기)→잔격지타격(미세조정)→고타→마연→완성(Ⅰ12ab) 순으로 제작되었다(그림4-17:8).

f. 갈돌 : 자연면이 있는 자갈돌을 원석으로 하고 있다. 제작방법은 1가지이다. 제작②는 원석(세장형·봉형자연석)→직접타격(형태)→잔격지타격(미세조정)→고타→사용(왕복이동,양 끝돌출)→완성(Ⅰ12a) 순으로 제작되었다(그림4-17:12).

g. 갈판 : 다양한 형태의 원석이 이용되었다. 제작방법은 원석의 크기와 형태의 차이가 있지만 제작방법은 1가지이다. 갈판 제작②는 원석(판석형자연석/세장형·타원형자연석)→직접타격(형태)→잔격지타격(미세조정)→고타→사용(왕복이동, 중앙부 오목)→완성(Ⅰ12a) 순으로 제작되었다(그림4-17:11).

h. 고석 : 타원형의 자갈돌 소재를 이용한 제작방법이 1가지가 있다. 제작①은 원석(타원형의 자연석)→긴축의 끝부위를 사용하여 고타→완성(Ⅰ) 순으로 활용되

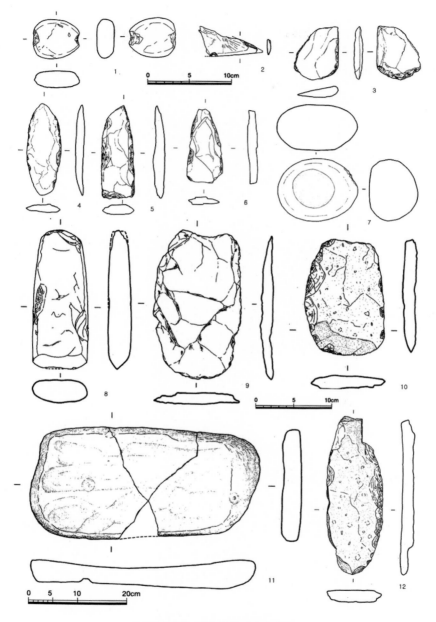

〈그림 4-17〉 진주 상촌리유적의 석기

었다(그림4-17:7).

나) 새로운 제작방법

새로운 제작방법은 확인되지 않았다.

(3) 성읍리유적

제주 성읍리유적은 제주도권역의 동남쪽 중산간지역(해발 134m)에 자리하며 해안에서 약 8km가량 이격되어 있다. 발굴조사는 3지점이 이루어졌다. 이 중 성읍리와 성읍농촌용수유적에서는 수혈, 적석유구 등이 조사되었다. 석기는 굴지구, 석부, 홈돌 등이 출토되었다[420]. 각 유적의 석기 기종을 종합하면 8종류가 출토되었다. 기종별 석기의 제작양상을 정리하면 다음과 같다.

가) 이전 시기에 확인된 제작방법

a. 굴지구 : 1점으로 제작방법은 1가지이다. 굴지구 제작①은 원석(자연석)→직접타격→잔격지타격→완성(Ⅰ12) 순으로 제작되었다(그림4-18:2).

b. 석도형석기 : 1점이 확인된다. 제작방법은 1가지이다. 제작③은 원석→직접타격으로 격지소재획득→잔격지타격→완성(Ⅲ2) 순으로 제작되었다(그림4-18:1).

c. 석부 : 3점이 확인되었다. 제작방법은 1가지이다. 석부 제작①은 원석(자연석)→직접타격(형태잡기)→잔격지타격→고타→마연→완성(Ⅰ12ab) 순으로 제작되었다(그림4-18:5).

d. 석착 : 1점으로 제작방법은 1가지이다. 석착 제작①은 원석→직접타격(형태잡기)→잔격지타격→고타→마연→완성(Ⅰ12ab) 순으로 제작되었다(그림4-18:3).

g. 갈돌 : 8점이다. 제작방법은 1가지가 있다. 갈돌 제작①은 원석(타원형의 자연

---

420 제주문화예술재단, 2006, 『제주 성읍리 유적』.

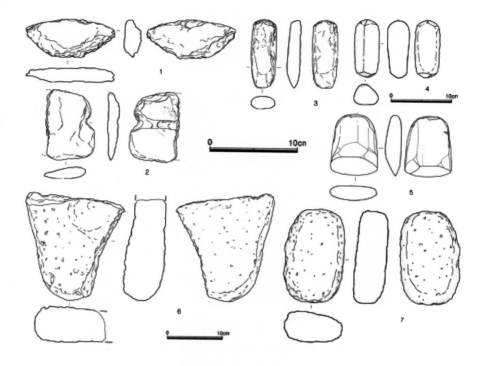

〈그림 4-18〉 제주 성읍리유적의 석기

석)→고타→사용(사용면 오목)→완성(Ⅰ) 순으로 활용되었다(그림4-18:7).

　h. 갈판 : 3점이다. 제작방법은 1가지이다. 갈판 제작①은 원석(타원형의 자연석)→고타→사용(사용면 오목)→완성(Ⅰa) 순으로 제작되었다(그림4-18:6).

　I. 고석 : 유적에서 가장 많은 11점이 출토되었다. 봉형과 공형의 자갈돌 소재를 이용한 제작방법이 1가지가 있다. 고석 제작①은 원석(봉형, 공형의 자연석)의 뾰족한 부분을 이용하여 고타→완성(Ⅰ) 순으로 활용되었다(그림4-18:4).

　나) 새로운 제작방법
　새로운 제작방법은 확인되지 않았다.

(4) 철통리유적

고성 철통리유적은 동해안권역에 속하는데 후기에 속하는 주거지 7기와 수혈 유구 1기가 조사되었다[421]. 유구는 1호 주거지를 제외하면 대체로 능선 정상부의 평탄한 지점에 약 2~5m 간격을 두고 1열로 배치되어 있다. 유물은 유구에 비해 상대적으로 적지만 후기에 해당하는 횡주어골문과 단사선문이 시문된 침선문계 토기가 중심을 이루고 있다. 석기는 4종류가 출토되었는데 석부와 어망추가 대다수를 차지하고 갈돌이 소량 출토되었다. 각 기종별 석기의 제작양상을 정리하면 다음과 같다.

가) 이전 시기에 확인된 제작방법

a. 어망추 : 크기 차이가 있는 어망추 21점이 확인된다. 둥근 자갈돌를 소재로 하였다 제작방법은 1가지이다. 어망추 제작②는 원석(둥근형태의 자연석)→양변을 직접타격→완성(Ⅰ1) 순으로 제작되었다(그림4-19 :1~2).

b. 석부 : 자연면이 있는 봉형의 자갈돌을 소재로 한다. 제작방법은 중기단계에

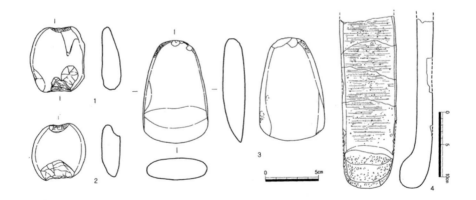

〈그림 4-19〉 고성 철통리유적의 석기

---

421 예맥문화재연구원, 2009, 『고성 철통리 유적』.

초당동유적에서 확인된다. 석부 제작②는 원석(봉형의 자연석)→(직접타격)→고타
→마연→완성(Ⅰ 1ab) 순으로 제작되었다(그림4-19:3).

　c. 갈돌 : 제작방법은 1가지이다. 갈돌 제작①은 원석(봉상의 자연석)→(직접타격
→고타)→사용(평편하거나 양끝 돌출되고 중앙이 오목)→완성(Ⅰ) 순으로 활용되었다
(그림4-19:4).

　나) 새로운 제작방법
　새로운 제작방법은 확인되지 않았다.

(5) 동삼동유적(4 · 5기)

　부산 동삼동유적에서 후기는 층위상 4-2층과 교란층이 포함되며 이는 후말기
(동삼동 4기)에 해당된다. 석기 기종은 15종류가 출토되었다. 각 기종별 석기의
제작양상을 정리하면 다음과 같다.

　가) 이전 시기에 확인된 제작방법
　a. 타제석촉 : 초창기단계의 제작방법이 확인되지만 암질은 흑요석을 이용하고
있다. 타제석촉 제작②는 원석(흑요석외)→직접타격으로 격지소재획득→눌러다
듬기(잔손질)→완성(Ⅲ3) 순으로 제작되었다(그림4-20:1~2).
　b. 석창 : 퇴적변성암계 암질을 이용하였다. 제작방법은 1가지이다. 석창 제작
②는 원석→직접타격으로 판상소재획득→잔격지타격→마연→완성(Ⅱ2b) 순으로
제작되었다(그림4-20:7).
　c. 어망추 : 자연면이 있는 자갈돌을 이용하였다. 제작방법은 1가지이다. 어망
추 제작②는 원석(둥근형태의 자연석)→한변을 직접타격하여 격지 박리→완성(Ⅰ
1)순으로 제작되었다(그림4-20:6).
　d. 타제작살 : 제작방법은 1가지이다. 제작①은 원석(흑요석/사누카이트/안산

암)→직접타격으로 격지소재획득→눌러다듬기(잔손질)→완성(Ⅲ3) 순으로 제작되었다(그림4-20:3~4).

e. 굴지구류 : 다른 기종에 비해 가장 많은 16점이 출토되었다. 제작방법은 3가지이다. 굴지구 제작①은 원석(자연석)→직접타격→잔격지타격→완성(Ⅰ12) 순이고, 제작②는 원석→납작한 판상소재획득→직접타격(형태)→잔격지타격→완성(Ⅱ12) 순이며, 제작③은 원석(자연석)→직접타격 대형격지소재획득→잔격지타격→완성(Ⅲ2) 순으로 제작된다. 수량은 제작②〉 제작① 〉제작③ 순으로 제작②가 가장 많이 활용되고 있다(그림4-20:15~17).

f. 성형석기 : 용도가 명확하지 않지만 송곳으로 추정된다. 1점이 출토되었다. 제작방법은 1가지이다. 성형석기 제작②는 원석(흑요석)→직접타격으로 격지소재획득→눌러다듬기(잔손질)→석기(Ⅲ3) 순으로 제작되었다(그림4-20:5).

g. 석도형석기 : 2점이 있다. 제작방법은 1가지이다. 석도형석기 제작③은 원석→직접타격으로 격지소재획득→잔격지타격(미세조정)→완성(Ⅲ2) 순으로 제작되었다(그림4-20:12).

h. 원반형석기 : 원형의 자갈돌을 수직타격으로 통해 격지 소재를 획득하였다. 1점이 확인되는데 제작방법은 전기단계부터 확인된다. 원반형석기 제작②는 원석→직접타격을 통해 격지소재 획득→직접타격→잔격지타격(미세조정)→완성(Ⅲ12) 순으로 제작되었다(그림4-20:13).

I. 석부 : 봉형의 자갈돌을 소재로 한다. 제작방법은 1가지이다. 석부 제작①은 원석(봉형의 자연석)→직접타격(형태잡기)→잔격지타격(미세조정)→(고타?)→마연→완성(Ⅰ12ab) 순으로 제작되었다(그림4-20:11).

j. 석착 : 판상소재를 활용한 제작방법으로 중기단계에 확인된다. 석착 제작②는 원석→판상소재획득→잔격지타격→(고타?)→마연→완성(Ⅱ12b) 순으로 제작된다(그림4-20:9~8).

k. 갈돌 : 제작방법은 1가지이다. 갈돌 제작②는 원석(판상의 자연석)→직접타격

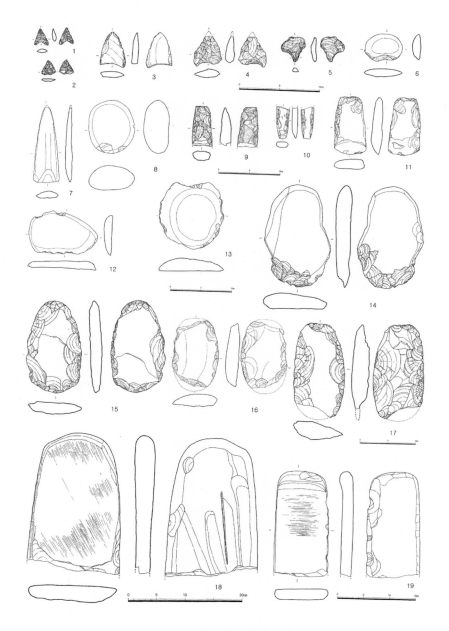

〈그림 4-20〉 부산 동삼동유적(4・5기)의 석기

(형태)→잔격지타격(미세조정)→고타→사용(양끝 돌출)→완성(Ⅰ12a) 순으로 제작되었다(그림4-20:19).

l. 갈판 : 자연면이 남아 있는 자갈돌을 원석으로 하였다. 제작방법은 1가지이다. 갈판 제작②는 원석(판상의 자연석)→직접타격(형태)→잔격지타격(미세조정)→고타→사용(왕복이동, 사용면이 말안장형)→완성(Ⅰ12a) 순으로 제작되었다(그림4-20:18).

m. 고석 : 봉형의 자갈돌을 소재로 이용한다. 제작방법은 1가지가 있다. 제작①은 원석의 뾰족한 부분을 이용하여 고타→완성(Ⅰ) 순으로 활용되었다(그림4-20:8).

나) 새로운 제작방법

새로운 제작방법은 확인되지 않았다.

5장. 신석기시대 석기제작방법과 특징

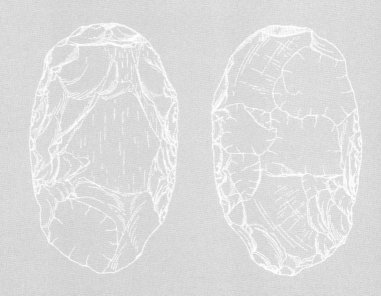

1. 석기 종류별 제작방법

1) 타제석기의 제작방법

(1) 타제석촉

기본적으로 사냥과 관련된 도구로 겉면 양상에 따라 타제와 마제로 구분되고 슴베의 유무에 따라 유경식과 무경식으로 나뉜다. 제작방법은 2가지가 있다.

제작①은 원석에서 간접타격을 통해 돌날추정소재를 박리하고 이것을 눌러다듬기를 통해 잔손질을 시도한 후 세부조정을 실시하여 완성하는 방식(Ⅲ*3)이다. 그리고 제작②는 원석에서 직접타격으로 격지소재를 획득하고 이 격지를 눌러다듬기를 통해 잔손질하여 완성하는 방식(Ⅲ3)으로 제작①과는 소재의 차이가 있다. 초창기단계에서는 2가지의 제작방법이 모두 확인되지만 조기단계에 들어서면 제작①은 소멸되고 제작②만 남게 된다. 이것은 후기구석기시대 전통을 가진 돌날석기가 신석기시대 초창기의 어느 시점에 소멸되고 새로운 석기제작전통이 성립되는 것으로 이해할 수 있다. 특히 조기단계 이후에는 남부해안권역에서 암질의 변화가 확인된다. 초창기단계에서 사용된 유문암, 응회암 등 화산암계열의 암질에서 벗어나 흑요석, 사누카이트 등 균질한 암질을 이용하고 있다. 이들 석재는 원산지가 일본 구주지역과 관련되고 있어 석재 확보를 위한 교류가 있었을 것로 판단된다[422].

(2) 첨두기

창끝에 부착된 석재로 끝이 뾰족하다. 겉면에는 타격흔이 남아 있다. 제작방법은 3가지가 있는데, 제작①과 제작②는 초창기부터 확인된다. 석기수량은 초창기 단계에 가장 많고 조기부터는 급격하게 감소한다.

제작①은 원석에서 직접타격으로 격지소재를 획득하고 눌러다듬기를 통한 잔손질로 석기를 완성시키는 방식(Ⅲ3)이다. 초창기부터 확인된다. 조기단계에는 2가지의 흐름이 있다. 하나는 제작①을 지속적으로 사용하지만 석재만 흑요석제로 바꾸어서 사용하는 경우이고, 다른 하나는 새로운 제작방법의 등장이다. 제작②는 격지소재에 잔격지타격을 통해 미세조정하여 완성하는 방식(Ⅲ2)이다. 그리고 중기단계에는 소재를 바꾸어 제작하는 새로운 방식이 추가된다. 제작③은 판상소재를 원석으로 하고 직접타격, 잔격지타격, 눌러다듬기를 통해 미세한 조정이 적용된 방식(Ⅱ123)이다.

(3) 어망추

어망추는 그물망어법에 쓰이는 석기로 어로구로 분류된다. 어망추의 등장은 조기단계에 동해안권역에서 확인된다. 전·중기단계에서는 중서남부권역과 동해안권역이 교차로 수량증가로 나타나다가 후기단계에 들어서면 남부해안권역에서 주로 사용되었다[423].

어망추의 제작방법은 2가지이다. 제작①은 공모양의 둥근 자연자갈돌에 사방

---

422 하인수, 2006, 「신석기시대 한일문화교류와 흑요석」, 『한국고고학보』58, 한국고고학회.
423 김경규는 전기에 어망추가 출현하여 중기에 확산되고 후기에 농경의 확산과 함께 소멸한다고 하였다(김경규, 2003). 하지만 실제적인 수량의 양상은 후기에 남부해안권역과 중서북부권역에 증가하는 양상이 관찰되고 있어 좀더 면밀한 검토가 필요하다.

향으로 고타를 실시하여 十자 홈을 만드는 방식(Ⅰa)이다. 조기단계의 죽변리유적에서 확인된다. 제작②는 가장 많이 사용되는 방식으로 납작하고 둥근 자연자갈돌의 양변을 직접타격을 통해 격지를 박리하여 사용하는 방식(Ⅰ1)으로 조기단계에서 확인되는데 이후 지속적으로 이용되고 있다.

(4) 작살

(타제)작살은 유경식 타제석촉과 형태적으로 유사하여 구분이 쉽지 않다. 보고서에 제시된 자료에서는 분포상으로 동해안권역과 남부해안권역의 유적에서만 확인된다. 빈도상으로 보면 조기단계에 남부해안권역에서 대부분이 출토되고 있다. 제작방법은 1가지이다. 제작①은 원석을 직접타격하여 격지를 박리하여 소재로 삼고 격지소재의 가장자리를 눌러다듬기를 실시하여 잔손질하는 방식(Ⅲ3)이 있다. 흑요석, 사누카이트 등 특정한 암질을 이용하고 있다.

(5) 굴지구류

따비, 괭이, 곰배괭이, 타제석부 등으로 지칭되는 굴지구류는 조기단계에 등장하고 이후 지속적으로 수량이 증가한다. 제작방법은 3가지이다. 제작①과 제작②는 조기에 등장하고 제작③은 전기부터 활용된다.

제작①은 납작한 자연면이 있는 자갈돌을 획득하여 원석으로 삼고, 원석의 가장자리를 둘러가면서 직접타격하여 형태를 조정한다. 이후 잔격지타격을 통해 세부조정하거나 인부를 형성하는 방식(Ⅰ12)이다. 이 방식은 전시기에 걸쳐 확인되지만 유적별로 1~2개만 출토되고 있어 다른 제작방법에 비해 상대적으로 수량이 적다. 아마도 일정한 두께를 가진 납작한 원석을 유적 주변에서 쉽게 구하기 어려웠기 때문이라 판단된다.

제작②는 원석에서 직접타격으로 일정한 두께를 가진 판상소재를 획득하고, 여기에 가장자리를 둘러가면서 안팎으로 직접타격을 실시하여 형태와 크기를 조정한다. 이후 잔격지타격을 통해 세부조정하여 인부나 잡이를 형성하는 방식(Ⅱ 12)이다. 이 방식은 조기단계에 등장하여 후기단계까지 이루어진 제작방법이다. 굴지구류의 절반가량이 이 방식으로 제작되었다. 제작②의 장점은 일정한 두께 (1~2cm 가량)의 소재를 쉽게 확보할 수 있기 때문에 크기와 두께의 조정이 효율적 이라는 것이다. 다만 석기의 특성 파악과 판상소재의 박리에 대한 타격강도에 있 어 주의가 요망되기 때문에 석재 선택에서 층리가 발달된 혼펠스 등의 퇴적암계 석재를 주로 활용하고 있다.

제작③은 원석에서 수직치기 등의 직접타격을 통해 중·대형격지소재를 박리 한 이후에 외연부를 빗겨치기 등의 직접타격으로 형태를 마련한다. 이후 잔격지 타격으로 인부와 잡이 등 미세조정을 실시하여 석기를 완성하는 방식(Ⅲ2)이다. 이 방법은 전기단계에서 확인되는데 중기단계에 들어서면서 수량이 증가하여 후 기단계까지 지속된다. 중·대형격지소재는 횡장박편 또는 종장박편를 이용하기 때문에 타격면은 두텁지만 반대편의 격지끝은 날카롭다. 그래서 타격면에 대한 2 차 타격을 통해 쉽게 완성된 석기를 얻을 수 있는 장점이 있다. 다만 판상소재에 비해 크기가 대체로 작아지는 단점이 있지만 일정한 크기와 두께를 생산하기에는 매우 효과적인 방식이다. 그리고 석기제작에 있어서도 실패율이 적다. 빈도상으 로 보면 제작②가 조기단계에 등장하여 전기단계에 급격하게 늘어나고 중·후기 단계까지 지속된다. 하지만 제작③은 전기단계에 중서남부권역에서 침선문계집 단과 함께 등장하고 중기단계에 빈도가 증가하면서 한반도 전역에서 확인된다.

한편 굴지구류의 타격기술은 판상·격지소재 등을 획득하기 위한 수직떼기, 수 직치기 등이 있고, 소재에서 형태를 다듬기 위한 타격기술에는 가파른 대각선떼 기, 빗겨치기 등이 있다. 그리고 잔격지타격에는 단순수직 눌러치기나 두들겨치 기 등이 사용되었다[424].

---

424 이헌종(2000)은 수직떼기, 가파른 대각선떼기, 단순 수직눌러다듬기 등의 타격기술을 제시하였

(6) 석도형석기와 인기

자르는 용도를 가진 타제석기이다. 일반적으로 보고서에 제시된 인기는 격지나 조각돌 등의 한변에 날카로운 부위가 있는 석기를 모두 인기로 분류하고 있다. 그리고 석도형석기는 인기로 분류되는 것 중에서 형태적으로 세장형, 삼각형, 반원형 등 일정한 형태를 가진 석기로 인부와 손잡이에 잔손질이 잘 남아있는 석기이다. 일부 연구자는 수확구로 보기도 한다[425].

제작방법은 3가지가 있다. 제작①은 원석을 획득한 이후에 여기에 직접타격을 실시하여 격지을 획득하여 소재로 삼는다. 그리고 이 격지소재를 잔격지타격하여 인부를 완성하는 방식(I 12)이다. 전기단계와 중기단계에서만 확인된다. 제작②는 원석에서 획득한 판상소재를 직접타격으로 형태를 마련하고 잔격지타격을 통해 석기를 완성하는 방식(II 12)이다. 전기단계부터 후기단계까지 출토되는데 인기보다는 석도형석기에 주로 적용되었다. 그리고 출토양상에 있어서도 전기단계의 비봉리와 중기단계의 진그늘, 후기단계의 상촌리 등에서 관찰된다. 이 제작방법은 층리면이 발달된 퇴적(변성)암계 석재를 이용하였는데 굴지구류 제작②와 같은 양상이다. 제작③은 원석에 직접타격으로 격지를 박리하여 격지소재로 삼고 여기에 잔격지타격을 통한 잔손질로 석기를 완성하는 방식(III2)이다. 이 방식은 1차타격 만으로 쉽게 잡이와 인부를 조성할 수 있다. 그래서 전기단계부터 후기단계까지 가장 많이 사용된 제작방법이다.

한편 인기와 석도형석기의 빈도를 비교하자면 두 석기는 전기단계부터 확인되지만 중기단계에 이르면 인기에 비해 석도형석기의 빈도가 증가한다. 그리고 후기단계에는 인기는 미확인되고 석도형석기만 출토하고 있기 때문에 시간적으로

고, 윤정국(2009)은 수직치기, 빗겨치기, 두들겨치기 등을 통해 굴지구가 완성된다는 입장을 취한 바 있다. 각 용어는 개념과 방식에 있어 약간의 차이가 있으나 대체로 석기의 외연부의 완성에 이용된 기술방식이다.

425 김성욱, 2008, 「사용흔분석을 통한 신석기시대 수확구 시론」, 『한국신석기연구』16, 한국신석기학회.

인기→석도형석기라는 변화를 가진다.

(7) 타제석겸(石鎌)

전기단계의 암사동과 살내유적에서 출토되었다. 제작방법은 1가지로 원석에서 직접타격을 통해 격지소재를 획득한 이후에 직접타격과 잔격지타격을 통해 형태를 조정한다. 그리고 눌러다듬기로 잔손질하여 인부를 형성하는 방식(Ⅲ123)이다.

(8) 원반형석기

이 석기는 납작한 원형의 평면을 가지고 있으며 가장자리에 타격조정이 이루어져 있다. 정확한 용도를 파악할 수 없지만 2가지의 견해가 있다. 하나는 내륙에 자리한 유적에서 출토된 경우로 농경도구인 수확구로 보는 견해가 있고, 다른 하나는 송학동패총에서 처럼 바다자원을 활용하기 위한 토굴구로 보는 견해가 있다. 앞으로 상세한 사용흔 분석이 요구된다. 제작방법은 2가지이다. 제작①은 원석(납작한 자갈돌)의 외연부를 직접타격하여 형태를 조정하는 방식(Ⅰ1)으로 전기단계에서 확인된다. 제작②는 원석에서 직접타격을 통해 격지소재를 획득하고 여기에 직접타격과 잔격지타격을 통해 형태조정과 인부를 형성시키는 방식(Ⅲ12)으로 전기와 후기에서 확인되고 있다.

(9) 성형석기

긁개, 밀개, 뚜르개 등 잔손질이 되어 있는 석기군을 모두 성형석기로 포함시켰다. 초창기단계부터 확인되는데 제작방법은 4가지이다. 제작①와 제작②는 초창기단계부터 확인된다. 특히 제작②는 후기단계까지 지속적으로 확인되는 가장 일반적인 제작방식이다. 제작③은 조기단계에 확인할 수 있다.

제작①은 원석에서 간접타격으로 돌날을 획득하고 여기에 눌러다듬기를 통한 잔손질을 베풀어서 석기를 완성하는 방식(Ⅲ*3)이다. 조기단계에만 확인되며 이후 관찰되지 않는다. 제작②는 원석에서 직접타격을 통해 격지를 박리하여 소재로 삼고 여기에 눌러다듬기로 잔손질을 베풀어서 석기를 완성하는 방식(Ⅲ3)이다. 초창기단계에서 전기단계까지 확인된다. 제작③은 원석에서 직접타격을 통해 격지소재를 획득하고 여기에 직접타격을 통한 성형과정을 거친다. 이후 잔격지타격을 통해 미세조정을 실시하고 완성하는 방식(Ⅲ12)이다. 조기단계부터 후기단계까지 확인된다. 제작④는 가공준비에서 판상소재를 준비하고 여기에 잔격지타격을 통해 형태를 조정하여 석기를 완성하는 방식(Ⅱ12)이다. 중기단계부터 관찰된다.

(10) 찍개

찍개는 조기단계부터 확인된다. 제작방법은 1가지이다. 제작①은 자연면이 있는 원석을 채집하여 직접타격을 통해 겉면을 박리하여 소재를 획득하고 여기에 직접타격을 통해 인부를 조정하는 방식(Ⅰ1)이다. 구석기시대 주먹도끼의 제작방법과 유사하며 전 시기에 걸쳐 확인되는 가장 일반적인 제작방법이다.

2) 마제석기의 제작방법

(1) 마제석촉

겉면에 마연기술이 적용된 석기를 마제석기로 지칭한다. 조기단계부터 확인되는데 제작방법은 1가지이다. 제작①은 유적 내 다른 석기를 생산하는 과정에서 떨어진 조각돌과 부스러기 등의 파편을 이용해 제작초기부터 찰절과 마연을 적용하여 석기를 제작하는 방식(Ⅱb)이다. 층리면이 발달된 퇴적변성암계의 석재를 활용한다. 조기단계 이후로 후기단계까지 지속적으로 활용된다. 한편 유적에서 조각돌 등의 소재를 그대로 마연하기도 하지만 일정한 크기와 형태를 조정하기 위한 잔격지타격도 있었을 것으로 추정된다.

(2) 마제석창

석촉과 크기에서 차이가 있지만 형태와 제작방법이 유사하다. 제작방법은 2가지이다. 제작①은 조각돌과 부스러기 등의 석재편에 찰절과 마연을 적용하여 석기를 제작하는 방식(Ⅱb)이고, 제작②는 원석에서 직접타격으로 판상소재를 획득하고 잔격지타격을 통해 형태를 마련한다. 이후에 마연기법을 적용하여 석기를 완성하는 방식(Ⅱ2b)이다.

(3) 결합식조침축부

낚시 도구의 하나로서 동해안권역과 남부해안권역에서 대부분이 출토된다. 출현 시기는 조기단계부터이다. 특히 조기단계에는 빈도가 높게 나타나지만 이후 수량이 감소한다. 제작방법은 2가지를 상정할 수 있다. 제작①은 원석을 직접타격하여 몸돌을 획득하고, 이것을 다시 직접타격을 통해 일정한 크기로 조정한 이후 마연으로 형태를 만들고 찰절기법을 통해 홈이나 결속구를 마련하는 방식(Ⅰ1bd)이다. 대부분의 석기는 제작①에 의해 만들어졌다. 제작②는 원석을 통해 판상소재를 획득한 이후 표면에 마연을 실시하여 판상으로 만든다. 이후 찰절기법으로 일정한 너비로 잘라내고 다시 마연을 실시하는 방식(Ⅱbd)이다[426]. 현재 유적에서는 확인되지 않았지만 추후 확인될 가능성이 높다.

(4) 석추

어로구의 일종으로 조기단계의 동해안권역에서 확인된다. 제작방법은 1가지이다. 제작①은 원석에서 몸돌을 획득하고, 여기에 직접타격을 통해 크기와 형태를 조정한 이후에 마연으로 마무리하는 방식(Ⅰ1bd)이다.

---

426 김충배는 제작수법을 재료획득, 성형, 다듬기 순으로 정리하고 성형은 깨드려내는 방법과 찰절기법을 통해 절취하여 형태를 마련하는 방식을 제시하였다(김충배, 2002).

(5) 석도

제작방법은 3가지이다. 제작①은 원석에서 판상소재를 획득하고 곧바로 마연을 실시하는 방식(Ⅱb)이다. 조기부터 전시기에 걸쳐 확인된다. 제작②는 원석에서 직접타격을 통해 판상소재를 획득하고, 잔격지타격을 통하여 형태를 마련한 다음 눌러다듬기를 실시하여 인부를 조정하고 마연기법을 활용하여 석기를 완성하는 방식(Ⅱ2bc)이다. 전기단계부터 확인된다. 제작③은 납작한 자연자갈돌을 원석으로 채집하여 외연부의 일부를 마연으로 인부를 형성시키는 방식(Ⅰb)이다. 특수한 사례로 중산동유적에서 확인된다.

(6) 마제석겸

전기단계 이후로 확인되며 제작방법은 1가지이다. 제작①은 원석에서 직접타격을 실시하여 판상소재를 획득하고 잔격지타격을 활용하여 형태를 마련한다. 이후 눌러다듬기로 인부를 조정하고 마연기법으로 마무리하여 석기를 완성하는 방식(Ⅱ2b)이다.

(6) 석부

석부는 인부의 형태에 따라 세분되지만 대체로 기술적용과 범위에 따라 타제와 마제, 인부마연 등으로 나눌 수 있다. 제작방법은 석재획득, 성형, 고타, 마연이라는 간단한 도식화[427]가 제시되었다. 그런데 세부적으로 제작방법을 정리하면 2가지가 있다. 제작①은 가장 많이 확인되는 양상으로 봉형의 자연자갈돌을 원석으로 획득하여 축의 끝지점을 직접타격으로 조정하고 이후 고타와 마연기법을 통해 인부와 표면을 정리하는 방식(Ⅰ12ab)이다. 조기단계 이후 지속적으로 확인된다. 제작②는 납작한 봉형의 자갈돌 원석을 채집하여 직접타격으로 인부를 조정하고

---

427 김석훈, 1988, 「한강유역 출토 돌도끼의 연구」, 청주대학교 석사학위논문.

고타와 마연을 하거나, 또는 곧바로 두께가 얇은 끝을 고타와 마연을 통해 석기를 완성시키는 방식(Ⅰ1ab)이다. 이 방식은 원석의 끝지점의 두께가 얇은 경우에는 직접타격을 생략하고 곧바로 고타와 마연으로 넘어가기도 한다.

(7) 석착

석착은 형태적으로 석부와 유사하기 때문에 제작방법도 거의 동일하다. 제작 방법은 2가지이다. 제작①은 봉형의 자연자갈돌을 원석으로 삼고 이것을 직접타격으로 형태를 조정하고 고타와 마연기법을 통해 인부와 표면을 정리하는 방식 (Ⅰ12ab)이다. 조기단계 이후로 지속적으로 확인된다. 제작②는 중기단계 이후로 나타난다. 제작은 원석에서 직접타격을 통해 판상소재를 획득한 이후 잔격지타격을 활용하여 미세한 조정을 실시하고 전면을 고타하고 마연기법을 통해 석기를 완성하는 방식(Ⅱ12b)이다.

3) 고타석기의 제작방법

(1) 갈돌

갈돌은 형태와 사용방식에 따라 2가지로 나누어진다. 하나는 봉형의 원석 끝부위를 사용하는 방식으로 초창기단계에서만 확인된다. 둘째는 원판형의 자연자갈돌의 납작한 면을 사용하는 방식으로 초창기단계부터 중기단계까지 이용된다. 셋째는 장방형의 긴축의 측변을 사용하는 방식으로 조기부터 확인되는데 중기단계에 들어서면 갈판의 말안장형으로의 변화와 동반되어 갈돌에서도 양끝단이 돌출되는 형태적인 변화가 이루어진다.

초창기단계와 조기단계에서 확인되는 제작방법은 2가지이다. 제작①은 자연면이 있는 봉형 또는 구형의 자갈돌 원석을 채집하고 사용면을 최소한 가공하여 사용하는 방식(Ⅰ)이다. 초창기단계에는 이 방식이 주로 이용되었지만 이후 감소되다가 후기단계에서는 제주도권역에서만 잔존한다. 제작②는 납작한 봉형의 자연석을 원석으로 채집하고 직접타격을 통해 가장자리를 조정하여 형태를 만들고 타격흔적과 능선, 뾰족한 부위를 두들겨서 고르게 고타하여 석기를 완성하는 방식(Ⅰ12a)이다. 전기단계부터 확인되는데 중·후기단계에서는 대부분의 갈돌이 이 방식을 따르고 있다.

(2) 갈판

대부분의 신석기시대 유적에서 갈돌과 함께 출토된다. 시기에 따라 유적 증가와 함께 수량도 증가하고 있다. 제작방법은 2가지이다. 제작①은 자연면이 있는 판석형의 원석을 채집하고 사용면인 납작한 면을 고타하거나 최소가공하여 사용하는 방식(Ⅰa)이다. 초창기단계부터 중기단계까지 확인된다. 제작②는 납작한 판석형태의 자연석을 원석으로 채집하고 직접타격을 통해 가장자리를 조정하여 형태를 만들고 돌출된 표면에 고타를 실시하는 방식(Ⅰ12a)이다. 전기단계부터 후기단계까지 지속적으로 활용된다. 특히 말안장형의 갈판은 대부분 제작②를 통해 제작되었다[428].

(3) 홈돌과 고석

홈돌과 고석은 가공준비에 따라 차이가 있을 뿐 동일한 제작방법을 가진다. 홈돌은 자연면의 납작한 면을 고타하여 홈을 만들어 활용하고, 고석은 자연면이 남아있는 봉형 또는 공형의 자갈돌원석의 끝부분을 고타부위로 활용한다. 제작방법은 각각 1가지이다.

---

428 최근 김경진(2012)은 갈판의 제작과정을 돌감획득, 마름질과정, 형태잡기, 사용 순으로 정리하였는데 제작②와 같다.

2. 석기 제작방법의 시기별 특징

1) 초창기의 석기 제작방법과 특징

(1) 초창기단계의 기종별 석기의 제작방법

신석기시대 초창기는 홀로세가 되면서 점차 온화해진 기후와 함께 해수면이 상승하는 시기이다. 시기적인 폭은 고산리유적의 절대연대를 참조하면 기원전 9,000년에서부터 기원전 7,000년까지 이다[429].

초창기단계의 문화는 고산리식토기를 지표로 하는 고토기와 타제석촉 등의 타제석기가 중심을 가진다. 이 시기의 석기구성은 타제석촉과 첨두기, 긁개와 밀개, 성형석기, 갈돌과 갈판, 홈돌, 고석 등이 있다. 선행 연구에 따르면 초창기단계의 석기문화는 후기구석기 최말기와 연결하여 구석기시대에서 신석기시대로 넘어가는 과도기적인 유적으로 보고[430], 세부적으로 세석기와 석핵, 석촉의 형태를 기준으로 후기구석기, 신석기 I · II 등 3단계로 나누어 접근하였다.[431] 또한 타제석촉에 대한 형태와 제작 등에 대한 연구[432]를 시도하기도 하였다. 그리고 근래에는 신석기시대의 시작을 유경식타제석촉에서 찾기도 한다[433]. 그런데 유물이 층위로

---

429 소상영, 2014, 「14C연대분석을 통해 본 한국 신석기시대 편년」, 『한국 신석기시대 편년과 지역간 병행관계』2014년 한국신석기학회 학술대회.

430 이헌종, 1998, 「동북아시아 후기구석기 최말기의 성격과 문화변동에 관한 연구」, 『한국고고학보』 39, 한국고고학회.
이헌종, 2002, 「우리나라 후기구석기 최말기와 신석기시대로의 이행기의 문화적 성격」, 『전환기의 고고학 I 』, 한국상고사학회편.

431 최몽룡, 1999, 「제주도 철기시대 전기 지석묘사회의 계급과 발생」, 제주사정립사회 추진협의회 심포지엄 발표요지.

432 고재원, 1996, 「제주도 고산리 석기의 분석연구」, 한양대학교 석사학위논문.
박근태, 2006, 「고산리유적 석촉 연구」, 부산대학교 석사학위논문.

433 박근태, 2009, 「신석기시대 초창기단계의 석기검토-제주도를 중심으로-」, 『고고광장』5, 부산고고학연구회.

구분되지 않고 혼재되어 출토되기 때문에 형식의 변화를 파악하기 어렵다. 다만 석기구성에서 후기구석기시대의 좀돌날몸돌, 좀돌날, 돌날 등이 확인되고 있어 기술적인 연결점을 찾을 수 있기 때문에 앞으로 연구가 필요하다[434].

초창기단계의 석기제작방법을 기종별로 검토한 결과 〈표5-1〉과 같이 타제석기에는 타제석촉과 첨두기, 긁개, 성형석기 등 7가지의 제작방법이 있고 고타석기에서는 갈돌과 갈판, 홈돌, 고석 등에서 4가지의 양상이 확인된다.

〈표 5-1〉 초창기단계의 기종별 석기의 제작방법

	타제석기	마제석기	고타석기
후기구석기시대와 관련있는 석기	타제석촉①, 성형석기①		
새로운 제작방법	타제석촉②, 첨두기① 성형석기②		갈돌①, 갈판① 홈돌①, 고석①

그리고 이것을 정리하면 〈표5-2〉와 같이 석기제작은 자갈돌소재, 격지소재 등 2가지 소재를 이용한다. 자갈돌소재는 제작방법은 2가지이다. 자연면이 남아 있는 자갈돌을 이용하였다. 격지소재 역시 2가지의 제작방법이 있다. 하나는 원석에서 직접타격을 통해 격지를 획득하여 소재로 삼고 이를 가공하여 타제석촉과 첨두기, 긁개, 밀개 등을 제작하고 있다. 그리고 다른 하나는 소재의 특성이 명확하지 않지만 후기구석기시대 돌날로 추정되는 소재를 이용하여 제작하였다. 석기는 타제석촉과 성형석기가 있다. 하지만 석기 수량이 적고 잔손질 박리가 이루어져 겉면에 돌날의 흔적인 남아 있지 않아 판별에 어려움이 있다. 이에 좀더 자료가 추가되기를 기대하면서 본고에서는 격지소재에 포함한다.

박근태, 2012, 「신석기시대 초창기단계의 문화양상」, 『한국 신석기문화의 양상과 전개』, 서경문화사.
434 본고에서는 석기의 제작방법과 특징을 파악하는데 목적이 있기 때문에 석기의 형태적인 분석과 변화에 대해서는 차후의 연구과제로 삼고자 한다.

〈표 5-2〉 초창기단계의 석기제작방법과 종류

	원석435 (석재획득)	소재획득행위	가공준비(소재)	직접타격	잔격지타격	눌러다듬기	고타기법	마연기법	천공기법	찰절기법	제작양상	완 성 (석 기)
1	공형/봉형 자갈돌원석	=	자갈돌(I)								I	갈돌①, 고석①, 홈돌①
2	자갈돌원석	=	자갈돌(I)			a→					Ia	갈판①
3	기타원석	1⇒	격지(III)	2→							III2	첨두기②
4	기타원석	1⇒	격지(III)			3→					III3	타제석촉②, 첨두기①, 성형석기②
5	기타원석	1⇒4	돌날추정(III*)			3→					III*3	타제석촉①, 성형석기①

(*의미 : = 동일(변형없음), ⇒ 행위를 통해 얻어진 석기, → 기술행위)

한편 제작방법과 마찬가지로 석기 크기와 암질에서도 차이점이 확인된다. 갈돌과 갈판 등 크기가 크고 무거운 석기는 제주도 내에서 획득할 수 있는 현무암 등의 석재가 주로 이용되었지만 타제석촉과 첨두기 등 소형석기는 제주도 외부에서 반입된 혼펠스, 반려암, 석영 등이 중심을 이루고 있다. 즉 반입석재의 원산지로 추자도와 남해안 일대로 보고 있어 초창기단계에 남해안과 일정한 관계망을 가졌던 것으로 볼 수 있다.

(2) 초창기단계의 석기제작 특징

초창기단계의 석기제작은 격지제작과 자갈돌몸돌제작 등 2가지로 나눌 수 있다(그림5-1).

격지제작은 후기구석기시대 석기제작전통의 계승과 변용, 소멸이라는 측면에

---

435 원석은 2가지로 나눈다. 석기의 겉면에 물 또는 바람 등 자연에 의해 원마된 흔적(자연면)이 남아 있는 경우에는 자갈돌원석이라 하고, 원석의 양상을 정확하게 알 수 없는 경우에는 기타원석이라 한다.

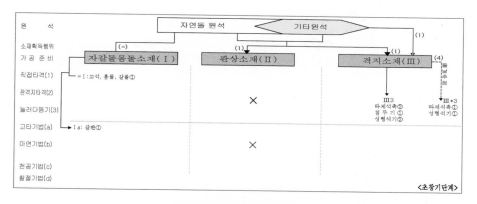

원 석 : 자연돌 원석 / 기타원석 (1)

소재획득행위
가공 준비 : 자갈돌몸돌소재(Ⅰ) (=) / 판상소재(Ⅱ) (1) / 격지소재(Ⅲ) (1) (4)

직접타격(1) : = Ⅰ:고석, 홈돌, 갈돌①

잔격지타격(2)

눌러다듬기(3) : Ⅲ3 타제석촉② 찔 두기 ① 성형석기② / Ⅲ*3 타제석촉① 성형석기①

고타기법(a) : Ⅰa: 갈판①

마연기법(b) : ×

천공기법(c)

활절기법(d) : ×

〈초창기단계〉

〈그림 5-1〉 초창기단계의 석기제작

서 접근할 수 있다. 돌날추정소재가 타제석촉에서 확인되고 있기 때문에 후기구석기시대의 석기제작전통을 계승한 것이지만 동일한 석기 기종에서 다른 격지소재를 활용하고 있기 때문에 전형적인 후기구석기시대 석기제작과 구별된다. 이것은 자연환경 변화에 따라 석기제작도 전통을 모티브로 하여 새로운 기술적인 변화가 이루어지는 것으로 이해할 수 있다. 그리고 조기단계 이후로 이러한 제작방법은 새로운 석재(흑요석, 사누카이트 등)로 바꾸어 나가면서 지속적으로 나타난다. 그리고 자갈돌몸돌제작에서는 자연면이 남아있는 원석을 그대로 사용하거나 사용면에 대한 최소한의 가공을 통해 석기를 만드는 방법으로 갈돌과 갈판, 고석, 홈돌 등에서 확인된다.

정리하면 초창기의 석기제작의 특징은 후기구석기시대 석기제작전통의 계승과 소멸(돌날추정소재), 기술적용의 변용(격지소재로 기술적용의 확산), 자갈돌소재의 최소가공 활용이라는 3가지로 정리된다. 이것은 구석기시대 최말기와 신석기시대 초창기는 기술적인 전통이 단절적이지 않고 지속되고 있는 것을 보여준다. 즉 석기의 기술적인 제작양상으로 보면 집단이 새롭게 교체되는 것이 아니라 홀로세 환경변화에 따라 토착집단이 적응하는 것으로 이해할 수 있다.

2) 조기단계의 석기 제작방법과 특징

(1) 조기단계의 기종별 석기의 제작방법

신석기시대 조기단계는 해수면이 현재보다 아래에 자리하고 있지만 지속적으로 상승하는 시기이다. 유적은 남부해안권역과 동해안권역에 분포하고 있다. 석기구성은 초창기단계에서 확인되는 타제석촉과 첨두기, 성형석기, 갈돌과 갈판, 홈돌, 고석 등이 있고 새롭게 작살, 어망추, 찍개, 굴지구류 등의 타제석기와 석촉과 석창, 결합식조침축부, 석도, 석추 등 마제석기가 출현한다. 이를 기종별로 검토하면 〈표5-3〉과 같다.

그리고 석기 기종별 제작방법을 정리하면 〈표5-4〉와 같이 자갈돌몸돌소재, 판상소재, 격지소재 등 3가지로 나누어진다.

〈표 5-3〉 조기단계의 기종별 석기의 제작방법

	타제석기	마제석기	고타석기
전시기에 확인된 제작방법	타제석촉②, 첨두기①② 성형석기②		갈돌①, 갈판① 고석①
새로운 제작방법	어망추①②, 작살① 성형석기③, 찍개① 굴지구류①②	석촉①, 석창①② 결합식조침축부①, 석추①, 석도①, 석부①②, 석착①	

먼저 자갈돌몸돌소재는 초창기단계에서 확인되는 자연면이 남아있는 자갈돌을 그대로 활용하는 갈돌과 갈판, 고석이 여전히 존재한다. 여기에 새로운 석기 기종으로 어망추와 첨두기, 찍개, 굴지구류, 석부와 석착 등이 추가되고 있다. 또한 자연면을 직접타격으로 박리하여 몸돌로 삼고 이를 제작하는 양상도 석추와 결합식조침축부 등에서 관찰되고 있다. 이 점은 초창기단계에서 나타나는 전통적인 제작방법을 바탕으로 형태잡기를 적극적으로 시도하고 있다. 즉 새로운 기종의 등장에 따라 형태잡기를 위한 적극적인 대처로서 잔격지타격과 마연기법 등을 활용하고 있다.

그리고 판상소재는 굴지구류와 석촉과 석창 등에서 이용되었다. 판상소재는 사암, 천매암, 셰일, 혼펠스 등 퇴적변성암계로 변성된 압력의 정도에 따라 석재의 종류차가 있지만 모두 층리면(層理面)[436]이 발달된 석재이다. 그래서 석재의 물리적 특성에 따라 제작하기 쉬운 납작한 형태의 석기 기종에 적용되고 있다. 즉 도구 형태가 납작하고 판판한 모습을 가지는 형태를 원했을 때 층리면을 따라 평행으로 벗겨지기 쉬운 성질을 가진 판상소재를 이용하게 된다. 또한 판상소재는 주변에서 쉽게 구할 수 있는 석재로 획득이 용이하고 다른 석재에 비해 강도가 약하기 때문에 마연기법을 통해 쉽게 갈려지는 특성도 있다. 이처럼 조기단계에서는 새로운 석기 기종에 맞는 소재를 적극적으로 활용하였다.

〈표 5-4〉 조기단계의 석기제작방법과 종류

	원석 (석재획득)	소재 획득 행위	가공준비 (소재)	직접 타격	잔 격지 타격	눌러 떼기	고타 기법	마연 기법	천공 기법	찰절 기법	제작 양상	완 성 (석 기)
1	판석형/봉형 원석(채집)	=	자갈돌(I)								I	고석①, 갈돌①
2	자갈돌원석	=	자갈돌(I)	1→							I1	어망추②, 쩍개①
3	자갈돌원석	=	자갈돌(I)	1→	2→						I12	굴지구류①
4	자갈돌원석	=	자갈돌(I)	1→			a→	b→			I1ab	석부②
5	봉형 자갈돌원석	=	자갈돌(I)	1→	2→		a→	b→			I12ab	석부①, 석착①
6	자갈돌원석	=	자갈돌(I)				a→				Ia	어망추①, 갈판①
7	기타원석	1⇒	몸돌(I)	1→				b→		d→	I1bd	결합식조침축부①, 석추①
8	기타원석	1⇒	판상(II)	1→	2→						II12	굴지구류②
9	기타원석	1⇒	판상(II)		2→			b→			II2b	석창②
10	기타원석	1⇒	판상(II)					b→	c→		IIb(c)	석촉①, 석창①, 석도①
11	기타원석	1⇒	격지(III)	1→	2→						III12	성형석기③
12	기타원석	1⇒	격지(III)		2→						III2	첨두기②
13	기타원석	1⇒	격지(III)			3→					III3	타제석촉②, 첨두기① 작살①, 성형석기②

(*의미 : = 동일(변형없음), ⇒ 행위를 통해 얻어진 석기, → 기술행위)

436 층리면은 위아래로 압력을 받아 구성물질이 횡방향으로 길게 줄이 가있는 평면의 경계면으로 흔히 퇴적암에서 나타나는 지질 용어이다. 고고학에서는 켜면이라고 한다.

격지소재는 초창기단계의 석기 기종을 그대로 이용되고 있어 제작방법은 동일하다. 다만 석재는 유적주변에서 획득하기 용이한 혼펠스 등의 석재를 활용하고, 기술적으로는 잔격지타격이 새롭게 추가된다. 이점은 역시 전통적인 제작방법을 새로운 석재에 적용하는 과정에서 나타난 현상이라 하겠다.

(2) 조기단계의 석기제작 특징

조기단계의 석기제작은 소재에 따라 자갈돌몸돌제작, 판상제작, 격지제작 등 3가지로 나눌 수 있다(그림5-2).

먼저 자갈돌몸돌제작은 3가지 흐름이 있는데 형태마련을 위한 직접타격의 적용양상에 따라 나누어진다. 첫째는 봉형 또는 판형의 자갈돌에 고타와 마연을 실시하는 방식으로 원석과 석기의 형태가 거의 동일하다. 사용면이 최소 가공된 갈판, 어망추 등이 해당된다. 둘째는 가장 일반적인 석기제작 흐름이다. 직접타격으로 형태를 마련하고 잔격지타격으로 미세조정을 실시한 이후에 필요에 따라 고타와 마연을 실시하는 방식이다. 어망추, 굴지구류, 석부가 적용양상에 따라 각각 확인된다. 그리고 셋째는 직접타격으로 자갈돌 원석의 겉면을 박리하여 몸돌이나 조각돌을 획득하고 이를 마연기법으로 제작하는 경우로 석추와 결합식조침축부가 있다.

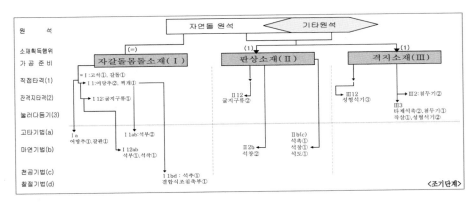

〈그림 5-2〉 조기단계의 석기제작

판상제작 역시 3가지 흐름이 있다. 첫째는 소재에 잔격지타격을 통해 석기를 완성하는 경우로 굴지구류가 해당된다. 둘째는 잔격지타격후에 조각돌을 획득하여 곧바로 마연기법을 적용하는 경우로 석창이 있다. 셋째는 적당한 크기의 판상조각돌을 수습하여 직접타격 없이 곧바로 마연기법을 이용하는 방식으로 석촉과 석창, 석도 등 소형석기 제작에 활용된다.

격지제작은 2가지의 흐름이 있는데 하나는 초창기단계에서 확인되는 방식으로 잔손질을 적용하는 타제석촉과 작살 등이 있고, 다른 하나는 직접타격과 잔격지타격 등을 통해 미세가공을 시도하는 경우로 성형석기에서 새롭게 나타난다. 역시 소형석기의 제작에 효율적인 방법으로 전통적인 제작양상에 더하여 새로운 제작방법이 추가되고 있다.

이상으로 조기의 석기제작 특징을 정리하면 초창기단계에 비해 다음과 같은 차이점이 있다. 첫째는 자갈돌소재에 대한 기술적용이 다양해진다. 자갈돌소재에 대한 기술적용 확대는 전시기에 비해 자갈돌을 그대로 사용하는 것에서 벗어나 직접타격, 잔격지타격의 기술적용을 통해 제작자가 원하는 형태조정이 이루어진다. 둘째는 돌날소재를 이용한 제작방법은 사라지고 새로운 판상소재를 활용한 제작방법이 시작된다. 굴지구류 석기와 같이 도구자체의 두께가 일정하고 판판한 모양이 필요해지면서 제작기술의 효과성을 확보하기 위해 판상소재의 활용이 이루어진다. 이것은 굴지구류 석기에서 보다 명확하게 드러나는데 굴지구류①은 자갈돌소재에 대한 기술적용의 강화판이지만 자갈돌원석의 형상과 크기가 석기제작자가 원하는 필요한 모양-일정한 두께의 판판한 형태-을 만들기에는 재료 수급과 제작 효율성이 떨어진다. 이에 굴지구류②와 같이 판상소재를 활용하게 된다. 이후 판상소재에 활용한 굴지구류 석기는 지속적으로 증가하지만 자갈돌몸돌소재를 활용한 굴지구류석기는 수량변화가 크지 않고 일정하다는 점에서 석기제작의 효율성이 높다는 것을 보여준다.

그리고 마지막으로는 마연기법을 통한 석기제작방법의 등장으로 석촉, 석창,

석도, 결합식조침축부 등 다양한 석기 기종에서 마연기법을 적용하고 있다.

3) 전기단계의 석기 제작방법과 특징

(1) 전기단계의 기종별 석기의 제작방법

전기단계의 기종별 석기를 보면 〈표5-5〉과 같다. 석기구성은 이전 시기부터 확인되는 첨두기와 타제작살, 어망추, 찍개 등의 타제석기와 석촉과 석창 등의 마제석기 그리고 갈돌과 갈판의 고타석기가 있다. 여기에 전기에는 새롭게 원반형석기와 석겸, 석도 등의 기종이 추가되면서 석기의 기종별 제작방법도 변화가 나타난다.

〈표 5-5〉 전기단계의 기종별 석기의 제작방법

	타제석기	마제석기	고타석기
초창기 · 조기단계에 확인된 제작방법	타제작살①, 어망추② 찍개①, 굴지구류①②	석촉①, 석창①② 결합식조침축부① 석부①, 석착①	갈돌①, 갈판① 고석①, 홈돌①
전기단계의 새로운 제작방법	석도형석기①②③ 원반형석기①② 굴지구류③, 타제석겸①	석도② 석겸①	갈돌② 갈판②

이를 정리하면 〈표5-6〉과 같이 15가지의 제작방법이 확인된다. 자갈돌몸돌 소재는 7가지의 제작이 있는데 이전 시기에 비해 갈돌②와 갈판②를 제작하는 양상이 추가된다. 그리고 나머지 원반형석기①와 석도형석기①은 새로운 제작 방법이지만 기존의 제작방법을 활용하고 있다. 판상소재는 4가지의 제작방법이 있다. 석도형석기②와 석겸①, 석도① 제작방법은 조기단계의 석기제작에 추가 되고 있다.

그런데 격지소재는 이전 시기와 달리 새로운 제작방법이 기종별로 출현한다. 원반형석기②와 타제석겸①, 석도형석기③와 굴지구류③ 등은 새로운 기종으로 중·대형격지를 박리하여 소재로 삼고 있다. 이것은 소형격지를 소재로 삼아서 제작을 하는 이전 시기의 격지제작과는 확연히 차이가 있는 기술적인 변화라 할 수 있다.

	원석 (석재획득)	소재 획득 행위	가공준비 (소재)	직접 타격	잔 격지 타격	눌러 다듬 기	고타 기법	마연 기법	천공 기법	찰절 기법	제작 양상	완 성 (석 기)
1	판석형/봉형 원석(채집)	=	자갈돌(I)								I	고석①, 홈돌①, 갈돌①
2	자갈돌원석	=	자갈돌(I)	1→							I1	어망추②, 원반형석기①, 찍개①
3	자갈돌원석	=	자갈돌(I)	1→	2→						I12	굴지구류①, 석도형석기①
4	판석형/봉형 원석(채집)	=	자갈돌(I)	1→	2→		a→				I12a	갈돌②, 갈판②
5	봉형 자갈돌원석	=	자갈돌(I)	1→	2→		a→	b→			I12ab	석부①, 석착①
6	자갈돌원석	=	자갈돌(I)				a→				Ia	갈판①
7	기타원석	1⇒	몸돌(I)	1→				b→		d→	I1bd	결합식조침축부①
8	기타원석	1⇒	판상(II)	1→	2→						II12	굴지구류②, 석도형석기②
9	기타원석	1⇒	판상(II)		2→			b→			II2b	석창②,
10	기타원석	1⇒	판상(II)		2→			b→	c→		II2bc	석도②
11	기타원석	1⇒	판상(II)					b→			IIb	석촉①, 석창①, 석도①, 석겸①
12	기타원석	1⇒	격지(III)	1→	2→						III12	원반형석기②
13	기타원석	1⇒	격지(III)	1→	2→	3→					III123	타제석겸①
14	기타원석	1⇒	격지(III)		2→						III2	석도형석기③, 굴지구류③
15	기타원석	1⇒	격지(III)			3→					III3	타제작살①

(*의미 : = 동일(변형없음), ⇒ 행위를 통해 얻어진 석기, → 기술행위)

(2) 전기단계의 지역별 제작방법

신석기시대 전기단계는 토기양식에 따라 크게 2개의 그룹으로 나누어진다. 하나는 중서남부권역을 중심으로 하는 침선문계토기양식을 가진 그룹이고 다른 하나는 남부해안권역과 제주도권역에서 자돌압인문계토기양식을 가진 그룹이다.

각 그룹은 생업에 있어 비중의 차이가 있다. 침선문계그룹은 전기단계에 해수면이 현재와 유사해지면서 새롭게 등장한 집단으로 잡곡농경에 대한 생계양식을 가지고 있다. 이에 반해 자돌압인문계그룹은 조기단계에서부터 이루어진 바다자원을 활용하는 생계양식을 그대로 유지하고 있다. 즉 조기단계에 남부해안권역에 자리한 유적분포와 동일한 점과 토기문양에서도 융기문계토기양식에서 자돌압인문계 토기양식으로 점진적인 변화가 나타나는 점[437]에서 이를 확인할 수 있다.

각 그룹간의 석기제작방법을 살펴보기 위해 유적간의 기종별 제작방법을 정리하면 〈표5-7〉과 같다. 침선문계그룹은 이전 시기의 제작방법에서는 자갈돌몸돌소재와 판상소재를 활용하고 있지만 격지소재는 확인되지 않는다. 그렇지만 새로운 제작방법에서는 (중·대형)격지소재를 통해 굴지구류③ 등에서처럼 제작방법의 변화를 주거나 석도형석기③ 등과 같이 격지소재를 새롭게 활용하고 있다. 자돌압인문계그룹은 자갈돌몸돌소재를 활용하고 판상소재와 격지소재는 굴지구류와 작살 등 일부 기종에서만 확인되는데 조기단계에서부터 확인되는 제작방법이다. 그리고 새로운 제작방법은 역시 이전 시기와 동일한 소재를 주로 활용되지만 기종별로 제작방법이 소량 변화된다.

〈표 5-7〉 전기단계의 그룹간 석기 기종별 제작방법

	이전 시기에 확인된 제작방법			전기단계의 새로운 제작방법		
	자갈몸돌소재	판상소재	격지소재	자갈몸돌소재	판상소재	격지소재
침선문계	어망추②, 석부① 굴지구류①, 고석① 찍개①, 석착① 갈돌①, 홈돌①, 갈판①	굴지구류② 석촉① 석창①②		석도형석기① 갈돌① 갈판② 원반형석기①	석도② 석겸①	굴지구류③ 석도형석기③ 원반형석기② 타제석겸①
자돌압인문계	어망추②, 석부① 굴지구류①, 고석① 결합식조침축부①	굴지구류②	작살①	석도형석기① 갈돌① 갈판②	석도형석기②	

2개의 그룹에서 확인된 제작방법은 석기 기종에 따라 제작방법의 변화가 일부 확인되지만 대부분은 동일한 제작방법이 많다. 그런데 격지소재를 활용하는 측면에서는 그룹간의 차이가 명확하다. 침선문계그룹은 전기단계에 들어서서 격지소

---

437 장은혜(2013)는 남해안지역의 조·전기토기의 문양인 융기문과 자돌압인문가 단절적이지 않고 점진적인 과정을 거쳐 변화가 이루어졌다고 한다(2013, 「남부지역 신석기시대 조·전기토기 전환과정 연구」, 부산대학교대학원 석사학위논문).

재를 통한 제작방법이 확인되지만 자돌압인문계그룹은 조기단계에 확인되는 작살
①을 제외하고는 격지소재가 확인되지 않는다. 즉 격지소재를 활용하는 측면에서
침선문계그룹은 새로운 제작방법을 가지고 있지만 자돌압인문계그룹은 이전 시기
의 제작방법을 그대로 활용하거나 변용하는 것으로 집단의 연속성을 보여준다.

그리고 격지소재의 크기를 세부적으로 보면 자돌압인문계그룹의 작살①은 소
형격지를 활용하고 있지만 침선문계그룹의 굴지구류③과 석도형석기③, 원반
형석기②, 타제석겸① 등은 모두 중 · 대형격지를 소재로 이용하고 있다. 즉 초
창기와 조기단계의 격지소재는 소형격지를 소재로 삼고 잔손질 등을 통해 타제
석촉 등의 소형석기를 완성하였다면 전기단계에 등장하는 침선문계그룹에서는
중 · 대형격지를 박리하여 소재로 삼고 잔격지타격 등을 통해 석기를 완성하는 새
로운 제작방법이 확인된다.

정리하면 전기단계의 석기제작은 자갈돌몸돌소재와 판상소재에서 제작방법이
추가되거나 변화가 이루어지고 있지만 격지소재에서는 침선문계그룹에서 이전
시기에 비해 중 · 대형격지를 획득하여 소재로 삼고 이것을 활용하는 새로운 제작
방법이 나타난다.

(3) 전기단계의 석기제작 특징

석기제작은 소재에 따라 자갈돌몸돌제작, 판상제작, 격지제작 등 3가지로 대별
된다. 자갈돌몸돌제작은 조기단계와 동일하게 3가지의 흐름이 있다. 첫째는 봉형
또는 판형의 자갈돌에 고타와 마연을 실시하는 것이고 둘째는 원석을 직접타격으
로 형태를 마련하고, 잔격지타격으로 미세조정을 실시한 이후에 필요에 따라 고
타와 마연을 실시하는 것이다. 그리고 셋째는 직접타격으로 자갈돌의 겉면을 박
리하여 몸돌이나 조각돌을 획득하고 마연기법으로 제작하는 경우이다.

그리고 판상제작 역시 3가지 흐름이 있다. 첫째는 소재에 잔격지타격을 통해
석기를 완성하는 경우로 굴지구류와 석도형석기가 있다. 둘째는 석재 편에 잔격

지타격으로 형태를 조정하고 마연기법을 적용하는 방식이다. 셋째는 잔격지타격을 하지 않고 적당한 크기의 석재편에 곧바로 마연기법을 실시하는 방식이다. 둘째와 셋째는 석창과 석도 등 소형석기 제작에 적합하다.

격지제작은 3가지의 흐름이 있다. 하나는 첨두기와 성형석기②에서 잔손질을 적용하는 방식이고 다른 하나는 직접타격과 잔격지타격 등을 통해 미세가공을 시도하는 방식이다. 원반형석기와 타제석겸 등에 이용되었다. 마지막은 석도형석기③과 굴지구류③에서처럼 잔격지타격을 통해 제작되는 방식이 있다(그림5-3).

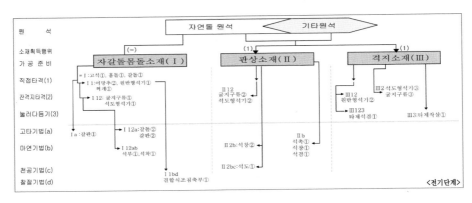

〈그림 5-3〉 전기단계의 석기제작

이상으로 전기단계의 석기제작 특징을 정리하면 2가지가 있다. 첫째는 해수면이 안정이 되면서 중서남부권역을 비롯한 강안의 내륙지역에서 새롭게 유적이 입지하면서 새로운 기종이 출현하고 제작방법의 다양화가 나타난다. 석도형석기, 원반형석기, 석겸 등 석기 기종의 등장과 함께 자갈돌소재의 갈돌②와 갈판② 등에서 형태 조정 이후의 제작방법의 변화가 시작된다. 또한 판상소재의 석도② 등에서 보듯이 기존의 제작방법에 새로운 제작방법이 추가하면서 석기제작의 다양화가 나타난다.

둘째는 격지소재의 활용 변화이다. 초창기단계에서 조기단계까지는 격지소재를 소형의 석촉과 석창, 성형석기 등에 활용하였지만 전기단계에 들어서면 중·대형격지(횡장박편, 종장박편)를 박리하여 소재로 삼고 잔격지타격을 적용하는 제작방법의 변화가 나타난다. 즉 석도형석기③, 원반형석기③과 같은 석기 기종의 제작에 활용하거나 굴지구류③ 등과 같이 제작방법을 추가하는 방식이 나타난다.

4) 중기의 석기 제작방법과 특징

(1) 중기단계의 기종별 석기의 제작방법

석기 기종별 제작방법을 보면 〈표5-8〉과 같다. 석기구성은 이전 시기부터 확인되는 어망추, 굴지구류, 석촉, 갈돌 등이 모두 확인되지만 새로운 제작방법은 성형석기와 석착 등을 제외하고는 변화가 거의 없다.

〈표 5-8〉 중기단계의 기종별 석기의 제작방법

	타제석기	마제석기	고타석기
전시기에 확인된 제작방법	어망추②, 굴지구류①②③ 첨두기①,②③, 찍개① 석도형석기①②③ 타제석촉②, 타제작살①	석촉①, 석창① 석부①②, 석착① 석겸①, 석도①② 결합식조침축부①	갈돌①② 갈판①② 고석①
새로운 제작방법	성형석기④	석착②	

제작방법을 세부적으로 〈표5-9〉와 같이 15가지 제작방법으로 정리되는데 전시기에 확인된 제작방법과 거의 유사한 양상이다. 자갈돌몸돌소재는 8가지의 제작방법이 있는데 조기단계에서 확인되는 석부②를 제외하고는 전기단계와 동일하다. 판상소재는 5가지의 제작방법에 석착②와 성형석기④가 추가되는데 전기단계에 비해 제작방법은 소량 증가한다. 격지소재는 2가지 제작방법이 있다. 전기단계에 비해 원반형석기와 타제석겸 등의 석기 기종은 더 증가하면서 격지소재 활용이 활발해진다.

(2) 중기단계의 지역별 제작방법

유적의 입지에 따른 제작방법을 확인하기 위해 〈표5-10〉과 같이 내륙지역과 도서해안지역으로 구분하였다. 내륙지역은 남부내륙권역의 낙동강지역에 자리한 송죽리와 금강지역의 진그늘이 해당되고, 도서해안지역은 동해안에 자리한 초당동과 남해안의 동삼동이 있다.

〈표 5-9〉 중기단계의 석기제작방법과 종류

	원석 (석재획득)	소재 획득 행위	가공준비 (소재)	직접 타격	잔 격지 타격	눌러 다듬 기	고타 기법	마연 기법	천공 기법	찰절 기법	제작 양상	완 성 (석 기)
1	판석형/봉형 원석(채집)	=	자갈돌(I)								I	갈돌①, 고석①
2	자갈돌원석	=	자갈돌(I)	1→							I1	어망추②, 찍개①
3	자갈돌원석	=	자갈돌(I)	1→	2→						I12	굴지구류①, 석도형석기①
4	판석형/봉형 원석(채집)	=	자갈돌(I)	1→	2→		a→				I12a	갈돌②, 갈판②
5	봉형 자갈돌원석	=	자갈돌(I)	1→	2→		a→	b→			I12ab	석부①, 석착①
6	자갈돌원석	=	자갈돌(I)				a→				Ia	갈판①
7	봉형 자갈돌원석	=	자갈돌(I)	1→			a→	b→			I1ab	석부②
8	기타원석	1⇒	몸돌(I)	1→				b→		d→	I1bd	결합식조침축부①
9	기타원석	1⇒	판상(II)	1→	2→						II12	굴지구류②, 석도형석기② 성형석기④
10	기타원석	1⇒	판상(II)	1→	2→	3→					II123	첨두기③
11	기타원석	1⇒	판상(II)	1→	2→			b→			II12b	석착②
12	기타원석	1⇒	판상(II)		2→			b→	c→		II2b(c)	석도②
13	기타원석	1⇒	판상(II)					b→			IIb	석창①, 석촉①, 석도①, 석겸①
14	기타원석	1⇒	격지(III)		2→						III2	첨두기② 석도형석기③, 굴지구류③
15	기타원석	1⇒	격지(III)			3→					III3	타제석촉②, 첨두기① 타제작살①

(*의미 : = 동일(변형없음), ⇒ 행위를 통해 얻어진 석기, → 기술행위)

자갈돌 몸돌소재		전시기에 확인된 제작방법			중기단계의 새로운 제작방법		
		판상소재	격지소재	자갈돌 몸돌소재	판상소재	격지소재	
내륙지역	송죽리	굴지구류① 석부①, 석착① 갈돌①, 갈판①② 고석①, 어망추②	석촉① 굴지구류② 석도형석기② 첨두기③	굴지구류③ 석도형석기③			
	진그늘1기	굴지구류① 석부①, 석착① 갈돌②, 갈판②, 고석①	석촉① 굴지구류② 석도형석기② 석겸①, 석창①	굴지구류③ 석도형석기③			
해안도서지역	초당동	결합식조침축부① 굴지구류① 고석①, 석부①② 갈돌①②, 갈판①, 어망추②	석촉① 석도형석기② 석겸①	굴지구류③		석도②	
	동삼동3기	결합식조침축부① 굴지구류① 고석①, 석부① 석도형석기① 갈돌②, 갈판② 쩍개①	석촉① 굴지구류② 석도①	굴지구류③ 타제석촉② 타제작살① 첨두기①② 석도형석기③		성형석기④ 석착②	

　내륙지역의 2개 유적의 제작방법을 보면 어망추, 첨두기, 석겸, 석창을 제외하고는 모두 동일한 제작방법이 확인된다. 그리고 제작방법도 모두 전기단계 이전에 확인되고 새로운 제작방법은 나타나지 않고 있다. 이들 유적은 모두 잡곡농경에 대한 비중이 높은 생업경제를 가지고 있다. 그리고 도서해안지역의 제작방법을 보면 자갈돌몸돌소재는 어망추와 쩍개를 제외하고 거의 유사한 양상이지만 판상소재와 격지소재는 차이가 있다. 특히 격지소재는 동삼동유적에서 이전 시기에 확인되는 타제석촉과 타제작살, 첨두기 등의 제작방법이 지속적으로 나타나고 있어 전통을 계승하고 있는 것을 볼 수 있다. 하지만 동해안의 초당동유적에서는 굴지구류만이 있어 제작방법의 전통성은 확인되지 않는다. 즉 남해안의 동삼동유적은 전기단계의 자돌압인문계 석기제작을 전통성으로 하고 새로운 침선문계 석기제작방법을 수용하고 있지만, 동해안의 초당동은 중기단계의 침선문계의 확산과 더불어 이전 시기의 제작방법보다는 침선문계의 제작방법을 그대로 사용하고 있다.

한편 중기단계에 새로운 제작방법은 석도와 성형석기, 석착 등에서 확인된다. 특징적인 점은 내륙지역에서는 새로운 제작방법이 없지만 해안지역에서는 판상소재에서 제작방법의 변화가 나타나고 있다. 아마도 판상소재의 활용에 대한 석기 기종의 다양한 변화로 이해된다.

(3) 중기단계의 석기제작 특징

이전 시기와 동일하게 자갈돌몸돌제작, 판상제작, 격지제작 등 3가지 체계가 있다. 자갈돌몸돌제작은 3가지의 흐름이 있다. 판상제작 역시 3가지 흐름이 있는데 전기단계와 일부 기종에 따른 차이가 있을 뿐이지 거의 동일한 양상을 가진다. 그런데 격지제작은 이전 시기와 달리 2가지의 제작흐름이 있다. 하나는 격지 파편을 소재로 삼고 이것에 그대로 잔손질을 추가하는 방식(Ⅲ3)이다. 타제석촉과 첨두기, 작살 등에서 확인된다. 다른 하나는 잔격지타격을 실시하여 석도형석기와 석창을 제작하는 방식(Ⅲ2/Ⅲ2b)이 있다. 전기단계와 달리 직접타격을 통해 형태를 조정하는 방식이 보이지 않는다(그림5-4).

정리하면 중기단계의 석기제작의 특징은 새로운 제작방법이 크게 드러나지 않

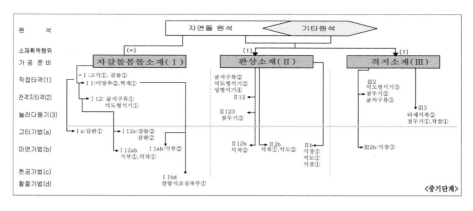

〈그림 5-4〉 중기단계의 석기제작

고 이전 시기에 나타나는 제작방법이 그대로 활용되고 있다. 다만 내륙과 도서해안지역에서 기종별 제작방법에 약간의 차이가 있지만 소재 활용의 변화로 이해할 수 있다. 즉 중기의 석기제작은 유적의 입지와 상관없이 모든 유적에서 이전 시기의 석기제작방법을 그대로 수용하고 있다. 이것은 아마도 중기단계에 침선문계그룹의 확산과 관련된 것으로 새로운 제작방법을 그대로 수용하거나 전통적인 제작방법에 새로운 제작방법을 추가하는 방식으로 이루어진 것으로 이해할 수 있다.

5) 후기단계의 석기 제작방법과 특징

(1) 후기단계의 기종별 석기의 제작방법

후기단계의 기종별 석기는 〈표5-11〉과 같다. 석기제작방법은 석도③을 제외하고 이전 시기에 모두 확인된다. 타제석기는 12개의 제작방법이 있고, 마제석기는 9개의 제작방법이 있다. 그리고 고타석기는 5가지 제작방법이 확인된다.

후기단계의 제작방법을 세부적으로 정리하면 〈표5-12〉와 같이 15가지가 있다. 소재에 따라 3가지로 나누어지는데 고석, 어망추, 굴지구류, 갈돌, 석부 등 자갈돌몸돌소재를 이용한 제작방법이 8가지가 있고, 석촉, 석창, 원반형석기, 석도형석기 등 판상소재를 이용한 제작방법이 4가지이다. 그리고 격지소재는 3가지가 있는데 소형과 중·대형격지 등이 모두 확인된다. 석도③을 제외하고는 모두 중기 이전 단계에 확인된 제작방법이다.

〈표 5-11〉 후기단계의 기종별 석기의 제작방법

	타제석기	마제석기	고타석기
전시기에 확인된 제작방법	어망추②, 성형석기② 석도형석기②③ 찍개①, 굴지구류①②③ 원반형석기② 타제석촉②, 타제작살①	석촉① 석창①② 석부①②, 석착①④, 석도①	갈돌①②, 갈판①②, 고석①
새로운 제작방법		석도③	

2) 후기단계의 지역별 제작방법

각 유적의 제작방법을 <표5-13>과 같이 3개 구역으로 나누었다. 중부는 중서남부권역에 속하는 중산동과 동해안권역의 철통리가 있다. 남부는 남부내륙권역 낙동강지역의 상촌리와 남부해안권역의 동삼동이 있고, 제주도권역의 성읍리가 있다.

먼저 중부에 속하는 유적을 보면 자갈돌몸돌소재는 동일한 제작방법이 있지만 판상소재와 격지소재는 중산동유적에서만 확인된다. 제작방법도 납작한 자연면이 있는 원석을 소재로 삼고 외연부에 직접 마연기법을 통해 제작하는 석도③을 제외하고는 모두 이전 시기에 확인된 제작방법이다. 특히 동해안권역은 후기단계에 이르면 유적의 분포가 급격히 감소하는데 석기구성과 함께 제작방법도 단조로워지고 있다.

〈표 5-12〉 후기단계의 석기제작방법과 종류

	원석 (석재획득)	소재 획득 행위	가공준비 (소재)	직접 타격	잔 격지 타격	눌러 다듬 기	고타 기법	마연 기법	천공 기법	찰절 기법	제작 양상	완 성 (석 기)
1	판석형/봉형 원석(채집)	=	자갈돌(I)								I	고석①, 갈돌①
2	자갈돌원석	=	자갈돌(I)	1→							I1	어망추①, 찍개①
3	자갈돌원석	=	자갈돌(I)	1→	2→						I12	굴지구류①
4	판석형/봉형 원석(채집)	=	자갈돌(I)	1→	2→		a→				I12a	갈돌②, 갈판②
5	봉형 자갈돌원석	=	자갈돌(I)	1→	2→		a→	b→			I 12ab	석부①, 석착①
6	자갈돌원석	=	자갈돌(I)				a→				Ia	갈판①
7	봉형 자갈돌원석	=	자갈돌(I)	1→			a→	b→			I1ab	석부②
8	기타원석	=	자갈돌(I)					b→			Ib	석도③
9	기타원석	1⇒	판상(II)	1→	2→						II12	굴지구류②, 석도형석기②
10	기타원석	1⇒	판상(II)	1→	2→			b→			II12b	석착②
11	기타원석	1⇒	판상(II)		2→			b→			II2b	석창②
12	기타원석	1⇒	판상(II)					b→			IIb	석촉①, 석창①, 석도①
13	기타원석	1⇒	격지(III)	1→	2→						III12	원반형석기②
14	기타원석	1⇒	격지(III)		2→						III2	석도형석기③, 굴지구류③
15	기타원석	1⇒	격지(III)			3→					III3	타제석촉②, 타제작살①, 성형석기②

(*의미 : = 동일(변형없음), ⇒ 행위를 통해 얻어진 석기, → 기술행위)

		전시기에 확인된 제작방법			후기단계의 새로운 제작방법		
		자갈돌 몸돌소재	판상 소재	격지 소재	자갈 몸돌소재	판상 소재	격지 소재
중부	중산동	어망추②, 석부①② 갈돌②, 갈관② 고석①	석촉① 석창①	석도형석기③	석도③		
	철통리	어망추②, 석부② 갈돌①					
남부	상촌리	어망추② 굴지구류① 석부①, 고석① 갈돌②, 갈관②	굴지구류② 석도① 석도형석기②	석도형석기③			
	동삼동 4·5기	어망추② 굴지구류① 석부①, 고석① 갈돌②, 갈관② 찍개①, 석착②	굴지구류② 석창②	석도형석기③ 타제석촉② 굴지구류③ 타제작살① 성형석기② 원반형석기②			
제주도	성읍리	굴지구류① 석부①, 고석① 갈돌①, 갈관① 석착①,		석도형석기③			

남부는 내륙과 해안지역의 2개 유적을 비교하였다. 제작방법은 모두 이전 시기에 확인되었는데 자갈돌몸돌소재의 경우 찍개와 석착을 제외하고 모두 동일한 제작방법이다. 그리고 판상소재와 격지소재는 기종별 차이에 따른 제작방법이 다르게 나타나지만 공통적인 제작방법도 있는 점에서 내륙과 해안지역 모두 동일한 제작방법을 가지는 것으로 이해할 수 있다. 그리고 남해안과 교류양상을 가진 제주도의 석기 제작도 거의 동일한 양상이 나타나고 있다.

정리하면 후기단계의 지역별 제작방법은 석기 기종에 따라 일부 차이가 있지만 전반적으로 동일한 제작방법을 가진 것으로 볼 수 있다.

3) 후기단계의 석기제작 특징

후기단계의 석기제작은 자갈돌몸돌제작, 판상제작, 격지제작 등이 있다(그림

5-5). 각 석기제작은 모두 3가지의 흐름을 가진다. 먼저 자갈돌몸돌제작은 직접타격 없이 고타와 마연을 하거나 직접타격 후 고타 없이 마연을 시도하는 방식이 있다. 그리고 전형적인 방식으로 직접타격, 잔격지타격을 거쳐 형태를 다듬고 고타와 마연으로 표면을 정리하는 방식도 있다.

판상제작은 판상의 파편을 곧바로 마연하거나 일부 잔격지타격을 통하여 형태를 다듬고 마연하는 2가지 방식이 있다. 그리고 마지막으로 직접타격과 잔격타격을 통하여 형태를 조정하고 인부 등을 손질한 이후 마연기법을 적용하여 석기를 완성하는 전형적인 석기제작의 흐름도 있다.

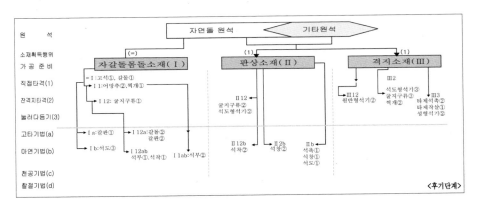

〈그림 5-5〉 후기단계의 석기제작

격지제작은 중기단계에서 확인되는 격지 파편를 소재로 삼고 격지에 그대로 잔손질을 추가하여 제작하는 방식(Ⅲ3)과 잔격지타격을 실시하여 제작하는 방식(Ⅲ2) 등 2가지의 제작 흐름이 있다. 그리고 추가적으로 전기단계에서 확인되는 직접타격과 잔격지타격을 통해 석기를 완성하는 방식도 있다.

이처럼 후기단계의 제작방법은 석기 기종별 제작방법에 따라 일부 차이가 있지만 전반적인 제작방법은 이전 시기의 제작방법을 지속적으로 활용하고 있다.

6장. 신석기시대 석기 제작체계와 변천

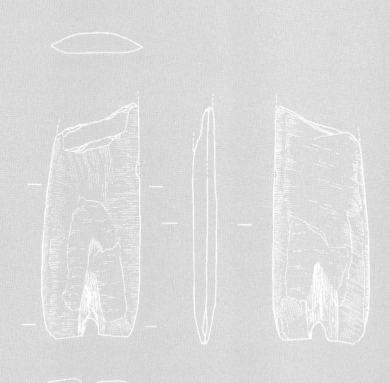

1. 석기제작체계의 종류와 특징

1) 석기제작체계의 종류

한국 신석기시대 석기제작방법을 정리하면 〈표6-1〉과 같다. 그리고 가공준비 (몸체) 상태에 따라 3가지의 제작체계로 나눌 수 있다. 첫째는 자갈돌을 그대로 사용하거나 최소한의 제작-원석의 표면을 박리하여 원하는 몸돌로 형태조정한 상태-을 통해 석기를 만드는 자갈돌몸돌제작체계이다. 둘째는 층리면이 발달된 원석을 채집하거나 수직타격 등을 통해 판판하고 납작한 판상을 원석에서 획득하여 소재로 삼고, 이후 크기와 형태를 조정하고 인부에 대한 미세가공을 통해 석기를 만드는 판상제작체계이다. 셋째는 원석에서 중·대형 또는 소형격지를 획득하고 이 격지를 미세가공하여 석기를 제작하는 격지제작체계이다.

각 제작체계를 세부적으로 살펴보면 자갈돌몸돌제작체계는 9가지의 제작방법이 있다. 각 제작은 봉형 또는 판석형, 납작한 자연자갈돌 등의 원석을 채집하여 가공하지 않고 그대로 소재를 삼았다. 원석의 특징은 자연에 노출되어 원마된 자연면을 가지고 있다. 즉 이 제작체계는 제작 초기부터 석기의 크기와 형태에 맞는 석재를 채집하여야 한다. 왜냐하면 원석을 최소가공하기 때문에 어망추, 고석, 갈돌 등에서 보듯이 석기 자체의 형태와 크기가 변화되지 않기 때문이다. 그리고 직접타격(큰격지타격)과 잔격지타격이 이루어진 석부에서 보듯이 대체로 원석의 형태를 최대한 반영하고 있다.

즉 석기완성에 있어 형태를 중요시하는 석기에 주로 활용된 제작체계라 할 수 있다.

<표 6-1> 신석기시대 석기제작체계와 종류

	원석 (석재획득)	소재 획득 행위	가공준비 (소재)	직접 타격	잔격지 타격	눌러 떼기	고타 기법	마연 기법	천공 기법	찰절 기법	제작 양상	완 성 (석 기)
1	판석형/봉형 원석(채집)	=	자갈돌(Ⅰ)								Ⅰ	갈돌①, 고석①, 홈돌①
2	자갈돌원석	=	자갈돌(Ⅰ)	1→							Ⅰ1	어망추②, 찍개①, 원반형석기①
3	자갈돌원석	=	자갈돌(Ⅰ)	1→	2→						Ⅰ12	굴지구류①, 석도형석기①
4	판석형/봉형 원석(채집)	=	자갈돌(Ⅰ)	1→	2→		a→				Ⅰ12a	갈돌②, 갈판②
5	자갈돌원석	=	자갈돌(Ⅰ)	1→			a→	b→			Ⅰ1ab	석부②
6	봉형 자갈돌원석	=	자갈돌(Ⅰ)	1→	2→		a→	b→			Ⅰ12ab	석부①, 석착①
7	기타원석	1⇒	몸돌(Ⅰ)	1→				b→		d→	Ⅰ1bd	결합식조침축부①, 석추①
8	자갈돌원석	=	자갈돌(Ⅰ)				a→				Ⅰa	어망추①, 갈판①
9	기타원석	=	자갈돌(Ⅰ)	1→				b→			Ⅰb	석도③
10	기타원석	1⇒	판상(Ⅱ)	1→	2→						Ⅱ12	굴지구류②, 석도형석기② 성형석기④
11	기타원석	1⇒	판상(Ⅱ)	1→	2→			b→			Ⅱ12b	석착②
12	기타원석	1⇒	판상(Ⅱ)	1→	2→	3→					Ⅱ123	첨두기③
13	기타원석	1⇒	판상(Ⅱ)		2→			b→			Ⅱ2b	석창②
14	기타원석	1⇒	판상(Ⅱ)		2→			b→	c→		Ⅱ2bc	석도②
15	기타원석	1⇒	판상(Ⅱ)					b→	c→		Ⅱb(c)	석촉①, 석창①, 석도①, 석겸①
16	기타원석	1⇒	격지(Ⅲ)	1→	2→						Ⅲ12	성형석기③, 원반형석기②
17	기타원석	1⇒	격지(Ⅲ)	1→	2→	3→					Ⅲ123	타제석겸①
18	기타원석	1⇒	격지(Ⅲ)		2→						Ⅲ2	첨두기②, 석도형석기③ 굴지구류③,
19	기타원석	1⇒	격지(Ⅲ)			3→					Ⅲ3	타제석촉②, 첨두기① 타제작살①, 성형석기②
20	기타원석	1⇒4	돌날추정(Ⅲ*)			3→					Ⅲ*3	타제석촉①, 성형석기①

(*의미 : = 동일(변형없음), ⇒ 행위를 통해 얻어진 석기, → 기술행위)

판상제작체계는 세부적으로 6가지의 제작방법이 있다. 소재는 원석에서 직접 타격 또는 열처리 방식[438]으로 판상소재을 획득한다.

큰 관점에서 보면 원석에서 몸통 부분을 획득한다는 점은 몸돌제작에 포함될 수 있지만 석재와 소재의 형상이 확연히 다른 부분이 있기 때문에 분리되어야 하겠다. 이 제작체계의 가장 큰 특징은 소재가 일정한 두께를 가지는데, 전반적으로 납작하며 판판하다는 것이다. 즉 소재 획득 후 두께를 조정할 필요 없이 곧바로 원하는 형태나 날을 만들기에 효과적이기 때문에 완성된 석기의 형상도 일정한 두께를 가진 양면이 판판한 석기제작에 주로 이용된다. 석기종류는 판상소재에 직접타격과 잔격지타격을 통해 제작한 판판한 굴지구류, 석도형석기, 석시 등 타제석기와 최소한의 타격에 고타와 마연이 가미된 석촉, 석창, 석겸 등 마제석기가 있다.

격지제작체계는 5가지 제작방법이 있다. 이 체계는 원석에서 소형 또는 중·대형격지를 박리하여 소재로 삼고 가장자리를 가공하여 석기를 완성한다. 격지소재는 타격각도[439]와 힘의 강약에 따라 긴격지(橫長薄片)와 옆격지(終長薄片)를 박리할 수 있다. 격지의 형태는 타격면(굽)이 두텁고 반대편은 날카로운 끝을 형성한다. 그래서 이 제작체계는 타격면을 대체로 손잡이로 하고 격지끝(위끝)을 인부로 활용하는 경우가 많다. 즉 격지의 일부를 가공하거나 잔손질하여 완성한 긁개, 밀개 등 성형석기와 작살, 석창 등이 있다. 격지소재는 대체로 소형이다. 이에 반해 두터운 타격면을 직접타격과 잔격지타격을 통해 형태와 두께를 조정하는 방식

---

438 일본의 경우 頁巖(셰일계)에 열을 가해 석기제작 가능성을 보여준 사례가 있다. 각 석재에 따라 차이가 있지만, 최적 가열 온도인 약 300~500도의 열을 지속적으로 전달한 다음 냉각 후 타격을 하면 격지타격이 용이하다(大沼克彦,『日本舊石器時代の細石刃製作用岩石加熱處理に關する硏究』, 國土館大學 イラク古代文化硏究, 1996).

439 일반적으로 격지각이 대상물과 망치의 내리치는 각도로 둔각으로 치면 옆격지(횡장박편)가 나오고, 직각에 가깝게 내리치면 긴격지(종장박편)가 만들어진다. 그래서 두께를 조정하거나 격지 자체를 얻기 위해서는 긴격지를 떼어내고, 소재 자체를 조정하기 위해서는 옆격지를 떼어내어 자연면을 벗겨낸다.

으로 완성한 석겸, 굴지구류 등이 있다. 이 경우는 격지소재가 중·대형의 격지를 기반으로 하는데 전기단계부터 확인된다.

한편 격지제작체계 속에 돌날추정소재에 대한 제작방법이 포함되어 있다. 이 제작방법은 돌날몸돌에서 간접타격을 통해 돌날소재를 획득하고 여기에 잔손질을 시도하는 것으로 소량의 타제석촉, 성형석기 등이 있다. 이 방법은 초창기에서 확인되는 것으로 좀돌날몸돌과 돌날 등과 함께 후기구석기시대 석기제작 전통의 잔존으로 볼 수 있겠다.

정리하면 신석기시대 석기제작체계는 3가지의 제작체계와 20가지의 제작방법으로 나누어진다. 각 제작체계는 5~9가지의 제작방법을 가지고 있다. 신석기시대의 석기는 특정한 제작체계에 편중되지 않고 석기형상에 따라 암질과 제작방법을 선택하여 적용하고 있다.

2) 석기제작체계의 특징

(1) 석기 생산과 석재 선택

석기 생산은 석재의 선택에서부터 시작된다. 석재는 자연과학적인 분석과 주변 지질과의 비교를 통해 원산지와 유통양상을 검토할 수 있다. 근래의 보고서는 석재(암질)에 대한 분석이 기본적으로 언급되어 있기는 하지만 과거의 유적들은 암질이 명확하지 않다. 그래서 현재 제시된 자료를 바탕으로 암질을 살펴보면 천매암, 셰일, 혼펠스, 편암, 편마암, 안산암, 흑요석, 사누카이트 등이 있다. 암질의 종류는 다양하지만 암질의 형성과정과 구성비율 등에 따라 명칭의 차이가 존재한다.

고고학적인 관점에서 암질은 특수한 산지를 가진 암질에 대한 해석과 기종별 석기의 암질선호도에 대한 검토가 중요하다. 먼저 일부 암질(흑요석과 사누카이트 등)들은 주변에서 쉽게 획득할 수 없고 백두산 또는 일본 규슈 등 특정한 장소를 원산지로 한다. 그런데 이들 암질의 출토현황을 살펴보면 주로 남부해안권역에 출토되고 있기 때문에 대한해협을 사이에 두고 일본 구주와 원거리 이동 및 교류에 따른 유통망을 상정할 수 있다[440]. 그리고 기종별 석기의 암질선호도에 대해서는 대체로 유적 주변에서 출토되는 암질을 이용하는데 석재의 물리적인 특성과 석기용도에 따라 암질을 선정하였다.

석재의 물리적 범주는 3가지로 나눌 수 있다. 첫 범주는 석질의 균질함이 동일하여 타격의 강도와 방향에 따라 석기가 깨어지는 양상이 일정한 석재이다. 이 석재는 유문암, 응회암, 흑요석 등으로 돌날몸돌, 돌날, 타제석촉, 첨두기, 석거 등에 주로 이용되었다. 균질한 석질에 강도 역시 강하기 때문에 소형의 타제석기 제작에 주로 이용되었다. 초창기단계의 대부분 석기에 주로 이용되었는데 이후 시기에는 흑요석 등 소량의 석기에서만 관찰된다. 다음 범주는 사암, 천매암, 셰일, 혼펠스 등의 퇴적변성암계로 변성된 압력의 정도에 따라 석재의 차이가 있지만 대체로 층리면(層理面)[441]이 발달된 석재이다. 주로 사용된 석기들은 석촉, 석창, 굴지구류, 석도형석기, 석도 등 납작한 형태를 가진 거의 대부분의 석기 기종에 적용되었다. 이 암질은 석재가 층리면을 따라 평행으로 벗겨지기 쉬운 성질을 가지고 있기 때문에 도구 형태가 납작하고 판판한 모습을 가지는 형태를 원했을 때 적은 노동력을 통해 원하는 모습을 쉽게 만들 수 있다. 그리고 강안에 자리한 유적 주변에서 쉽게 구할 수 있는 석재이기 때문에 석재획득이 용이하다. 게다가 화산암계에 비해서 상대적으로 강도가 약하기 때문에 마연기법을 통해 쉽게 갈려진다. 이 범주의 암질은 석기제작의 효율성이 좋고 석재의 다용도가 높기 때문에 조기단계 이후로 지속적으로 활용된다. 마지막 범주는 석질의 강도가 단단한 편암, 편마암, 섬록암, 화강암, 안산암 등을 이용한 석부, 갈돌, 갈판 등이 있다. 갈돌과 갈판은 퇴적변성암계를 주로 이용하였다. 편암류는 입자가 세립(細粒)이고 얇은

---

440 흑요석과 사누카이트의 석재들에 대한 해석은 대한해협을 사이에 두고 일본 구주와의 교류 산물로 이해한다(이상균 2003, 하인수 2006).

441 층리면은 위아래로 압력을 받아 구성물질이 횡방향으로 길게 줄이 있는 평면의 경계면으로 흔히 퇴적암에서 나타나는 지질 용어이다. 고고학에서는 켜면이라고 한다.

판 모양으로 쪼개지는 성질(片理 또는 劈開)을 지니고 있으며 입자가 작아 곱게 갈리고, 셰일에 비해 단단하여 오랫동안 쓸 수 있다. 그리고 석부와 석착은 섬록암, 안산암 등이 주로 이용되었는데 강도가 강한 심성암으로 층리가 없고 석질의 구성이 치밀하여 충격에 강하다.

이처럼 신석기시대는 석재 선택에 있어 도구의 쓰임에 따라 제작의 용이성과 도구의 견고성을 염두에 두고 선택하였다. 그리고 이점은 석재의 물리적 특성을 경험적으로 이해하고 석기 용도에 따라 선택하였다는 것을 보여준다.

(2) 신석기시대 석기제작체계와 특징

신석기시대 석기제작 프로세스는 3가지의 제작체계와 기술적인 적용을 통해 나누어 진다(그림6-1). 먼저 원석(석재)은 유적주변에서 수습된 원마된 자갈돌원석을 채집하거나 양상을 알 수 없는 기타 원석으로 나눌 수 있다. 그리고 소재의 가공준비에는 자갈돌을 그대로 이용하거나 최소 제작한 자갈돌몸돌소재가 있고 직접타격(큰격지타격)을 통해 획득한 판상소재와 격지소재가 있다. 그리고 준비된 각 소재는 직접타격, 간접타격, 눌러다듬기의 적용에 따라 형태와 기능속성에 있

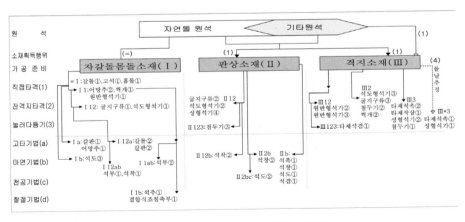

〈그림 6-1〉 신석기시대 석기제작체계도

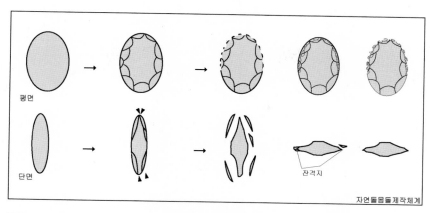

평면

단면

잔격지

자연돌몸돌제작체계

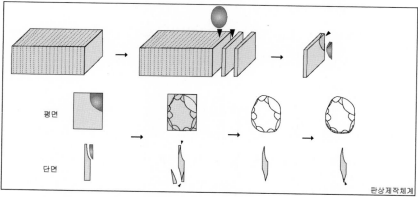

평면

단면

판상제작체계

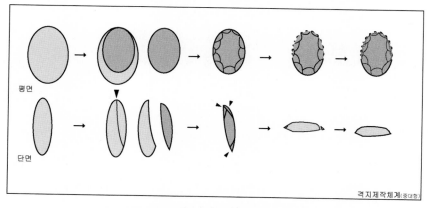

평면

단면

격지제작체계(중대형)

〈그림 6-2〉 신석기시대 석기제작체계의 모식도

어 효율성이 강화된 타제석기가 있고, 고타와 마연, 찰절 등을 통해 석기 표면을 제작한 마제석기가 있다.

자갈돌몸돌제작체계는 3가지의 흐름이 있는데 직접타격의 적용 여부에 따라 나누어진다. 첫째는 납작한 자갈돌을 그대로 마연하는 방식으로 소수의 석기에서만 관찰되기 때문에 특수한 사례로 볼 수 있다. 둘째는 봉형 또는 판형의 자갈돌에 고타와 마연을 실시한 것으로 원석과 석기의 형태가 거의 동일하며 최소한 가공된 갈판, 어망추, 석부 등이 해당된다. 셋째는 가장 일반적인 석기제작 흐름으로 직접타격으로 형태를 마련하고, 잔격지타격으로 미세조정을 실시한 이후 필요에 따라 고타와 마연을 실시한다. 석기는 어망추, 굴지구, 갈돌, 석부가 적용양상에 따라 각각 확인된다. 이처럼 자갈돌몸돌제작체계는 몸통을 주로 이용하기 때문에 용도상 경도가 강한 석기에 활용되거나 장기간 사용이 필요한 석기에 주로 이용되는 제작체계라 할 수 있다.

그리고 판상제작체계 역시 앞의 체계와 같이 직접타격의 적용여부에 따라 3가지가 확인된다. 다만 앞의 체계와 다른 점은 직접타격에서 멈추지 않고 대부분 인부 제작에 활용되었다. 격지제작체계는 직접타격과 눌러다듬기의 적용시점에 따라 3가지 흐름으로 나누어진다. 하나는 소재에 직접타격을 한 이후에 잔격지타격을 실시하는 경우이고 다른 하나는 잔격지타격만 실시하는 경우, 마지막으로는 소재에 곧바로 눌러다듬기를 적용하는 경우이다. 각 제작방법은 석기제작의 목적을 표면정리 보다는 인부(날)생성에 초첨을 맞추고 있다. 따라서 석기 생산과 소비의 서클이 매우 빠르기 때문에 인부가 발달한 소형석기와 소비성이 강한 석기에 주로 활용된다.

각각의 석기제작체계에서 확인된 석기제작 특징을 정리하면 다음과 같다. 첫째, 후기구석기시대 석기제작전통인 돌날제작체계가 초창기단계를 중심으로 확인된다. 이것은 구석기시대와 신석기시대의 기술적인 전통이 단절적이지 않고 지속되고 있는 것을 보여주는 것이다.

둘째, 각 소재의 형상과 석기의 최종 형상이 직접적인 관계를 가진다. 이 점은 신석기시대 석기가 가지는 기본적인 특성으로 소재 형상을 완성된 석기와 최대한 가까운 형태를 선택함으로써 석기제작의 효율성을 강조하고 있다. 즉 석기용도 다변화에 따른 대응으로 기술적인 다양성을 늘리는 것이 아니라 소재의 선택 폭을 넓혀서 기능의 다양화를 극복하고 있다.

셋째, 후기구석기시대와 달리 격지나 돌날을 박리하여 도구를 만들기보다는 몸통 자체를 가공하여 도구를 만들고 있는 것이다[442]. 이점은 후기구석기시대의 석기제작체계에서 처럼 하나의 석재에서 다수의 소재(돌날)를 확보하는 것이 아니라 하나의 석재에서 하나의 석기를 완성하고 있다. 이것은 자칫 효율성의 단순화와 제작기술의 퇴보로 오해될 수 있지만 실질적인 면에서는 각 기능에 적합한 석기를 다양하게 제작하고 있는 것이다. 즉 형태의 규범화와 적합한 제작방법을 통해 석기제작의 효율성을 제시하고 있다.

넷째, 새롭게 판상제작체계가 확립된다. 홀로세의 환경변화에 따라 굴지구류, 석도형석기, 석겸 등 새로운 석기 기종이 추가된다. 이들 석기는 제작편의성을 확보하기 위해 새로운 소재를 선택한다. 이는 환경 및 생업 변화로 인해 새로운 도구가 요구됨에 따라 적합한 석기형태와 제작기술을 필요하게 되었다. 그래서 석기제작의 효율성을 확보하기 위해 소재의 다양화로 판상소재가 이용되었다.

정리하면 신석기시대 석기제작은 완성된 석기에 대한 형태적 정형화(규격화)와 소재의 다양성으로 석기제작체계가 구성된다. 그리고 이것은 석기제작자가 미리 생각해 둔 도구 크기와 형태에 따라 석재를 획득하고 효율적인 제작기술을 적용한다. 이처럼 신석기시대의 석기제작은 노동력을 최소화하고 제작 실패율을 낮

---

442 타제석촉과 작살 등 소형석기는 격지를 통해 제작되고 있지만 전반적인 신석기시대 석기제작과 비교하면 제작 빈도가 적다. 그래서 후기구석기시대와 대비하여 몸통을 활용하는 것을 신석기시대 석기제작의 특징의 하나로 보았다.

추는 효율적인 제작체계를 가지고 있다.

2. 석기제작체계의 전개과정

신석기시대 석기제작체계는 소재와 제작방법에 따라 4단계의 변천이 확인된다. 각 단계별 양상을 유적 분포와의 관계 속에서 변천양상과 원인을 살펴보고자 한다.

1) I 단계(초창기)

시기는 초창기단계에 해당된다. 석기제작은 격지소재와 자갈돌몸돌소재 2가지를 이용하였다. 격지소재는 석촉과 석창, 긁개 등 소형석기를 제작하였는데 일부 소재는 돌날로 추정되기도 한다. 이 중 돌날추정소재는 초창기단계에서만 확인되고 있는데 후기구석기시대 석기제작 전통의 계승과 소멸이라는 측면에서 접근할 수 있다. 또한 같은 맥락으로 석촉과 석창 등 돌날이 아닌 격지로 소재를 달리하는 제작방법은 전통을 모티브로 한 새로운 기술의 응용이라 할 수 있다. 그리고 자갈돌몸돌소재는 갈돌과 갈판, 홈돌, 고석 등에 이용되었는데 자연 상태의 원석을 그대로 활용하거나 사용면에 대한 최소한의 가공을 실시하였다. 그런데 2가지의 소재는 석기 크기와 암질이 서로 상관관계를 가진다. 격지소재는 소형석기의 제작에 사용되지만 자갈돌몸돌소재는 중·대형의 석기에 주로 이용되었다. 또한 암질의 수급에 있어서도 격지소재는 추자도와 남해안 주변을 산지로 둔 반면에 자갈돌몸돌소재는 제주도 내의 석재를 주로 이용하는 특징이 있다.

이러한 제작방법의 원인을 살펴보기 위해 초창기유적의 분포양상을 검토하였다(그림6-2). 초창기유적은 현재로서는 제주도권역에서만 확인된다[443]. 당시의 해

---

443 유경식타제석촉과 유엽형첨두기 등 전환기에 관련된 새로운 석기가 한반도 내륙지역에서도 출토

수면은 현재에 비해 50~20m에 낮은 지점에 형성되었을 것으로 추정된다. 그래서 현재의 수심을 따라 수중등고선을 설정하면 동해안지역과 남해안서부지역에서는 해수변의 변동이 크게 나타나지 않지만 중국의 동쪽과 한반도 서쪽이 자리한 황해에서는 크게는 약 100km까지 육지화되었다(그림6-3). 이 해안선은 현재의 한반도와 제주도 사이의 거리보다 짧아진 거리이기 때문에 제주해협을 통해 충분히 신석기인들이 왕래하였다고 볼 수 있다. 특히 제주도에서 무동력의 테우를 노젓기로 남해안까지 4~5일 소요되는 점과 가시거리가 남해안의 도서지역을 충분히 인지할 수 있다는 점에서 당시의 제주도는 독립된 섬이 아니라 한반도와 유기적으로 연결되는 장소라 할 수 있다[444]. 그렇지만 제주도 초창기단계의 신석기인들이 남해안으로 왕래하는 양상과 방향성이 어떠했는지는 알 수 없다. 다만 제주도권역의 초창기 기원에 대한 선행 연구를 통해 그 양상을 엿볼 수 있다. 초창기단계의 기원은 2가지 견해가 있다. 하나는 외부유입설이다. 이 견해는 유입방향에 따라 세분되는데 아무르강 하류에서 동해안을 통해 남하하는 경우[445]와 황해벌판(평원)의 강줄기를 따라 남하하는 경우[446]가 있다. 그리고 다른 하나는 후기구석기인들이 홀로세 환경변화에 따라 잔존하여 적응하는 과정에서 나타난 양상으로 재지설이 있다.

필자는 두 견해에서 제시된 재지설과 외부유입설이 혼합된 입장이다. 즉 해수면 상승으로 황해벌판에 생존한 후기구석기인들이 제주도지역에 정착하여 생존

되고 있다. 하지만 이 석기들에 대한 명확한 연구가 아직 이루어지지 않았기 때문에 본고에서는 초창기단계의 석기에서는 배제한다. 차후에 형태와 기술, 층위 검토 등이 이루어지길 기대한다.

444 이영덕, 2004, 「전남 남해안과 제주도 신석기토기의 접촉과 전개양상」, 『한국신석기연구』8, 한국신석기학회.

445 이동주, 2009, 「동북아시아 초기신석기문화의 형성과 전개」, 『문물연구』10, 동아시아문물연구학술재단 동아시아문물연구소.

446 강창화, 2002, 「제주 초기 신석기문화의 형성과 전개」, 『해양교류의 고고학』26회 한국고고학전국대회 발표집, 한국고고학회.

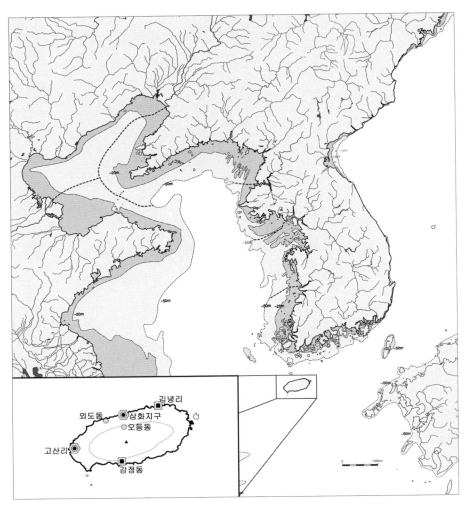

<그림 6-3> 초창기단계의 유적분포와 해안선 추정

하다가 한반도 남해안지역에서 남하한 집단이 합류한다고 본다. 그 근거는 (좀)돌날몸돌 등의 후기구석기시대 전통으로 제작된 석기가 토기와 함께 출토되고 있다는 점과 고산리식토기의 기형이 평저의 심발형 무문양토기라는 점에서 외부에서

소수 집단의 남하를 상정할 수 있다. 평저토기는 동일 시기의 주변지역과 비교하면 중국 장강하류의 남쪽에서는 원저계 토기가 출토되고, 일본 구주에서는 심발형의 원저토기가 출토된다[447]. 고산리식토기의 평저계 무문토기는 동일 위도상에서는 출토되지 않는 양식으로 북쪽지역(아무르강유역)에서 동해안을 따라 남하하고 남해안을 거쳐 유입되었다고 볼 수 있다.

이처럼 I 단계는 홀로세가 되면서 점차 온화해진 기후와 해수면이 상승하는 시기로 자연적인 환경변화가 극심하게 이루어졌다. 그래서 후기구석기시대 석기제작 전통을 가진 토착적인 집단이 제주도 외부의 남해안지역과 교류를 통해 석재를 수급하면서 서로 관계를 가졌을 것이다. 이것은 석기제작에서도 드러나는데 후기구석기시대 석기제작전통의 계승과 소멸(돌날추정소재), 기술적용의 변용(격지소재로 기술적용의 확산), 자갈돌소재의 최소제작 활용이라는 측면에서 이해할 수 있다.

2) II 단계(조기)

II 단계는 조기단계에 해당된다. 석기제작은 이전 시기에 비해 3가지 변화가 나타난다. 첫째, 자갈돌소재에 대한 기술적용이 다양해지고 새로운 기종이 등장한다. 자갈돌소재에 대한 기술적용 확대는 전시기에 비해 자갈돌을 그대로 사용하는 것에서 벗어나 직접타격, 잔격지타격 등의 기술적용을 통해 제작자가 원하는 형태조정이 이루어진다. 첨두기①②, 찍개①, 굴지구류①, 마제석부① 등에서 그 양상이 확인된다. 또한 새로운 기종인 결합식조침축부①와 석추①, 마제석착①이 나타난다. 둘째는 새로운 판상소재의 등장이다. 굴지구류와 같이 도구자체의 두께가 일정하고 판판한 모양이 필요해지면서 제작기술의 효과성을 확보하기 위해

---

447 정한덕 편저, 2000, 『중국 고고학 연구』, 학연문화사, p99.
    정한덕 편저, 2002, 『일본의 고고학』, 학연문화사, p65.

판상소재를 활용한다. 굴지구류②는 납작하고 판판한 자갈돌소재의 확보가 어려운 상황을 극복하고자 판판한 모양의 판상소재를 활용하고 있다. 셋째는 마연기법을 통한 석기제작이 본격화된다. 마제석촉, 마제석창, 마제석도, 결합식조침축부 등의 다양한 기종에서 마연기법을 적용하고 있다.

이러한 II단계의 석기제작의 변화는 유적의 분포와 그룹간 관계망을 통해 접근해 볼 수 있다(그림6-4).

조기단계 유적은 남해안서부지역과 동해안지역, 제주도지역에 유적이 분포하고 있다. 해수면은 지속적으로 상승하는 시기이지만 현재 해수면보다는 조금 낮은 지점에 해안선이 펼쳐졌을 것이다. 유적분포로 살펴보면 조기단계 전반에는 남해안지역을 중심으로 융기문계토기라는 일군의 토기군을 공유하고 있지만 지역적으로 동삼동1·2유형, 세죽유형, 범방유형, 연대도유형이라는 지역성을 가지고 있다. 그리고 이들 유형은 시간적으로 동삼동1형(1단계)⇒세죽형⇒동삼동2형(2단계)⇒범방형(3단계)⇒연대도형⇒종말기형(4단계) 등 4단계로 변천하고 있다[448].

그런데 융기문계토기의 변화상은 석기제작과 조합상에서는 드러나지 않는다. 다만 유적분포에서는 일정한 분포지역을 중심으로 집단 영역을 가지고 동일한 문화를 공유하는 관계망이 형성하고 있다. 이 영역의 중심에는 지역성을 가진 가그룹유적이 자리한다. 중심 유적간의 직선상 거리는 약 30km으로 이격되어 있어 집단의 공간적인 범위를 살펴볼 수 있다[449].

---

448 하인수 1단계를 융기문토기의 발생기로 보고 중심연대를 기원전 5700~5500년으로 추정하였고, 2단계는 동해안계 토기문화와 접촉이 진행되면서 동해안으로 확산되는 시기로 기원전 5400~5200년이 중심년대로 보았다. 3단계는 범방형 융대문과 채색토기 굴곡형토기가 등장하는 시기로 연대도, 비봉리, 범방유적을 통해 기원전 5200~4800년이라고 하였다. 4단계는 변형융기문토기가 성행하는 시기로 영선동식토기 편년을 통해 중심년대를 기원전 4800~4500년으로 추정한 바 있다(2014, 「남해안지역 융기문토기의 편년」, 『한국 신석기문화의 양상과 전개』, 서경문화사(중앙문화재연구원 편)).

449 수렵채집집단의 연중 활동범위는 열대환경에서는 남북 약 30km로 나타나지만 위도가 높은 지역에서는 그 범위가 넓다(콜린렌프류·폴반 지음/이희준 역, 2006, 『현대 고고학의 이해』, 사회평

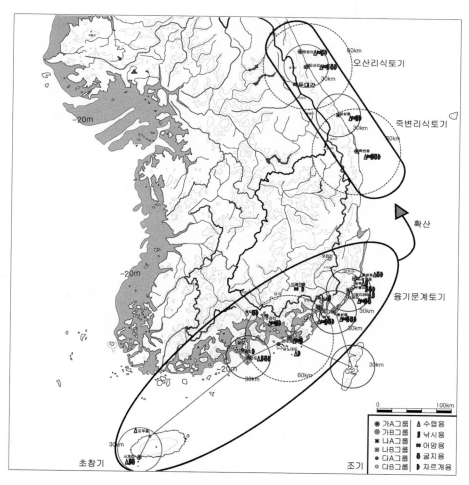

<그림 6-4> 조기단계의 유적분포와 관계망

그리고 동해안에서는 이른 시기에 지역성을 가진 평저계 죽변리식토기와 오산
리식토기가 자리한다. 죽변리식토기는 죽변동유적에 분포하고 오산리식토기는

론, pp196).

북쪽을 약 140km가량 직선상으로 이격된 문암리와 오산리에서 출토되고 있다. 거리상으로 남해안지역과 비교해보면 원거리이기 때문에 이른 시기부터 차별적인 집단성이 토기양식으로 표출된다. 하지만 조기단계의 어느 시점에 이르면 남해안지역에서 유행하고 있는 융기문계토기양식이 북상하면서 토기양식의 변화가 이루어지고 있어 남해안지역과의 집단 이동 또는 교류 등을 통해 관계망이 형성되고 있다.

이처럼 조기단계의 초반에는 남해안과 동해안에서 각각 지역성을 가진 집단이 중심을 이루고 발전하다가 후반에 이르면 남해안집단이 동해안으로 확산되면서 관계망이 형성된다. 하지만 석기제작에 있어서는 동해안과 남해안의 차이가 확인되지 않는다. 이점은 아마도 동일한 생업양상에 따른 동일 석기의 사용과 더불어 석기의 형태적인 변화가 크지 않았기 때문으로 판단된다.

정리하면 II단계는 이전 단계에 비해 자갈돌 소재에 대한 기술적용의 다양화, 판상소재의 적용, 마연기법이 활성화되는 변화상이 남해안과 동해안 모두 동일하다. 아마도 동일한 생계방식 속에서 집단교류가 활발하게 이루어지면서 석기제작방법을 공유한 것으로 볼 수 있겠다.

3) III단계(전기)

III단계는 편년상으로 전기단계에 해당된다. 석기제작은 2개 지역을 중심으로 각각 다른 제작방법이 확인된다. 먼저 조기단계부터 유적이 분포하고 있는 남해안지역의 석기제작은 변화가 없이 이전 시기의 제작방법이 지속된다. 그런데 중서남부권역에 새롭게 자리한 침선문계토기양식을 가진 집단은 2가지 점에서 새로운 양상이 확인된다. 하나는 새로운 석기 기종의 등장과 함께 제작방법의 다양화가 나타나고, 다른 하나는 (중·대형)격지소재 활용이다. 세부적으로 보면 첫째는 해수면 안정되면서 한강유역과 서해 경기만에 유적이 입지하면서 새로운 기종이 출현하면서 제작방법이 다양화된다. 즉 석도형석기, 원반형석기, 석겸 등 석기 기종의 등장과 자갈돌소재의 갈돌②과 갈판② 등 석기 기종의 제작변화, 자연면을 박리한 몸돌(몸통)을 가공한 석착, 판상소재의 석도에서 보듯이 기존의 제작방법에 새로운 제작방법이 추가되면서 석기제작의 다양화가 증가한다. 둘째는 이전 단계의 격지소재는 석촉과 석창, 성형석기 등 소형석기 제작에 활용되었지만 이 단계에서는 중·대형격지를 박리하여 소재로 삼고 석기를 제작하는 특징이 있다. 석도형석기와 원반형석기 등의 새로운 기종과 이전 단계에서도 출토되고 있는 기종인 굴지구①②와 달리 새로운 굴지구③ 등에서 중·대형격지를 소재로 삼고 석기를 제작하는 양상이 확인된다.

그런데 이러한 제작방법은 두지역 집단의 성격과 관련된다. 전기단계는 해수면이 현재와 비슷해지는 시기이다. 토기양식에 따른 유적분포를 보면 크게 2개의 그룹으로 나누어진다(그림6-5). 하나는 중서남부권역을 중심으로 하는 원저의 침선문계토기양식을 가진 그룹이고 다른 하나는 남부해안권역과 제주도권역에서 융기문계토기양식을 대신하여 자돌압인문계토기양식으로 변화하는 그룹이다.

침선문계그룹은 전기단계에 경기만지역과 한강유역을 중심으로 성장한 이후에 동쪽과 남쪽으로 영향력(교류)이 확장된다. 경기만의 운서동, 한강지역의 암사동과 미사리는 모두 가그룹으로 약 30km 이격되어 있고 이들 유적을 중심으로 직선상으로 연결하면 경기만을 통한 서해안지역과 한강유역을 따라 형성된 관계망을 확인할 수 있다. 이에 반해 자돌압인문계그룹은 조기단계에 유적분포와 가그룹 유적이 거의 동일하게 나타나고 있어 집단의 존속성이 그대로 유지되고 있다.

특히 석기조합에 있어서 어로구의 비율이 좀 낮아지는 것을 제외하고 거의 동일하다. 또한 토기 문양의 변화에서도 융기문계→자돌압인문계로 점진적인 변화과정이 확인된다[450].

---

450 장은혜는 남해안지역의 조·전기토기의 문양인 융기문과 자돌압인문이 단절적이지 않고 점진적인 과정을 거쳐 변화가 이루어졌다고 하였다(2013, 「남부지역 신석기시대 조·전기토기 전환과정

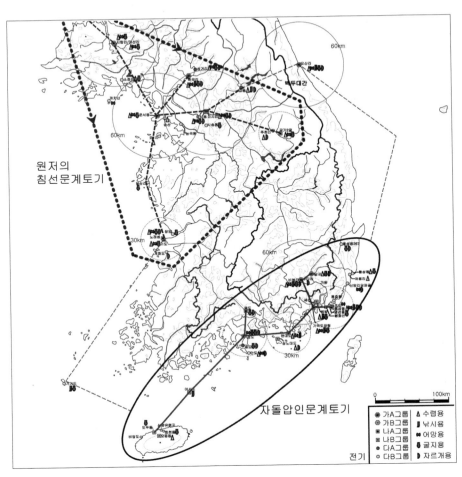

원저의
침선문계토기

자돌압인문계토기

전기

범례	
● 가A그룹	▲ 수렵용
◐ 가B그룹	↓ 낚시용
▣ 나A그룹	◑ 어망용
▦ 나B그룹	◐ 굴지용
◎ 다A그룹	
○ 다B그룹	▶ 자르개용

〈그림 6-5〉 전기단계의 유적분포와 관계망

이상으로 Ⅲ단계는 2개 그룹이 지역을 달리하여 분포하고 있다. 침선문계그룹
은 중서남부권역을 중심으로 하여 남쪽과 동쪽으로 교류양상이 이루어진다. 이

연구」, 부산대학교대학원 석사학위눈문) 이것은 문화의 동질성을 가진 집단이 전기단계에서 외부
의 영향을 수용하면서 점진적으로 변화가 이루어진다는 것을 보여주는 사례라 할 수 있다.

들은 잡곡농경의 비중이 높은 생업양상과 새로운 석기 기종과 제작기술을 가지고 있다. 이에 반해 자돌압인문계그룹은 남해안에 분포하는데 조기단계와 문화적 동질성을 가지고 있다. 이러한 그룹간의 차이는 석기제작에서도 드러난다. 남해안의 동삼동과 비봉리에서는 이전 단계의 제작방법을 그대로 수용하면서 일부 제작방법의 변화가 드러나지만 중서남부권역의 암사동과 운서동Ⅰ유적에서는 석도형석기, 원반형석기, 석겸 등 새로운 기종이 등장함에 따라 제작방법의 변화가 이루어진다. 또한 형태적인 변화가 야기되면서 석기제작의 다양성이 증가한다. 그리고 격지소재의 활용에 있어 이전 시기에 비해 중·대형격지를 획득하고 이를 적극적으로 도구제작에 활용하는 양상이 나타난다. 이처럼 Ⅲ단계는 소재의 적극적 활용과 제작방법의 다양화를 통해 신석기시대에 출토되는 대부분 석기 제작방법이 확립되는 시기라고 하겠다.

4) Ⅳ단계(중·후기)

Ⅳ단계는 제작방법의 변화가 없는 중기와 후기단계에 해당된다. 이 단계에서는 새로운 제작방법이 크게 드러나지 않지만 내륙과 해안 등에서 동일한 석기제작방법이 확인되고 있다. 물론 석도와 같이 일부 유적에서 제작방법이 추가되거나 갈판 등과 같은 기종에서 형태변화-양끝이 돌출된 형태-가 일반화가 확인되지만 모두 이전 시기의 제작방법의 지속 또는 확대되는 것으로 볼 수 있다.

중기단계의 유적분포와 문화양상은 2가지의 변화가 있다. 하나는 전시기의 다양한 토기양식이 청천강 이남에서 원저의 침선문계문양을 가진 토기로 통일되는 것이고 다른 하나는 전시기에 비해 내륙지역으로 강가를 따라 유적이 확산되면서 유적 분포가 증가하는 것이다. 2가지의 변동은 모두 잡곡농경과 관련되어 접근할 수 있지만 그 확산방향과 방법은 차이가 있다(그림6-6·8).

선행연구에 따르면 침선문계토기의 확산은 중서남부권역에서 한강유역을 따라 동쪽으로 이주하고 다시 동해안변을 따라 남하하면서 남해안서부지역에 이르

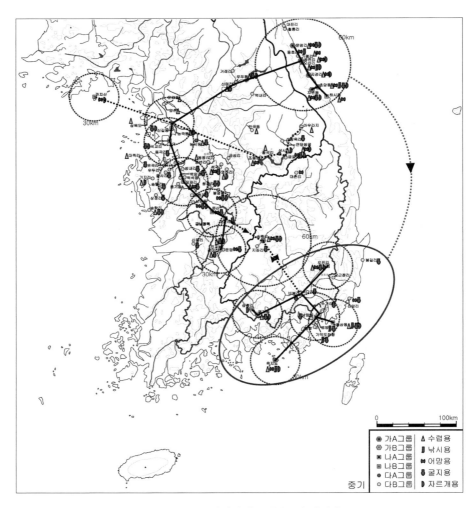

〈그림 6-6〉 중기단계의 유적분포와 관계망

고, 여기서 적응과정을 거쳐 내륙으로 이주가 이루어진다[451]. 이 견해는 확산양상

---

451 송은숙, 2002, 「한국 빗살무늬토기 문화의 확산과정 연구」, 서울대학교 박사학위논문.

　　송은숙, 2010, 「한국 빗살무늬 토기의 확산과정」, 『이주의 고고학』34회 한국고고학전국대회 발표에 있어서 타당한 면이 있지만 그 확산방향에 있어서 다른 가능성도 존재한다. 이 것을 유적 관계망을 통해 검토하면 2가지 방향이 확인된다. 동쪽 방향은 기존의 견해로 중서남부권역에서 동해안을 거쳐 남해안으로 확산되는 방향이 있다.

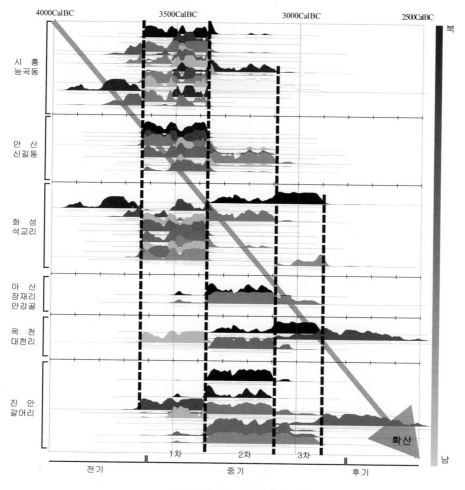

〈그림 6-7〉 절대연대자료로 본 유적의 확산 양상

집, 한국고고학회.

그리고 다른 방향은 중서남부권역에서 당진아산만지역을 거치고 금강유역을 따라 남하하면서 최상류(진안군 일대)에 이르는 방향을 제시할 수 있다. 중서남부권역에서는 능곡동이 가그룹 유적으로 확인되지만 남쪽으로 차례대로 신길동, 석교리, 장재리 안강골, 둔산, 대천리, 갈머리와 진그늘유적 순으로 모두 나그룹유적이 나타난다. 유적들의 선후관계는 절대연대자료를 종합하여 제시하면 대체로 3구간으로 나눌 수 있고 각 구간에 따라 남쪽에 자리한 유적의 연대가 자리한다(그림6-7).

이들 유적의 석기구성은 모두 굴지구류, 석도형석기 등 채집농경구를 바탕으로 하고 있어 잡곡농경을 중심으로 형성된 유적임을 알 수 있다. 그리고 주거지 출토 양상과 형태도 유사한 점이 많기 때문에 동일한 생계방식을 가진 집단이라 할 수 있다. 유적의 양상은 전기단계에 비해 상대적으로 나그룹 유적이 많고 각 유적이 약 30km 이내에 분포하고 있는 특징이 있다. 이들 유적을 직선으로 연결해 보면 남북방향으로 나타난다. 즉 경기만에서 당진아산만을 거쳐 충청내륙을 지나 금강 중류, 금강최상류로 연결된다. 이러한 유적분포에 따른 관계망은 아마도 잡곡농경에 따른 유적 확산과 방향을 보여준다고 할 수 있다. 그리고 일정 간격을 두고 주변에 다그룹 유적이 자리하고 있는 것은 소규모 집단의 이동과 관련된다. 이점은 취락구성에서 전기단계보다 중기단계의 취락이 단독 또는 소량의 주거지만 모여 유적이 형성되고 있다는 사실을 통해 간접적으로 확인할 수 있다.

한편 각 그룹의 확산양상은 차이가 있다. 먼저 내륙루트는 남쪽의 내륙을 따라 금강유역으로 이동하였는데 집단이주를 통해 이루어졌을 것이다. 그리고 동해안 루트는 중부내륙권역과 동해안을 거쳐 남해안으로 남하하고 다시 내륙으로 확산되는데 동해안까지는 집단이주가 중심을 이루지만 동해안에서 남해안까지는 선주민과 교류가 이루어지거나 소규모집단의 이주가 대등하게 나타났을 것이다. 그리고 이 과정에서 적응을 거친 남해안지역의 소규모집단이 이주와 교류를 통해 분포범위가 확장되었을 것이다. 이점은 전시기의 유적 분포가 전혀 금강지역에서

<그림 6-8> 후기단계의 유적분포와 관계망

확인되지 않다가 갑자기 중기단계에 나타나거나 동해안지역에서 조기단계까지
유적이 활성화되다가 전기단계에 소멸화되고 중기단계 새로운 문화요소-침선문
계토기-와 함께 다시 성행하고 있는 점, 남해안지역에서는 어로방식이 어망법으
로 바뀌거나, 유적 입지가 내만으로 바꾸어지면서 남해안서부지역에 집중 분포하

는 양상 등에서 근거를 삼을 수 있다.

정리하면 중기단계에서는 2가지의 방향에서 침선문계 집단의 확산이 나타난다. 이를 석기제작의 변화에 적용하여 설명하면 전기단계에 중서남부권역에 등장했던 제작방법이 유적확산에 따라 한반도 전역에서 나타나고 있는 것으로 해석할수 있다. 후기단계에서는 확산된 석기제작이 그대로 답습되고 있지만 석도와 같이 유적에 따라 특수성을 가진 제작방법이 일부 추가되거나 갈판 등에서 보듯이 기종별 석기의 형태가 보다 정형화되어지는 경향이 있다. 그렇지만 제작방법은 내륙과 해안지역에서 동일한 제작방법을 가지게 된다.

이처럼 IV단계는 제작방법이 이전 단계와 동일한 양상을 가지고 지역과 입지에 상관없이 확인되는 이유는 침선문계 집단의 확산이 이루어지면서 석기제작방법도 확산되고 통합되었기 때문이다.

3. 신석기시대 석기제작체계의 변천

신석기시대 석기제작체계와 양상을 단계별로 살펴보았다. 이를 간단하게 정리하면 다음과 같다(그림6-9 · 10 · 11).

I 단계는 초창기에 해당되며 제주도권역만 확인된다. 석기제작방법은 격지소재와 자갈돌몸돌소재를 통해 이루어졌는데 후기구석기시대 석기제작과 관련된돌날, 좀돌날몸돌, 스폴, 돌날추정소재가 확인되고 있다. 그리고 타제석촉과 첨두기 등 소형 격지를 통해 제작되는 석기가 확인되고 있어 후기구석기시대 석기제작방법이 격지를 통해 변용된다. 그리고 자연면이 그대로 남아 있는 자갈돌을 소재로 하여 최소 가공한 석기가 활용되는 양상이 갈돌과 갈판, 고석, 홈돌 등에서확인된다. 이러한 제작방법은 아마도 제주도에 남아 있는 재지계 집단이 후기구석기시대 석기제작방법을 유지하지만 어느 시점에 남해안지역과의 교류를 통해

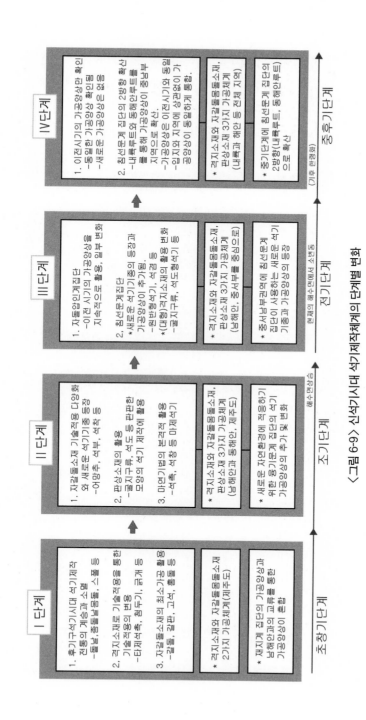

〈그림 6-9〉 신석기시대 석기제작체계의 단계별 변화

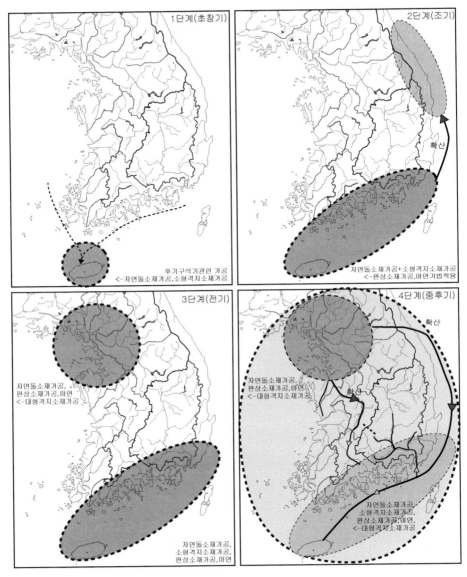

<그림 6-10> 신석기시대 석기제작체계의 시공간적 변화

제작방법이 혼합 또는 변용되는 것으로 추정된다.

Ⅱ단계는 조기에 해당되며 남해안과 동해안, 제주도권역에서 확인된다. 석기제작방법은 이전 시기의 격지소재와 자갈돌몸돌제작체계에 새롭게 판상소재를 이용한 제작체계가 추가된다. 석기제작의 특징은 자갈돌소재에 대한 제작방법의 다양화가 이루어지고, 판판한 모양의 굴지구류 석기를 제작하기 위한 판상소재가 활용된다. 또한 새롭게 마연기법이 본격적으로 적용되면서 타제석기의 수량 감소가 확인된다. 이 단계는 남해안지역에 자리한 융기문계 집단의 확산과 더불어 동일한 제작방법이 나타난다.

Ⅲ단계는 전기에 해당되는데 2개의 지역에서 각각 다른 제작방법이 확인된다. 하나는 융기문계집단이 자리한 남해안지역으로 토기양식이 자돌압인계로 바뀌지만 유적분포와 관계망이 이전 시기와 동일하고 토기문양의 변화도 점진적이기 때문에 동일 집단이 자리하는 것으로 이해된다. 이들 지역에서 확인된 석기제작방법은 이전 단계에 확인된 제작방법을 대부분 지속적으로 사용하고 있고 소량의 기종에서만 소재를 바꾸는 양상이 확인된다. 이에 반해 해수면이 안정화되면서 중서남부권역의 경기만과 한강유역에 등장하는 침선문계 집단의 석기제작은 이전 단계에 비해 2가지 변화가 있다.

하나는 새로운 석기 기종의 등장과 함께 다양한 제작방법이 확인된다. 그리고 둘째는 격지소재의 활용의 변화를 들 수 있다. 기존의 격지소재는 소형격지를 대상으로 하여 잔손질을 통해 석기를 완성하는 방식이라면 이 단계에 확인되는 격지는 크기가 커진 옆격지(횡장박편) 또는 긴격지(종장박편)으로 인부의 제작에 효율적인 제작방법을 제시하고 있다. 이처럼 Ⅲ단계는 소재의 적극적 활용과 제작방법의 다양화를 통해 신석기시대에 출토되는 대부분 석기 제작방법이 확립되는 시기라고 하겠다.

Ⅳ단계는 중·후기단계에 해당된다. 새로운 제작방법은 확인되지 않고 이전 단계의 제작방법을 동일하게 활용하고 있다. 다만 특징적인 점은 내륙과 해안 등 유적의 입지와 지역에 상관없이 제작방법이 동일하다. 이점은 중기단계에 침선문

계 집단이 내륙루트와 동해안루트 등 2개의 방향으로 확산(이주)이 이루어지면서 제작방법도 통합된 것으로 이해한다. 그리고 후기단계 역시 중기단계의 제작방법이 그대로 이용되고 있어 제작방법의 변화가 확인되지 않는다. 다만 일부 유적에서 새로운 제작방법이 확인되지만 유적내 특수한 제작 상황으로 볼 수 있겠다.

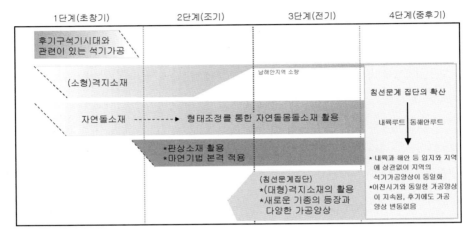

〈그림 6-11〉 신석기시대 석기제작체계의 단계별 모식도

결론적으로 신석기시대 석기제작은 자갈돌몸돌제작체계와 판상제작체계, 격지제작체계 등 3가지의 석기제작체계에 20가지의 제작방법이 있다. 그리고 석기제작은 석기 기종별 제작방법에서 4단계의 변천이 확인된다. Ⅰ단계는 자연환경의 변화에 맞추어 후기구석기시대의 석기제작 전통이 계승되고 변용되면서 신석기시대 석기제작체계가 만들어진다. Ⅱ단계는 새로운 석기 기종의 등장이 나타나면서 잔격지타격, 마연기법 등 제작기술이 추가되고 판상소재를 채택 활용하고 있다. Ⅲ단계는 이전 단계와 달리하여 중서부지역에 분포한 침선문계 집단에서 중·대형격지소재를 활용한 제작방법이 나타난다. 이후 Ⅵ단계는 한국 전역으로 침선문계 집단이 확산되면서 석기제작방법도 동일해지고 있다.

맺음말

신석기시대 석기는 기술, 형태, 기능에 대한 연구가 있다. 이 중 기술적인 연구는 일정기간 동안 특정한 장소에서 석기가 '어떤 방법과 과정'으로 만들었는지를 검토하고 기술과 기능 등을 복원하는 것이다. 먼저 신석기시대 석기 연구현황을 시대 순으로 정리하고, 연구경향을 살펴보았다. 이에 따르면 신석기시대 석기연구는 대부분 개별기종을 형태적으로 연구하거나 유적 또는 지역을 대상으로 석기조성을 연구하는 경향이 중심을 이루었다. 물론 석기연구의 한축으로 기술적인 연구는 소량 이루어졌지만 이마저도 연구범위가 유적단위로 이루어지다 보니 전반적인 신석기시대 석기 기종의 제작방법과 체계에 대한 변화상을 살펴볼 수 없었다. 이에 본고에서는 신석기시대 기종별 석기의 전반적인 제작방법을 파악하고 시기적인 특징과 변화를 살펴보고자 하였다. 이를 위해 9개의 권역과 26개 지역권으로 구분하고, 토기를 중심으로 이루어진 상대편년과 절대연대 그리고 해수면변동, 식생과 기후에 대한 자료를 정리하여 5개의 시간 축을 마련하였다. 또한 석기의 기술적인 연구를 위해 제작에 의한 석기분류를 제시하고 다양한 명칭과 용어를 정리하였다. 그리고 석기의 수량과 다양도를 통해 유적을 3개 그룹으로 나누어 시기별 연구 대상유적을 선정하고 기종별 제작방법과 특징을 분석하였다.

그 결과 신석기시대 석기제작체계는 가공준비(몸체) 상태에 따라 3가지로 나눌수 있었다. 첫째는 자갈돌을 그대로 사용하거나 최소한의 제작을 통해 석기를 만드는 자갈돌몸돌제작체계이고, 둘째는 층리면이 발달된 원석을 채집하거나 수직타격 등을 통해 판판하고 납작한 판상(켜면)을 원석에서 획득하여 소재로 삼고 이것을 크기와 형태를 조정하고 인부에 대한 미세가공을 통해 석기를 만드는 판상제작체계이며, 셋째는 원석에서 중·대형 또는 소형격지를 획득하고 이 격지를 미세가공하여 석기를 제작하는 격지제작체계이다. 제작체계는 총 20가지 양상이 확인되는데 세부적으로 자갈돌제작체계는 9가지의 제작방법이 있고, 판상제작체계는 6가지의 제작방법이 있으며, 격지제작체계는 5가지 제작방법이 확인되었다. 즉 신석기시대 석기제작체계는 3가지의 제작체계와 20가지의 제작방법으로 나누어지며 특정한 제작체계에 편중되지 않고 석기형상에 따라 적절하게 적용되고 있다. 또한 신석기시대 석기제작의 특징은 후기구석기시대와 신석기시대 초창기의 석기제작이 단절적이지 않고 지속되고 있다. 그리고 소재의 형상과 석기의 최종 형상이 최대한 가까운 형태를 선택하여 석기제작의 효율성을 강조하고 있다. 또한 판상소재를 적극적으로 수용하면서 석기제작의 편의성을 확보하고 있다. 즉 신석기시대 석기제작은 완성된 석기에 대한 형태적 정형화와 소재의 다양성으로 석기제작체계가 구성되는 특징을 가지고 있다.

그리고 신석기시대 석기제작체계와 방법을 시기에 따라 살펴본 결과 4단계에 걸쳐 변화상이 확인되었다. Ⅰ단계는 격지제작체계와 자갈돌몸돌제작체계가 확인된다. 격지제작체계는 후기구석기시대 석기제작전통의 계승과 변용, 소멸이라는 측면에서 접근할 수 있다. 아마도 후기구석기시대 재지계 집단이 제작방법을 유지하면서 남해안지역과의 교류하는 과정에서 제작방법이 변화되는 것으로 추정된다. Ⅱ단계는 이전 제작체계에 새롭게 판상제작체계가 추가된다. 그리고 자갈돌소재에 대한 제작방법이 다양화되고 새롭게 마연기법이 본격적으로 적용된다. 제작방법은 남해안지역에 자리한 융기문계집단의 확산과 더불어 동일한 제작방법이 동해안에서도 확인된다. Ⅲ단계는 3가지 제작체계가 확인되는데 침선문계그룹과 자돌압인문계그룹 등 2개 그룹에 따라 차이가 있다. 자돌압인문계그룹은 남해안에 자리하는데 이전 시기와 거의 동일한 제작방법이 지속적으로 확인된다. 이에 반해 침선문계그룹은 새로운 석기 기종과 함께 다양한 제작방법이 나타나고, (중·대형)격지소재의 활용하는 변화가 있다. 이처럼 2개의 그룹이 지역을 달리하여 각각 다른 제작방법을 나타나는 것은 집단의 성격 차이에 따른 것이다. Ⅳ단계는 유적의 입지와 지역에 상관없이 제작방법이 동일하게 활용된다. 이것은 중기에 침선문계 집단이 2가지의 방향으로 확산되는 것과 관련된다. 확산방향은 선행연구에서 제시된 동해안루트와 새롭게 제시된 내륙루트가 있다. 즉 동일한 석기제작방법이 확인되는 것은 침선문계 집단이 2가지의 확산방향에 따라 내륙과 해안 등으로 확산되어 적용하였기 때문이다. 그리고 후기단계에서는 제작방법이 중기단계와 마찬가지로 그대로 이용되고 있어 확산 후 다른 변동이 이루어지지 않는 것으로 볼 수 있다.

지금까지 신석기시대의 석기제작을 살펴본 결과 3가지의 석기제작체계에 20가지의 제작방법이 있고 시기에 따라 4단계의 변천이 확인되었다. 초창기와 조기에는 기후 변동, 해수면의 상승 등 환경 변화에 적응하기 위해 새로운 소재의 선택과 다양한 석기제작방법이 추가되었다. 그리고 전기 이후에는 잡곡농경에 적응한 침선문계 집단에 의해 새로운 제작방법이 추가되면서 석기제작의 변화가 이루어졌다. 이후 이 집단의 확산에 따라 석기제작방법이 입지와 지역에 상관없이 동일해 졌다. 즉 전통의 계승과 변용, 새로운 환경과 생업에 적합한 도구 등장과 도구제작 효율적인 제작기술 그리고 집단의 확산에 따른 제작기술의 동일화로 요약할 수 있겠다.

이상으로 신석기시대 석기제작을 살펴본 결과 거시적인 측면에서 신석기시대 석기제작의 체계와 특징, 변천을 알 수 있었다. 그런데 이 글은 대상유적을 선정하고 출토석기를 분석하였기 때문에 신석기시대 전체 유적과 석기를 세세하게 살펴보지 못하였다. 앞으로 각 유적에서 출토된 석기의 특징과 제작기술에 대한 연구와 함께 도구로서 석기에 대한 정밀한 이해와 유통, 사회구조에 대한 연구가 진행되어야 할 것이다.

부 록

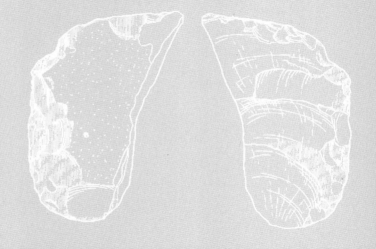

부록 1. 신석기시대 석기 출토유적의 현황과 석기 양상

〈부연설명〉

1. 유적명 : 보고서의 명칭을 주로 이용하였으나 논문에서 다르게 인용되는 경우에는 한국고고학전문사전(신석기시대편)의 색인을 참고하였다.
2. 권역(지역권)

*서부권역(I) - 압록강중상류권지역(a), 압록강하류권지역(b), 청천강지역(c) / *동부권역(II) - 두만강중상류권지역(a), 연해주권씬지역(b), 동해북부지역(c)
*중서북부권역(III) - 대동강권지역(a), 제령강지역(b) / *중서남부권역(IV) - 경기만지역(a), 당진아산만지역(b), 한강하류권지역(c), 임진강지역(d)
*중서내륙권역(V) - 북한강권지역(a), 남한강권지역(b) / *동해안권역(VI) / *남부내륙권역(VII) - 금강권지역(a), 영산강지역(b), 섬진강지역(c), 나동강권지역(d), 태화형산강권지역(e)
*남해안권역(VIII) - 남서부해안지역(a), 남해안동부지역(b), 남해안서부지역(c) / *제주도권역(IX) - 제주해안지역(a), 제주내륙지역(b)
3. 해발높이 : 유적의 절대적인 높이값를 제시(취득유적은 높이를 제시(취득유적은 높이를)···유구가 분포하는 중간높이을 기준으로 하였으며, 배출과 동일유적으 구지표를 기준으로 표시함)
4. 유구의 성격 : 지표 및 유물포함층(A), 주거지(H), 무덤(T), 노지(F), 패총(M), 돌곶(C), 바위그늘(R) 적석·부석구(S), 수혈(B), 야영지(Z), 기타(구상유구, 폐기장)(E)
5. 출토석기 및 수량 : 현재 확인이 가능한 자료(보고서, 도록, 논문 등)에 제시된 석기의 명칭과 수량을 그대로 인용하는 것을 원칙으로 하였다. 다만 분류의 혼란 또는 오류가 있는 경우에는 명칭과 수량을 일부 수정하였다.

유적명	지역권	해발높이	유적성격	출토석기 및 수량	총수량(점)
1	노저구	Ia	*	A	굴지구4, 도기2, 석촉1, 첨활2, 그물추1	7
2	관전 대태자	Ia	*	A	굴지구2, 석도2	4
3	관전 류가가	Ia	*	A	굴지구3, 도기1,	4
4	관전 취리외자	Ia	*	A	석부3, 석도1, 석축2, 鱗齒环状石器1, 玉石镞1	8
5	관전 소랑당성산	Ib	*	A	석부2, 석도4, 석축2, 석부1, 배상석기2, 송곳1	12
6	집안 대주선구	Ia	*	A	곰배괭이1, 석도1, 석부2	8
7	중앙 토성리	Ia	*	H3	굴지구4, 갈판5, 갈돌5, 석촉7, 석부8, 흑요석기30, 이맘주1+	60
8	통원 신암리	Ib	*	H	17기층: 절자리-석도6, 석칼2, 석촉2, 달도끼, 석부3, 가데바키, 숫돌1, 이맘주, 팔찌, 6호수혈-이맘주	22
9	통원 용연리	Ib	*	H3	반달칼5, 석부, 대패날1, 망치, 석축2, 숫돌2	15
10	염주 반궁리	Ib	*	H1,M,F1	굴지구4, 석축, 이맘주20, 거래2, 팡, 송곳1, 콩이1	29
11	영변 세죽리	Ic	*	H1	주거지-갈돌1, 발화석1, 장석굽1	3
12	청주 당산	Ic	*	M	석감1, 갈돌2, 칼, 이맘주20, 숫돌1, 남움돌1, 망지돌1	33
13	웅성 금곡	IIa	*	H6	곰배괭이3, 단제석축4(호요석기, 강판14, 갈돌10, 마제석부5, 거개8, 끌, 거제검이2	51

번호	유적명	지역권	해발높이	유적성격	출토석기 및 수량	총수량(점)
14	화룡 흥성	IIa	310	H4	타제·굴지구류3, 보습(굴지괭이)15, 석창3, 석부7, 상용·석제석촉12, 성형석기(망치·뜨개·긁개 등)29, 기타석기3, 마제·석촉3, 석부1, 자귀3, 감발굽 갈돌3, 지석3,	86
15	하쎈 자이산노프카	IIb	*	H	갈돌5, 갈판1, 석촉1, 창끝1, 어망추2, 자귀2, 도끼4, 긁개(참)1	13
16	하쎈 체레치노예	IIb	*	A	석촉4, 창끝1, 어망추1+, 석부3, 칼1, 긁개2,	10
17	하쎈 포시에트	IIb	*	A	도끼2, 어망추1	3
18	무산 범의구석	IIa	*	H	긁개·괭이12, 갈돌·갈판4, 그믐주13, 도끼6, 돌1, 측요석기1(1000개 / 2차·제작구70개, =>118(1048점)	118
19	무산 두루봉	IIa	*	A	활촉2+, 긁개(참)3+	5
20	회령 검은개봉	IIa	*	A	보습1, 굴지괭이20+, 갈돌·바1, 활촉4, 그믐주2+, 수돌1, 돌칼1+	31
21	웅기 서포항 (606점)	IIc	*	H21	1기: 괭이3, 활촉3, 망치1, 그믐주13, 수돌2, 다음돌1, 긁개(참) 2기: 괭이10, 석촉7, 그믐주2, 도끼7, 활촉110+, 도기2, 자귀2, 줌패매난1, 돌1, 망치10, 수돌5, 긁개(참)21(호요석기) 3기: 괭이7, 갈돌판3, 갈돌판1, 갈판1, 석촉7, 활촉18, 그믐주30+, 도끼7, 돌3, 망치1+, 긁개(참)8+, 송곳1+, 차레임이=>126 4기: 괭이6, 갈돌판5, 갈돌판1, 활촉8, 그믐주24+, 갈끝5, 그믐주1+, 도끼10+, 긁개(참)4, 차레임이1, 5기: 괭이3, 활촉2, 그믐주2+, 도끼5, 줌패매난1, 수돌2, 수돌100, 측요석기100, 송곳고리1, =>81	22 236 207 141
22	나선 나진동	IIc	*	A	괭이2, 활촉3, 도끼1,	6
23	나선 송평동	IIc	*	A	활촉2, 창끝1, 긁개(참)1, 도끼1,	5
24	청진 농포	IIc	*	A	괭이10, 갈돌재6+, 갈돌판6+, 창끝5, 활촉24+, 갈끝5, 그믐주4+, 차레임이1,	130
25	경성 원수대	IIc	*	A	측요석기150+, 수돌1,	51
26	어랑 룡평리	IIc	*	A	창끝1, 긁개(참)1, 자귀4, 홈끌2	7
27	덕원 남양리	IIIa	*	H2	그믐주16, 활촉1, 송곳1, 수돌1	19
28	평양 장촌	IIIa	*	H2	갈돌판4, 갈돌판4, 도끼1, 자귀2	11
29	평양 청호리	IIIa	*	S1	어망추1+, 석부1+	2
30	평양 금탄리	IIIa	*	H5	1기층: 삽1, 활촉8, 그믐주2개, 도끼2, 수돌5, 망치2+, 기타4 2기층: 금패괭이1, 갈돌내1, 활촉5, 그믐주1,279, 도끼10+, 매패날5, 망치3+, 기타5, 손곡절1+7, 장식품1	49 1387
31	평양 남경	IIIa	*	H5	갈돌판12, 갈돌판12, 활촉2, 그믐주3,008, 도끼15, 자귀6, 매패날5, 수돌1, 무나패가가8, 긁개(참)1, 갈돌판내1, 장식품4, 반화석5,	3074
32	상원 룡곡리동굴	IIIa	*	C2	1호동굴: 갈돌판1, 도끼1, / 2호동굴: 괭이7, 삽1, 낫1, 도끼4, 자귀2, 갈돌판1+, 반화석1,	26
33	봉산 지탑리	IIIb	*	H4	1기I구: 갈돌판10, 갈돌판4, 활촉4, 그믐주4+, 도끼19, 괭이(비)가3, 수돌8, 다음돌8, 망지6, 돌3, 격지석기120+ =>364 2기I구: 보습57, 삽2, 낫8, 갈돌판4, 갈돌판, 그믐주29, 제도개15, 자귀11, 끝3, 수돌40, 썰개2, 망지40, 무늬새기가7, 도끼1+, 다음돌1+ =>246	610

연번	유적명	지역권	해발높이	유적성격	출토석기 및 수량	총수량(점)
34	봉산 마산리	Ⅲb	*	H12	보습2, 간돌칼2, 간돌날비, 팽이, 창끝&활촉7개, 자르개삽1, 그물추20, 도끼, 자귀16, 대패날3, 끌, 창, 숫돌12, 망치43, 막음돌2, 돌날7, 무늬새기개3, 장식품3,	228
35	송림 석탄리	Ⅲb	*	H1	활촉1	1
36	은천 학월리	Ⅲb	*	M	도끼, 그물추, 부싯돌석기,	3
37	증산 용덕리	Ⅲa	*	H1	팽이, 간돌반3, 간돌대, 활촉4, 도끼2, 자귀2, 대패날, 장식품1	17
38	은산 궁산 (19점)	Ⅲa	*	H5	1기(전기)/3,5,6호구덩이,(구신문화17) <3호:창끝1, 팽이, / 5호:창끝1, 대패날, (6호:대패날, / 2기(중기)/1,2,4호구덩이, 평안(문화9) <4호:창끝1, / 위귀분보:활촉3가, 창끝9, 절계삽2가, 어망추12가, 간돌칼2가, 도기14, 끌, 숫돌+활걸구11, 편아빗날4, 활석명, 장식품2,	5 134
39	과일 닥안리 언골	Ⅲb	*	A	간돌대비	1
40	송화 향교골	Ⅲb	*	A	돌칼1, 자귀1,	2
41	배천도 진촌리	Ⅳa	*	F1	타제석부3, 간돌3, 간돌대, 파쇄용석기1, 장신구,	9
42	해주 용당포	Ⅳa	*	M	(금빼)팽이2나, 간돌대, 활촉1, 재트개삽7, 그물추2, 숫돌1나,	14
43	청단 소정리	Ⅳa	*	H17	1기(9,16,20,21호주거지/전기): 삼, 간돌반4, 간돌배, 도끼, 활촉4, 숫돌1, 닦음돌2, / 2기(1,3,7,11,15호주거지/중기): 석기미출토 / 3기(2,4,6,8,10,17,18,19호주거지/후기): 간돌반4, 활촉4,	16 0 8
44	웅진 소연평도	Ⅳa	38	M	1패총:어망추136, 석부1, 숫돌1, 고석1, 용도미상1, =>140 / 2패총:어망추83, 간돌1, 석부1, 고석1, 용도미상1, =>87	227
45	대연평도 까치산	Ⅳa	13	M	1기(10~8층/조기): 어망추2, 용도미상1,	3
46	대연평도 모이도	Ⅳa	3	M(H2,F6)	2기(7~3층/중기): 어망추3, 간돌1, 방주석1, 원판형석제1, 긁개1, 석부,	28
47	시도	Ⅳa	7	M,F3	석축4, 어망추7, 긁개, 숫돌1, 석해5, 석부1, 석촉1, 강주석2,	79
48	강화도 별망	Ⅳa	3	M	타제석부4, 숫돌1	11
49	을왕동Ⅰ (서울대)	Ⅳa	*	F	간돌1, 용도미상석기1,	2
50	을왕동Ⅲ(중앙)	Ⅳa	26	H3, M	간돌3,	2
51	남북동(서울대)	Ⅳa	*	M	절개삽1, 석부1, 긁어돌1,	3
52	삼목도Ⅲ	Ⅳa	19	M	석촉2, 간돌2, 고석1, 석제2,	3
53	영종도 운서동Ⅰ(중앙) (528점)	Ⅳa	27	H66,F12,M1	*1기(전기)/주거지:-1지구-굴지구4, 지석4, 간돌16, 갈판4, 절계삽2, 장신구1, 공이1, 돌칼5, 식량저장기2, 돌화15, 식량처리기기21, 석제2, 식축부5, 석부1, 공이2, 미상석기1 /-2지구-굴지구2, 지석1, 굴지구5, 갈판8, 식량처리기3, 장신구3, 절계삽8, 어망추1, 갈판35, 절계삽 식축부19, 석화1, 식제60, 미상석기15, =>48	7 522

	유적명	지역권	해발높이	유적성격	출토유물 및 수량	총수량(점)
53	영종도 운서동 (중앙) (528점)	IVa	27	H66,F12,M1	*27(후기)[폐총,야외노지, 57호주거지] -1구(후기): 야외노지(석기)X / 폐총(금지구2) / 2구: 57호주거지(금지구2), 공이2(석영계석기)1, 야외노지(금돌1)	6
54	영종도 운서동 젓개마을 (한양대)	IVa	35	H3	야망추, 지석2, 석촉1, 이형석기1,	5
55	영종도 운북동(고려)	IVa	14	H2	2구점 1호주거지: 갈돌1, 7지점 1호주거지: 갈돌1, =>갈돌2	2
56	영종도 운북동(한강)	IVa	15	H18,F3,	유구: 야망추2, 미상석기4, 고석1, 갈돌2, 갈판8, 석부2, 지석1, 석촉3, 보습1, =>19 / 지표: 갈비8, 갈돌19, 석부4, 석축4, 지석, 석착2, 미상석기2, 갈봉2, 야망주2, =>43	62
57	영종도 중산동(중앙)	IVa	18	H4,F54	마제석부2, 석착3, 갈돌10, 갈판3, 석촉, 절개상2, 관옥, 지석, 석재	24
58	영종도 중산동(한강)	IVa	18	H21,B56	갈판18, 갈돌56, 공이돌17, 석부23, 석도1, 석축8, 지석18, 절개상9, 야망주4, 찍개4, 석재3, 장신구4, 용도미상25	188
59	영종도 송산리(서울사대)	IVa	3	F21	무경식석촉, 갈돌, 호요석제석기(멧개, 근개), 수경제석기계	5
60	오이도 신포동	IVa	6	M	석촉1, 석부2, 굼따는석기(석도형석기)1,	4
61	오이도 가운데살막	IVa	11	M	석부, 미완성석부(완성형석기)1,	2
62	오이도 뒷살막	IVa	7	M	원반형석기1, 갈돌1, 박편석기1, 봉상석기,	4
63	대부도 흘곶	IVa	20	M	갈돌1, 석부3, 지석, 용도미상5	10
64	영종도 외리	IVa	21	M	석촉1,	1
65	시흥 능곡동	IVa	32	H24	17[6,13,18호 주거지]: 갈돌1, 석도1, 고석1, / 2구[기타주거지]: 석촉4, 굴지구6, 갈돌20, 갈판1, 대석2, 갈판1, 석부6, 고석27, 지석5, 찰절석기2, 박편석기5, 미상석기7,	73
66	안산 신길동	IVa	20	H24	석부4, 굴지구류6, 갈돌14, 갈판12, 대석2, 망치1, 함형석기1, 기타3,	42
67	화성 석교리	IVa	26	H26,B4,F1	갈판9, 갈돌11, 공이1, 고석6, 지석2, 석부5, 석도3, 폐기1, 갈지, 불명석기6	46
68	용인 농서리	IVa	62	H8,B36,E3	갈돌6, 갈판4, 고석2, 대석2, 굴지구2, 지석3, 석부2, 석착, 미상석기15,	38
69	용인 신갈동 만골	IVa	82	B1	마제석부4, 불명석기1, 갈판6, 복합석기1(굴개+숫돌)1,	4
70	안성 양변리	IVb	47.5	H1	석재, 석부(미완성석기)1,	2
71	안성 동평리	IVb	91	H1,E2	절개상1	1
72	아산 성내리	IVb	65	H4,B1	굴지구류11, 갈돌6, 갈판2, 숫돌1, 모룻돌2	20
73	아산 백암리 점배골	IVb	50	H3	따비1, 불명석기6,	7
74	아산 장재리 안강골	IVb	45	H6	굴지구14, 갈돌5, 갈판2, 석촉, 야망주, 석부2, 기타4,	30
75	아산 풍기동	IVb	33	H2,B1	갈돌1, 대석, 망석, 갈판13, 기타석기2,	7
76	천안 백석동 고재미골	IVb	75	H1	갈판1,	1

번호	유적명	지역권	해발높이	유적성격	출토석기 및 수량	총수량(점)
77	홍성 상정리	IVb	69	H1	긁개구, 고석	3
78	홍성 송월리	IVb	52	H1	몸몸돌석기3, 타원형석부, 긁개구구, 찍개, 지석,	8
79	당진 소소리 동곡	IVb	24	H1,B6	마상석제3,	3
80	당진 율사리	IVb	92	H1,B2	몸몸돌석기2, 갈돌2, 긁개구구, 갈판1,	7
81	당진 유곡리 동곡	IVb	17	B4,F2	긁개구구,	2
82	당진 유곡리	IVb	47	H2,F1	갈돌1, 지석1,	2
83	당진 유곡리 아랫말	IVb	26	H2,B1	긁개구구2,	2
84	당진 유곡리 대정말	IVb	27	H2	갈판1,	1
85	서산 기지리	IVb	25	H2	충청남도역사문화연구원-갈판1,	1
86	해미 기지리(공주대)	IVb	22	H4	세장형벨석기1, 지석1, 석창1, 기타4	7
87	서산 대죽리(중문연)	IVb	4	M(F27)	갈돌7, 석부1, 갈판1, 석촉1, 긁이돌7, 기타1, 홈돌1,	20
88	대죽리(한서대)	IVb	22	M(F2)	마제석부1, 홈돌2, 석봉1,	4
89	안면도 고남리	IVb	20	M(E1)	A-2호패층(1자-5-7층): 돌칼, 긁돌도끼1 =>2 / B-3자(4-8자-4-8층): 4자밑긁-군지구류4, 기타석기류2 =>26 / 5,6자밑긁-간돌살촉1+, 돌도끼1+, 이앙주1, 갈돌1+, 갈판1+, 돌보습1, 반원형석기3, 망치돌1+, 돌돌1+, 기타1, 남사배늘형오제품1, 망우2, =>27 / 7자밑긁-돌상2, 숫돌1, 군지구류10+, 홈돌1, 긁도류2, 갈돌1+, 숫돌1+, 원판1+, 기타1+, =>27 / 8자밑긁-군지구류20+, 홈돌1+, 숫돌1+, 갈돌1+, 기타1+, =>27	109
90	태안 달산리	IVb	44	H1,B3	긁개구,	1
91	보령 송학리	IVb	7	M	1기(증기-1패층10층,3패층12층): 3패층-석기X, 3패층-긁구구형석기(군지구, 원판형석기)1, 성격미상석기1(석도형상기), / 2기(추기-1패층8층9층이하,2패층,3패층6층이하): -1패층-군지구형석기4(원반형2, 군지구류2), 갈돌, 갈판5, 석차1, 석영제석기2, 미상기(대석), / 2패층-군지구형석기1, / 3패층-군지구형석기15(원반형, 군지구류6), 갈돌2, 갈판3,	3
92	연천 삼거리	IVd	36	H	석촉, 따비, 따비, 이앙주2, 숫돌2, 갈돌4, 갈판5, 석칼6, 박편, 용도미상석편, 청동미상석편, 7호주거지 원판형석기(475)1+	83
93	연천 학곡리	IVd	18	E1	이앙주구119, 돌낫, 불몸석기2, 석촉18, 반원석기11, 남사주1, 남사조팔, 자돌구, 석부, 지석, 마상석기6, 긁개구구6, 석부2, 자귀, 마상성기1, 연석(갈판), 내식,	175
94	연천 원당리	IVd	30	H1	석영제석기1,	7
95	파주 당동리	IVd	10	H4	1지점: 절개린석, 석배, /7지점:용도미상석기1, 갈판1,	1
96	파주 대능리	IVd	65	H	석촉1, 석창1+, 석도1+, 갈돌1+, 갈돌2+, 석영제석기1+	8

유적명	지역권	해발높이	유적성격	출토석기 및 수량	총수량(점)
97 서울 암사동	IVc	25	H26,SI	I-1호: 석부(굴지구2,타제석부4/6, 인기(굴지구1, 석도형석기1/4, 기타인2)2/7, 고석1, 연석2, 어망추6, 기타(석편2,리진)3, =>25 I-2호: 석부8, 석마1, 인기(원판형석기1), 세기개(지두구1, 석겸1, 고석1, 연석5, 고석3, 어망추11, 기타(석편)3, =>34 I-3호: 석부4(굴지구1, 석부4(석도형석기1), 석촉3, 석겸1, 고석1, 연석4, 어망추13, 기타(석편4,석해1), =>35 I-4호: 석부4, 찰제(굴지구1, 인기3(굴지구2), 석겸2,석해1, 세기개1, 석점1, 석조3, 리진(굴지구1, 고석2, 연석1, 어망추5, =>25 I-6호: 석부1, 인기2, 석점1, 고석1, 어망추2, =>5 I-7호: 석부2(굴지구1, 인기5(굴지구1), 석겸1, 고석1, 연석2(갈판1,갈판1), 지석1, =>19 I-8호: 석부2, 석마1, 인기3(석도형석기1), 석점3, 고석1, 연석2 지석1, 어망추1, =>14 I-9호: 인기1(원판형석기1), 석겸2, 원판형석기1, 연석3(갈판1,갈판2), 어망추1, =>8 I-10호: 석부2, 석마1, 석조1, 마망석기2, 석조1, 고석1, 연석(갈판)3, 지석1, 어망추13=>25 I-작a: 박편1, / 1-순함: 박편2, 연석2, 어망추1, / 1-원함자상주: 인기3(석도형석기1), 석부3, 석마1, 연석(갈판)1 =>14 I-1,2a: 석부14, 석조2, 찰제1, 인기14, 석촉4, 석겸1, (반월형)석도1, 고석2, 연석4, 지석1, 어망추7, =>59 I-2a: 석부22, 석화9, 인기8, 석점12, 고석1, 연석3, 어망추20, 팔매돌1, =>76 I-5a: 석부1, 석점1, 연석4, 어망추1, =>7 I-7a: 석부1, 인기2, 석촉1, 석겸1, 고석1, 어망추1, =>9 I-8a: 석부2, 석마1, 인기1, 석겸1, 고석1, 지석1, 어망추1, =>8 I-참고a함: 석부17, 석화4, 찰제5, 인기5, 석점14, 석촉3, 세기개2, 고석8, 연석8, 지석4, 어망추3, 팔매돌1, =>104 II-1호: 석부1, 마망석기1, 어망추5, 연석9(갈돌1), 바원7, 지석1, 석화1, 지석4, =>15 II-2호: 석부1, 마망석기4, 찰제1, 어망추4, 인기1, 세기개(갈돌1), 바원7, 지석1, 어망추7, 박편4 => 17 II-3호: 어망추1, 연석함2, 연석1, 바원4, / II-불함: 석부1, 연석5, 바원2, 인기1, 석화1, =>35 II-지표: 석부1+, 굴지구1a: 석부4+, 찰제1+, 석조1a+, 바원1+, 고석1+, 갈판1+, 어망추1+, 기타1+ =>15 III-1호: 어망추2, 갈돌2, 갈판1, 마상4, / III-4호: 갈판3, 인기2, 석겸1, =>14 III-5호: 굴지구1, 어망추2, 갈돌1, 갈판1, 공이1, / III-4주가자: 갈판1, 돌날(인기1), 어망추1, 지석1, =>9 IV-주거지: 어망추2, 석겸1, 갈판1, / IV-트렌치a: 굴지구4, 석부3, 마원형석부, 공이2, 마원형석기1, 마상13 => 30 V-1호: 어망추2, 갈돌1, 갈판1, 석수(석점1), 마상2, => 6 V-2호: 굴지구3, 마원형석기2, 어망추3, 갈돌1, 갈판검지석1, 석촉1, => 14 V-3호: 굴지구4, 석부3, 갈돌1, 갈판1, 석겸2, 마상석기2 / V-4호: 어망추3, 갈돌1, 마상석기2, 마상석기2, =>21 V-5호: 석부1, 석촉1, 어망추4, 갈돌1, / V-지표: 석부1, 어망추2, 굴지구2, 갈돌1, 공이1, 연석2, 시문구1, 마원형석기1, =>20 경화대a함: 어망추15, 작석기기10, 망치3, 석부1, 석부형석기1, 연석형석기1, 판바테나석부, 연석봉1, 단체석부4, 금메1, 몽돌1, 미완성석기2, 대형망치a+, 연석봉2,	695
98 서울 미사리	IVc	17	HI	수m대a함: 석부1, 작석기구2, 기물1, 갈돌3, 갈판1, 어망추33, =>52 한a대a함0z: A시구-석부3,석부구1,고석1,석봉2,석촉1, /C시구-석부3,연석화,고석화,자르개1,미완성석기1, =>4 수m대91-92: 굴지구1, 원반형석기2, 미상석기1, =>4 서울대91-92: 석부2, 어망추7, 석부15, 작제1, 갈판1, 바편석기19 =>35	188

번호	유적명	지역권	해발높이	유적성격	출토석기 및 수량	총수량(점)
99	남양주 호평동 제씨울	IVc	165	H3	석영제석기5, 함인석부, 마상석부, 원반형석기,	9
100	남양주 별내(덕송리)	IVc	48	H4	격지4, 제트개, 몸돌, 긁개, 접반, 석부2,	8
101	남양주 덕소리(크린)	IVc	55	B2	양지돌1	1
102	성남 사송동(동판교)	IVc	28	H1	1기(21-24지점): 긁돌6, 암편, 대패날, 긁지구1 / 2기(24-1지점): 긁지구2	9
103	김포 가현리	IVc	*	A	원반형석기, 기타,	2
104	김포 양촌(고림)	IVc	27	I7,B2	석촉, 석창, 석봉2, 석제, 함인석부2,	7
105	김포 운양동II(한강)	IVc	10	H1	2-9지점구역-석촉, 석기(굵아+갈돌)	2
106	화천 거례리	Va	97	H1	함인석부2, 마왕상석기, 마상석기, 연석, 석제,	6
107	춘천 내평리	Va	*	S1	석부, 지석3, 醉用석기2, 석부, 바편, 석영제석기, 긁개,	11
108	춘천 신매리(강원)	Va	77	H14,B1,F2	냥주지2, 긁지구2 연지, 연석봉2 연석구(고석)2, 바권석기, 석촉,	14
109	춘천 신매리 I (예맥)	Va	75	B4,E1	바편1	1
110	춘천 우두동 II	Va	77	H1	석촉, 원반형석기, 긁지구(?)2,	4
111	춘천 교동동굴	Va	105	C(T)	마형석부2, 석촉, 공이, 결합식조침축부, 기뿔2, 관옥,	19
112	춘천 예래동	Va	183	H3	인바닌석제, 격지6, 망지돌, 조각돌6, 부스러기2,	59
113	춘천 칠전리II	Va	170	S2	함인석부, 석촉2, 지석,	4
114	정선 아우라지	Vb	379	H3	석촉, 발화석, 야망주13, 연석,	16
115	정선 닥세리 소금	Vb	*	A	자귀, 괭이, 보습, 그물추,	4
116	영월 삼옥리	Vb	202	C	장신구, 긁돌5, 갈판석기, 고타석기, 모룻돌, 벨석기3, 손질된베석기, 잔손질석기, 격지2, 긁지구,	15
117	영월 연당쌍굴	Vb	221	C2(H)	긁돌3, 간돌도끼, 간돌창, 간돌칼, 그물추,	10
118	평창 웅양리	Vb	314	F	야외노자: 석촉, 석화, 야망주2, 석제,	5
119	영월 주천리(강원)	Vb	242	F	구멍뚫린석제(장신구), 지석,	2
120	영월 주천리(예맥)	Vb	245	H3	마상석영칼, 석도, 석제,	3
121	영월 공기2굴	Vb	334	C(4층)	4층-소형석재, 석촉2 마왕성석기(석부5,석촉4,기타2)9, 긁지구2, 긁지구, 어망주9, 긁돌, 갈돌, 갈판2, 발화석, 지석3, 모룻돌2, 박편4, 장신구1, 반입자갈돌3	41
122	영월 꽃병굴	Vb	346	C(7층)	7층-석촉5, 마상석기2	7
123	단양 금굴	Vb	*	C(II ㄴ층)	II ㄴ층-긁자루두, 석도형석기, 그믈주, 숫돌1, 몸돌1, 격지1+, 기타(쐐개2, 긁개, 봉단돌1, 자르개, 밀개2, 두드개, 홈날1, 새기개, 휼대1, 모루)	21

번호	유적명	지역권	해발높이	유적성격	출토석기 및 수량	총수량(점)
124	단양 상시3바위그늘	Vb	180	C(4+1층)	1기(중기/4,3층) <4층: 째개, 긁개, 자르개, 자르개, 간화살촉, 몸돌1, 긁개1, 갈판1, 갈돌1, 수돌6, 공이1 =>15 / 3층: 자르개(인기)4, 밀개1, 자르개(인기)13, 홈날2, 두드개, 수돌4, 공이2, =>51 2기(후기/2,1층): -2층: 자르개(인기), 간돌살촉1, 갈판1, 밀개, 자르개(인기), 수돌1, =>5 / -1층: 긁개5, 밀개, 홈날2, 긁개/밀개이, 갈판2, 갈돌4, 수돌2, 공이2, =>51 밀개샛돌2, 간화살촉(석창1,화살촉), 간미패날6(굴지기,마패날3), 간미패날6(굴지기,마패날) =>10	25
125	단양 수양개	Vb	132	A	타제석부(굴지구)2,	2
126	제천 황석리	Vb	103	A	화살촉4	4
127	충주 조동리	Vb	75	F1,A	그물추2, 화살촉2, 돌도끼2,	6
128	음성 금석리	Vb	120	H1	고석1, 마상석기1,	2
129	화성 중금리	Vb	*	S2	석재보습1, 야양주+	2
130	원주 반곡동	Vb	154	H3	주가지: 마상석기1, 공이1, 지료수습: 갈돌2, 석창1	5
131	원주 법천리	Vb	81	A	야양주1, 고석1,	2
132	고성 대진리	VI	30	H2	석도1, 지석1, 야양주2, 석계7,	18
133	고성 철통리	VI	28	H7,B1	석부1, 연석장1, 연석1, 지석1, 야양주1, 결정석기1, 석계19,	52
134	고성 문암리 I (2004)	VI	2	H5,B7	1기(9~6층): 석부21, 석촉14, 석창3, 마석4, 고석1, 지석8, 연석도6, 석기2, 석섬, 조검6, 석추, 야양주12, 결정석간연석4, 장신구1, 석계7, 긁개7, 바패6, 미완상용품5, 불명석기12, 결정이석2, 2기(5~1층): 석부2, 야양주3, 바패4, 미완상용품5, 불명석기1,	250
135	고성 문암리 II (2013)	VI	2	H	1기(9층, 4,7호주가지/중기) -석촉5, 석창1, 결합식조검3, 석축4, 야양주4, 지석1, 석부1, 석도2, 연석1, 연석1, 석계24, 석계1, 불명석기1, 미완성석기1, 2기(8층, 12,3,5,6호주가지/조기) -석축1, 석창9, 야양주6, 지석3, 석부3, 석도7, 석리1, 석계30, 연석기7, 미완성석기15	204
136	양양 용호리	VI	5	F10	야마노세: 결합식낚시3, 교란층: 마제석부1, 야양주6, 갈판1,	13
137	양양 송전리	VI	2.4	H2,F3,B2	갈돌5, 갈판4, 석부6, 석도1, 밀개품, 석기결1, 야양주4, 낚시주2, 석축류9, 기타8,	128
138	양양 가평리	VI	5	H2,F3	주가지: 화살촉2, 수평망치돌1, 갈돌1, 갈판1, 석도1, 야양주1, 바패부, 야양주1, Ir: 야양주2, 지석, 두드개,	10
139	양양 오산리(A)	VI	11	H9,F1,S1	*문화총(5층, 하5호주가지9, 석식2/조기) -1~8호주가지노: 결합식이구15, 석도(결합점구6, 타제석부4, 수행석기, 석창1, 연석 1, 갈돌1, 돌톱1, 석부2, 수돌1, 마상품1, 석기결2, 석계+ =>35 / 5~7층: 결합식이구9, 석도(결합점구15, 수행석기2, 석부1, 미완성석기1, =>73 *불화총(3,2층/조기) -3층: 결합식이구1, 수행석기1, 수돌1, =>4	108
140	양양 오산리(B)	VI	11	H2,S5	1문화총(5층,야마노세2,석식/조기): 석식, 활석부: 석기1/ 2문화총(충.1호주가지/조기) -1호주가지: 결합식이구3, 야양주1, 마제석 부1, 마제석부4, 석도(결합점구1, 갈돌1,	8

번호	유적명	지역권	해발높이	유적성격	출토유기 및 수량	총수량(점)
140	양양 오산리(B)	VI	11	H2,S5	3문화층(1층,2호주거지(중기)/중기)-1층: 이앙주, 긁개/ 2호주거지: 이앙주24/자료: 결합식어이구, 서도(찰절구), 마제석촉2, 첨두기, 긁개, 숫돌, 수정편, 석재,	36
141	양양 오산리C (이경제2011, 표1인용)	VI	5	H7,A	17(조기)/1-2호주거지: 그물추154, 결합식조침34, 석촉22, 주형석기, 석부4, 긁개, 석재6, 서도6, 돌도끼이돌5, 쐐기형석기5, 공이돌4, 뚜나나4, 갈판2, 충남2, 뚜르개, 찔개, 부리날, 석제, 마름질석기119, 몸돌, 원판형석기, 지석4, 모루돌6, 망치돌6, 찰절구4, 붕형석기, 숫예돌, 흠돌납납돌2, 충돌납	375
					27(전기)/3-6호주거지: 그물추3, 결합식조침30, 석촉, 주형석기, 쐐기형석기10, 석부, 갈판5, 두르개, 긁개4, 긁돌5, 세기개2, 석재, 서도, 공이돌, 긁자구, 부리단, 원판형석기, 지석20, 참절구10, 망치돌6, 모루돌6, 마름질석기16, 몸돌11, 격지25	222
					37(중기)/7호주거지: 그물추8, 서도2, 석부2, 긁돌, 갈판, 공이돌, 밀개, 쐐기형석기, 지석, 참절구, 격지2,	21
142	양양 지경리	VI	5	H10	석부12, 석촉17, 석창2, 서도2, 연석봉2, 갈돌10, 갈판8, 서도4, 고석6, 지석6, 홍도마상석기10,	415
143	강릉 지변동	VI	26	A	석촉24, 석부11, 서도2, 연석봉4, 지석5, 이앙주60, 보습, 몸돌, 석구, 붕형석기7	216
144	강릉 하시동	VI	3	H4,F5	석부2, 갈판2, 갈돌4, 석촉4, 이앙주22, 지석1, 석창, 석편2, 지석2, 홍도마상석기2,	40
145	강릉 초당동(강원)	VI	-0.5	H4,F5	갈돌23, 갈판6, 공이1, 긁자구3, 마자류, 석재4, 석부류, 서도지14, 석부류19, 석촉40, 이앙주158, 낚시주(어망주1), 지석5, 붕형석기2, 모루, 자돌돔150, 기타바체석기3, 기타석기4	475
146	강릉 초당동 II (예매)	VI	1.5	F7	긁자구, 석촉4, 조합식어이구, 미상석기1,	7
147	초당동287-14외(강원)	VI	1	H2,F5	24[번]지:석도변1, 278번지:석촉1, 이앙주1, /287-14번지:이앙주1 / 386-2번지:이앙주 / 272-7:석촉1, 이앙주1, / 245번지:석기x	15
148	동해 망상동	VI	23	A	석도5, 석갈1, 석부7, 결합식낚시23(미완성6포함), 주형석기, 이앙주11, 이앙주1개, 코드땟돌형석기, 갈판2, 갈돌1, 지석1, 마상석기, 마름질석기11, 밀개, 격지4, 뚜르개, 석예	75
149	울진 죽변리	VI	13	A	석촉2, 석창9, 화두기, 자상2, 결합식조침류34, 낚시주6, 이앙주1, 석부류25, 석착1, 석구(돌개), 긁개, 보습10, 괭이9, 석도11, 격제10, 교석류101(갈돌69, 고석30), 갈판30, 참절석기7(50, 지석35, 기타(용도미상: 박편, 조각돌 등)67	407
150	울진 후포리	VI	40	E	석부180, 수식2, 소형석부1,	185
151	울진 오산리()9)	VI	4	H1	지표:석부1, 석촉1, 미상석기1,	3
152	아산 응포리	VIIIa	52	H1	긁자구10*(보고서 미발간)	10
153	군산 내흥동	VIIIa	20	A,B3	수혈:석기2, 문화층:근자구26, 갈판2, 갈돌10, 석부1, 서도형석기, 돌칼2, 숫돌1, 용도미상 및 석재 9	52
154	서천 장암	VIIIa	13	M,Z2	17(아영지,기반층):긁자구1,	1
					27(추폐총-상층):긁자구1, 지료:긁자구1, 마제석부,	3
155	군산 가도	VIIIa	10	M (Z,F3)	*17(전기):A패총-10층 마바형석기4, 석촉5, 석창1, 이앙주22, 돌날16, 돔날석기2, 박몸살석기110, 갈돌, 갈판1, 망치돌6, 숫돌7, 마석1	76

번호	유적명	지역권	해발높이	유적성격	출토석기 및 수량	총수량(점)
155	군산 가도	VIIIa	10	M (Z,F3)	*2기(후기): [A패총]9~1층: 따비형석기36, 괭이4, 석부류6, 대패날1밀개4, 석도, 석망2, 이망족17, 돌낫5, 톱날석기9, 바닥면석기10, 갈돌4, 갈판1, 망치돌2, 숫돌2, 고석3, 공이돌4, 석부2, 마석, 석립, 석촉나 =>310 / [B패총: 공이구2, 석부류2, 돌립, 석촉, 그물추7, 돌립10, 숫돌1, 고석1, 기타1 =>26	336
157	군산 띠섬	VIIIa	8	M	신석기시대(미거구 [B패총): 공이5, 모룻돌1, 돌닙(식이)2 / A패총: 갈돌1, 이망주,	2
158	군산 노래섬 가지구	VIIIa	10	M	*1기(3층/1문화층): 석부류21, 이망주7, 군지구4, 갈석3, 공이돌1, 숫돌1, 돌낙1, 기타3 / *2기(2층,1문화층): -2층: 석촉류43, 석부류19, 군지구5, 밋석, 공이돌구, 난9, 돌낙134, 갈석26, 수정제제도기12, 적색마연제석기바면2, 적자루 / 방형제석기8, 제4석기7비면4, 제4석기7 / 1층(2문화층): 군지구7, 돌낙4, 석재, / 중이불명: 이망주281	101 (87)
159	군산 노래섬 나지구	VIIIa	16	M	이망주9, 석부류2, 군지구10, 밋석11, 공이돌9, 돌깎3, 갈석,	40
160	군산 노래섬 라지구	VIIIa	14	M	*1기[A패총1문화층]: 이망주5, 갈석, 수정제제도개, / *2기[A패총2문화층]: 석부류6, 이망주29, 석부류1, 군지구4, 감돌, 밋석, 공이돌, 돌깎 21, 갈석4, 수정제제도개4, 기타1, / [B패총: 이망주2, 군지구, 저자루,	84
161	군산 노래섬 마지구	VIIIa	12	M	A패총: 이망주11, 석부류3, 군지구8, 공이돌1, 돌깎5, 갈석15, 밋석, 갈석, 활뱀석기4, 기타2 / [B패총: 이망주2, 석부류, 군지구, 저자루4, 기타 2	59
162	군산 노래섬 바지구	VIIIa	10	M	석부류, 이망주27, 석부류2, 돌깎10, 갈석4, 경방체석기2, 기타2,	50
163	부안 계화도 산상	VIIIa	*	M	합인석부8, 갈석, 석촉1, 식인, 기타4+	12
164	대죽산도 예리	VIIIa	3	M	(인부마연)석부3, 타제석부3, 숫돌6, 흑요석잔지, 기타5+	14
165	가거도(소흑산도)	VIIIa	30	M(B1,F2)	*1기(전기): 군지구7, 겸부나부사출, 석부류 마얜상석기, / *2기(후기): 군지구1, 갈돌2, 갈판2, 숫돌1 =>6 / 지표수슴: 갈판1, 갈돌2, =>3 / (68년시굴: 마제석부2, 기타1+ =>2	11
166	함평 장년리 당하산	VIIIa	25	B1,E2,A	석기17, 적지38, 부스러기22, 타제석부류25, 마제석부류, 군지구21, 금계16, 톱날석기3, 원판형석기13, 합형석기13, 제도개, 홈날석기5, 뚜르개, 찬손질석기4, 돌물형석기4, 원판형석기2, 양지, 원통형석기, 석기2면9, 붕이돌1	209
167	무안 소복기도	VIIIa	0	A	타제석기4, 역석부,	2
168	장수 남양리	VIIIa	360	A	갈석,	1
169	장수 월곡리	VIIIa	360	A	군지구2, 석도1, 갈판1, 석차,	5
170	진안 갈머리	VIIIa	240	H2,B3,E57	*1기(주거지,수혈,특수유구): 석촉3, 군지구류6, 숫돌2, 원판형석기1, 갈돌5, 갈판1, 발화구, =>12 / 2,3기(격암유구: 석촉류1, 군지구류6, 박개류3, 숫돌2, 원판형석기, 군지구류6, 원판형석기4, 원판형석기1, 갈돌10, 갈판13, 군이돌2, 숫돌3, 기타석기7[24=>145 / *1기(주거지): 석촉17, 환항석기1, 석부류, 군지구류, 단지개류23, 서변형밸석기2, 갈판10, 기타4, 원형밸석기1, 돌낙,	158
171	진안 진그늘	VIIIa	239	H4,B1,F13	*1기(주거지): 격석9, 횟독9, 슴돌1, 지1, 갈돌4내, 갈판5, 망치4, 숫돌1, 미완성산석4기2, 세장형밸석기12, 세장형밸석기7[10, 기타6, 미완성산석4기5, 도끼1, / *2기(야외노지): 활독나, 갈돌레1,	174

번호	유적명	지역권	해발높이	유적성격	출토석기 및 수량	총수량(점)
172	진안 농산	VIIa	250	B1,F7	긁개구1, 격지석기1, 석제품(기타)5	7
173	진안 운암	VIIa	264	F1	(타제)석부1, 타제석부1, 긁개구2 갈판6, 이망추6, 기타6	13
174	진안 안자동	VIIa	250	F1,E1	긁개구1, 이망추1, 기타(격지?)석기1	3
175	대원 돈산	VIIa	45	B15	긁개구류16, 찰절구류2, 이망추4, 고석6, 갈돌3, 갈판4	42
176	옥천 대천리	VIIa	107	H1	갈판2, 갈돌2, 숫돌5, 돌도끼, 무늬새기개1, 뒤지개7, 공이2, 격지2, 조각12	40
177	증평 석곡리	VIIa	91	H1	석부1, 긁개1, 석촉2, 보습, 석제어망추, 연석	7
178	계원 영하리	VIIa	79	H1	석촉1, 석도형석기1, 용도미상석기1, 찍개1	4
179	계원 생월리	VIIa	54	H2	3호: 석도(석도형석기)1, 석부2, 따석1, 석창형석기(고석1, 긁개구(보습), 갈돌3, 갈판1, /4호: 석도(석도형석기)1, 지석2, 석영석기(고석4, 석부2, 갈돌2	21
180	제주 봉명동	VIIa	58.5	H2	1호: 이망추3, 석도형석기1, 기타(석기)편2, /2호: 갈판1, 긁개구2, 기타(석기)편8	19
181	공주 장원리	VIIa	68	A	긁개구2, 고석2, 숫돌2, 갈돌1, 따석1	15
182	계양 함암리	VIIa	64.5	H1	긁개구2, 숫돌2, 고석1, 석도1, 석촉	6
183	공주 신관동 관골	VIIa	37	H1	이망주4, 긁개구1, 미상석기1(석도형석기1)	6
184	익산 신흥리(서둔마)	VIIa	55	H1	긁개구1나, 기타1+	2
185	전주 장동	VIIa	23.5	B3	석제1	1
186	계주 노대동	VIIIb	73	B3	완상석기1(제정형석기1), 석부1	2
187	진안 좌포리	VIIa	50	A	긁개구류4, 완형석기1	5
188	임실 하가	VIIa	213	A(T)	조기: 밀개삼석추1, 후기: 손질된 격지1, 기타3	1
189	순창 구미리	VIIa	88	F3,B1,E3	긁개구4 기타4+	4
190	순창 원촌	VIIc	81	B6,E4	석제이망추27, 긁개구4, 고석2, 마연석석기2, 연석1(갈돌2, 갈판1, 원판형석기1, 격지1, 석축1, 지석1, 석부1	8
191	남원 대곡리	VIIc	117	A	긁개구4, 석제품(광형석기)2, 타제석부1, 석촉1, 고석1, 기타20	43
192	보성 죽산리 하죽	VIIc	90	A	이망주2, 타제석부1	29
193	국성 유정리 유평	VIIc	80	A	석축1, 이망추1, 타제석부1	3
194	영주 대촌리	VIId	218	F1,A	석제이망주1	3
195	김천 송죽리	VIId	99	T10,F18,B12	석촉4, 석창5, 이망추58, 돌칼(대패)5, (타제)석부2, 석도4, 인기류4, 石핵(긁개구류)14, 고석3, 전석4, 타원형석기2, 전석봉5, 변용	280
196	김천 지좌리(대동)	VIId	180	T6,F5,B16,E	석도2, 석각4, 지석1, 소형석기1, 원형석기1, 마연성석기34(긁개), 박편석기48	91

번호	유적명	지역권	해발높이	유구성격	출토석기 및 수량	총수량(점)
197	김천 지좌리(삼강)	VIId	178	H3,E1	지석3, 굴지구5, 바래2, 석재1, 석부1,	12
198	거창 대야리	VIId	172	B1	석제패이1, 석촉1, 석창1, 갈판1, 지석1,	5
199	거창 임불리	VIId	170?	H4,B6	지석2, 유경식타제석촉1(신라바물관도록)	3
200	합천 봉계리	VIId	131	H13,E2	굴지구류7, 갈청석기2, 갈돌5, 망치10, 대석1, 적색돌2, 타제석부3, 석창3, 고석3, 지석2, 기타1,	68
201	의령 마쌍리	VIId	77	T1,F1,E1	갈돌1,	1
202	산청 강루리	VIId	60	A	괭이1, 기타1	2
203	산청 소남리	VIId	*	H2,E4	어망추8(신라바물관도록)	8
204	진주 상촌리(동의대)	VIId	37	H4,B80, E5	1기(중기)/1호주거지: 석재패4, 석창4, 지르개2, 지석6, 석부2, 갈판1, 고석4, 2기(후기)/2,4,5호주거지,특수구간구,소형구덩이): 석부14(굴지구류표포2, 봉형(도면104-4)1, 보습11, 갈판3, 갈돌2, 석창(석도형석기)5, 지석3, 기타2, 자르개(인가기)2, 마연석석기2, 미완성석기2, 지석10, 망치, 자르개1, 석도3청동기시대1,	139
205	진주 상촌리(동의대)	VIId	37	H	2기(후기): 발굴토광석9, 석재5, 마제석촉2, 보습2, 국부마제석부4	13
206	진주 귀곡동 대촌	VIId	40	P2	바면석기(금가?)1	1
207	진주 평거동3-1지구	VIId	27.5	H2,F10, B55,E53	보습6, 지석6, 석부2, 갈돌2, 갈판5, 석도1, 석도형석기1(57,245,288)3, 어망추16, 불명석기5, 석기바면1, 미완석석기2,	49
208	진주 평거4-1지구	VIId	28	H8,F14, B84,E8	1기(중기)/1,5,6,8,7주거지,110,111호적석유구): -석혹5, 갈돌8, 갈판3, 지석20, 석도형석기1, 보습5, 석창8, 미완성석기14, 석기편3, 석부, 2기(후기)/2,3,4,7주거지,야외노지,구,석엽수혈): 갈돌5, 지석24, 석도형석기5, 보습14, 완반형석기1, 합인석부1, 석기편4, 야망추, 석기바면1, 석부2, 완형석재1	64
209	대구 서변동	VIId	31	H1,B1,E4	I 권(17호,29,30호에 우밀점석기): 석촉1, 미완성석부(석도형석기)1, 석재편, 연석1, 지석2, 미완성석기8, 석혜2, 바래19, II 권(수혈)2, 검석1,24,6): 굴지구5, 마제석촉2, 석부1,	45
210	대구 대봉동	VIId	29	A(H1)?	갈돌5, 기타1(석기편1),	2
211	대구 달불리135	VIId	33	F1,A2	석부1,	1
212	대구 유촌동	VIId	23	H2,F6, B4,3E	1구역: 굴지구2, 갈돌2, 갈판1, 지석1, 발화석1, 석기바면10, 석재품, 미완성석기, 제르개1, /2구역: 석도형석기1, 굴지구4, 미완성석기5, 갈판2, 자석1, 공이1,	30
213	청도 오진리 암음	VIId	143	H1	*1기(조기)/4층: 석제2, 즐개(석기편)1, 지석1, 기타, *2기(중기)/3층: 어망추4, 지석5, 격지2, 굴지구3, 석촉3, 타제석부2, 합인석부2, 석촉, 편인석부, 고석, 미완성석기1, *3기(후기)/2-1층구지지: 숫돌6 미완성석기1, 바래4, 석촉, 바래15, 석제1,	78
214	밀양 금천리	VIId	*	H2,F2,E	굴지구류2, 갈돌1, 기타6	14

번호	유적명	지역권	해발높이	유적성격	출토유물 및 수량	총수량(점)
215	밀양 살내	VIId	14	B14,F9	굵지구류14, 석기류수, 석도24, 자르개(긁개)?, 감돌4, 감돌3, 생형석기(제기)?, 무드개?8, 석검, (타제)석창1, 제작석기(지석6, 내부석기19, 무돌3, 박편203), 기타(마연성석기5, 석기평7), 방추(불명6, 기타2)	351
216	경남 비봉리 I	v	-1	M(H4,F,B)	*17(조기/106): 자석2, 감편4, 감돌1, 마연성석도1, 소형석부류1, 감지구2, 금개4, 결합식조침1, 석부3, 마연석부류, 마연성석부,	20
217	경남 비봉리 II	VIId	-1	M(H4,F,B)	*27(전기/5-3): 석창1, 결합식조침5, 소형석부형석기1, 석부4, 감지구18, 양지돈2, 마석2, 인료완석3, 어망추40, 석도4, 격자4, 감돌4, 감편2, 꽂이, 자석7,	138
					*17(조기)/5-3페층: 3페층-어망추1,	1
					*27(전기)/2-1페층: 3층주거지4, 저장공?, 저장공?: 2페층-타제석부(긁지구류)5, 양지돈1, 지석1, 불명성기?, /1페층-인부마연석부류6, 석부2, 타제석부(긁지구류)50, 석기평7, 박면성기4, 흑요석편, 감지구, 결합식조침석부1, 어망추13, 석도1, 타제석부(긁지구류)1 / 저장공-지석1, 석도1, 타제석부(긁지구류)1 / 주거지4-타제석부(긁지구류)1, 지표: 인부마연석부, 지석1	119
					*37(중기)/육상퇴적층(11-18층), 지표: 인부마연석부1, 타제석부(긁지구류)1	
218	경남 수다리	VIId	3	M	전기2층(31층): 박면성기3, 석도형성기1, 감돌1, 지석1, 중기1층(20층): 타제성기(긁지구)1, 타제결합석기1, 타제보습1, 박면보습기,	2
219	경주 황성리	VIIe	52	B2,F1,A	박면성기5, 박편3, 감돌1, 감돌1, 기타1,	6
220	경주 황성교지	VIIe	*	A	마제석부류, 고석1, 기타1,	4
221	경주 황성동267	VIIe	27	A	반인형석도1, 전석2, 격지1, 타제석부(긁지구류)3, 기타(불소자이1)	18
222	경주 모아리37	VIIe	36	A	긁지구류2	3
223	울산 굿근정리	VIIe	190	F6,B1,E	선조지: B4층-석기빗살1, D3층-석기빗살1,	7
224	완도 여서도	VIIe	15.5	M	돌톱6, 격지1, 돌날2, 숫돌2, 적개?20, 적개?1, 금개5, 돌날1, 무드개, 땅지?, 대석1, 자석6, 결합식낚시축19, 마제석부류3, 용도마상성기	2
						123
225	돌산 송도 I	VIIb	3	M(H2)	*17(조기)/4층): 도끼1, 돌날1, 흑요석체 격지,	3
					*27(전기)/3층): 도끼2, 숫돌2, 격지, 잠자리: 감편1, 감돌1, 공모성기1, 숫돌1, 격지1, 용도미상성기	11
					*37(후기)/2,1층): 밀개1, 격자류4, 흑요체 격지3, 돌톱4, 긁지구류1, 부리모양성기(세기개?), 기타3, 도도성기, 돌날, 금지구2, 석도1, 숫돌2, 잠돌6, 공모양성기1, 부리모양성기1, 공모양성기1, 돌상촉1, 결상4,	56
226	돌산 송도 II	VIIb	3	M(H2)	*17(조기)/4층): 석개3, 주먹도끼1, 밀개1, 돌날류(석도류)6, 흑요체 격지류4, 긁지구3, 감돌1, 감편2,	20
					*27(전기)/3층): 석개4, 금지구1, 금개1, 용도미상성기1, 돌날류(석도류)10, 감돌1, 경식1, 수제성기개1,	33
					*37(후-말기)/2,1층):금지구1, 돌도끼2, 숫돌8, 석부형성기40(긁지구류4, 도도성기17(석도 형8), 석창과 작산류6, 석시, 석시, 결합식조침	20
227	여수 안도	VIIb	6	T4,F9,B11,E3	*17(조기/페각1층): 인부마연석부30, 석부형성기3, 지석10, 잠상이1, 기타14	123

번호	유적명	지역권	해발높이	유적성격	출토석기 및 수량	총수량(점)
227	여수 안도	VIIb	6	T4,P9, B11,E3	*2기(전기,폐각2개층): 인부마연석부, 석부형석기, 석도형석기, 석부, 여망추1, 지석2, 고석1, 기타2,	10
					*3기(후·말기,사퇴층): 인부마연석부3, 석부형석기, 석도형석기2, 지석1, /지표: 인부마연석부, 석부형석기20, 석도형석기5, 석창과 자편류4, 석기1, 지석4, 고석1, 기타9	60
228	여수 경도	VIIb	3 / 3.5 / 4	내동(E19) 외동(E4) 오복(H1,E6) 오복(시굴)	*1기(전기)-내동5층: 타제석부4, 국부마연석부, 전면연마석부, 석도3, 여망추1, 경석, 격지, 파손석기, 미완성석기3, >87, -오복(4,5층): 타제석부3, 죽요석제, >87	105
					*2기(후기)-내동4~1층:타제석부, 국부마연석부, 전면연마석부, 석도3, 여망추1, 국자구1, 갈돌1, 지석3, 자연돌석기1, 공이돌6, 격지, 석제, 미완성석기3, >25 -내동 해일수습:타제석부3, -갈돌2, 갈판2, 대석1, 지석16, 자연돌석기6, 경석2, 호요석, >26 -외동(지표)-갈돌2, 수정1, >2 / ·오복(3+4층): 타제석부8, 국부마연석부, 전면연마석부14, 전면연마석부6, 석도, 결합식낚시축, 국자구3, 원반형석기, 여망추1, 여망추, 갈돌2, 대석1, 지석16, 자연돌석기7, 경석2, 호요석, >66 / ·오복2: 석부1	120
229	광양 오사리 돈탁	VIIb	10	M	숫돌1, 국자구3, 미상석기7, 갈판2, 갈돌2, 대석1,	16
230	하동 목도	VIIb	3.5	H2,F12,B2	*1기(조기)5층: 석부1, 석도2, 석도형석기, 국자구류2, 파쇄돌5, 지석7, 기타2, *2기(전기)/4,5층: 3층 석부2, 평인석부, 국자구류, 원반형석기, 석도형석기2, 갈돌1, 지석3, 기타>13 / 4층 석부15, 평인석부, 석도13, 파손돌4, 도끼돌8, 갈판2, 미완성석기, 갈돌3, 지석15, 석망, 고석2, >71 *3기(후기)/2,1층-갈판, 지석5, 국자구, 석창, 국자구류2, 석창, 갈돌1, 원돌1, 갈돌1, 가타4, 미완성석기2, 지석1, 미완성석기, 고석, 분박석기, 파손돌2, 분박석기1, >18	88
231	순천 마륜리 마륜	VIIb	11	H1	세장형석기1,	28
232	사천 구평리	VIIb	29	M	격지, 숫돌1, 끌1,	1
233	사천 선진리	VIIb	45	하층 F3,B95	*1기(조기)/8층,야외노지: 합인석부3, 지석9, 결합식낚시축도부, 연석, 국자석?1, 석도, 여망추, 미완성석기, 결상이식	3
234	늑도A지구	VIIb	5	F4,E2	*2기(후말기)/상층: 합인석부, 지석12, 고석, 여망추, 연석, 석부10, 국자구?, 석도, 석도형석기(고타석기), 봉상석기2, 미완성석기, 끌개1,	27
					호요석부편17, 편평편인석부편2, 미완성석기3, 끌개,	56
235	통영 연대도I	VIIb	3	T15,E	*1기(조기)/4,3층: 상부(속요석제)30, 국부속요석제5, 석시2, 석시1, 금개, 금개1, 이음낚시바리1, 그물추13, 도끼돌38, 갈판4, 지석17, 공이5, 망치돌2, 갈돌2, 흙돌1, *2기(전기)/2,1층(교란층): 상부(속요석제), 국부속요석제2, 이음낚시바리6, 그물추1, 맷돌1, 도끼돌15, 금개(지르개)18, 갈판1, 지석10, 공이1, 망치돌1,	423
236	통영 산등	VIIb	6	M(T1,E)	석인14, 석부5, 석창5, 국자돌1, 연석돌1, 반월형석기1, 지석,	26
					*1기(조기)/9~6층: 금개1, 자르개1, 밀개2, 밀개3, 새기개1, 돌날1, 홈날1, 부리달1, 숫돌1,	12
237	통영 상노대도(산해대)	VIIb	6	M	*2기(전기)/5층: 금개1, 자르개1, 밀개2, 밀개3, 제모개1, 식추1+, 홈날1+, 부리달1+, 숫돌1+, *3기(후기)/4~1층: 금개1, 자르개1+, 밀개2, 제모개1+, 식추1+, 홈날1+, 부리달1+, 새기개1+, 돌뼈이1+, 석도형석기1+, 기타1+, 공이1, 공이/맷돌, 갈돌2, 숫돌1+, 갈팬2(석환)	20

번호	유적명	지역권	해발높이	유구성격	출토토기 및 수량	총수량(점)
238	통영 상노대도(동아대)	VIIIb	6	M	*1기(조기)/2지구2층,3지구2층:2지구-바깥1 / 3지구-적화1, 기타빗살기기2 / 3지구-바깥2, 기타빗살기기39	45
					*2기(전기)/2지구2층,3지구2층:2지구-고석1, 기타빗살기기7 / 3지구-바깥10, 성화1, 기타빗살기기4	42
					*3기(후기)/2지구2층-1층,3지구2층-1층:2지구-타제석부4, 고석2, 석촉6, 수경1, 지석, 석배4, 박편54, 기타빗살기기65 / 3지구-타제석부1, 고석2, 석해6, 박편213, 기타102	457
239	욕지도	VIIIb	6	S2(T4)	맥석기:적개2,부리모양2,굵개,금제25,도끼4,그물추5,꿀2,항,자침5,기타, 간석기:도끼2, 굵개, 숫돌5, 갈판2, 자르개1, 낚시, 작살1, 망치돌, 기타5,	107
240	마산 망곡리	VIIIc	30	F2	유문포함층 타제석기(찍개1), 지표수습-굴도2, 갈판2, 보습4, 지석	9
241	진해 남양동	VIIIc	5.5	B5,E1,A2	*1기(중기)/1호수혈, 6조빗살기1	3
					*2기(후기)/2호수혈, 생활면1(A,B): 보습2, 굵개2, 뚜르개, 미완성석기1,	12
					*3기(말기)/4호수혈, 6조집석: 삼각만입석촉1,	1
242	진해 안골동	VIIIc	4	M	석부1,	39
243	부산 가덕도 장항	VIIIc	2	M,B155,E101,T48	*1기(전기)/9~11층: 옥해수식, 용도불명석기, 굵개3, 지석3, (인부마연)석부, 미완성석기, 석촉1, 결합식조침1, 흑요석제 격지4, 흑요석제조침2, 굵개, 뚜르개, 금제3, 석기편	5
					*2기(중기)/8층: 굵개7, 결합식조침1, 굵돌,	17
244	부산 가덕도 대항	VIIIc	*	A	흑요석박편, 기타1	2
245	김해 농서리패총	VIIIc	*	M	타제석기(굵거1), 지석, 석봉(중이1),	3
246	김해 화목동	VIIIc	32	B11,F8,A / M	지석26, 석착2, 교석8 부석, 굵돌5, 마식2, 갈판5, 마연성석기4, 결합식조침부, 용도불명석기,	116
						3
247	부산 죽림동	VIIIc	~3	A	결합식나사바늘1, 석기편, 석영제작품1,	3
248	김해 수가리	VIIIc	7	M(F5)	*1기(6.5층/중기) : 타제석기(굵지구2) / II권(3구-가): 굵지구1, *2기(4.3층/후기) -I권(3구-가): 갈돌1, 갈판1, 지석1 / II권(1구: 석도형석기) / II권(3구-가): 갈판2, 지석1, 갈돌1, =>7 / II권(4구): 자석2, 박편석기1, 기타1, / II권(5구): 갈돌4, *3기(2.1층/말기): -I권(3구-가): 타제석기3, 마제석기3, 지석1, 흑요석제(세부)2, 지석, 흑요석제태비석족1, =>7 / II권(3구-가): 갈돌1, -II권(3구-나): 박편석기1, 마연성석기4, 갈판3, 석부2, 굵지구편1, 지석, 박편, =>13 / II권(2구-다): 굵지구4, 박편석기1, 박편석기1, / II권(4구: 자석2, 지석1, 석부편1, 석도2, 석촉1, 용도미상성석기1, / II권(5구): 지석, 갈돌2, 기타2, 석부1,	57
249	부산 가동패총	VIIIc	12	M(F5,A)	3~2층 혼펠스제 석기편(석상촉정1),	1

번호	유적명	지역권	해발높이	유적성격	출토석기 및 수량	총수량(점)
250	부산 범방패총	VIIIc	4	T1,P8	*1기(13,12층/조기): 석부10, 석촉1, 결합식조침7, 고석4, 갈판2, 지석3, 석도2, 축요석제1, 이망주	39
					*2기(11-7층/전기): 석촉11, 석창1, 조침6, 고석7, 축요석제1,	26
					*3기(교란층/중-말기): 석부30, 석촉4, 조침6, 고석18, 갈판8, 갈돌6, 지석3, 석도7, 축요석제10, 석제보습1, 기타12	98
251	부산 범방	VIIIc	2	F5&E2	*1기(7,6-2층,구상/조기): 따비형(세형)굴지구16, 돌이형굴지구4, 결합식조침12, 석추1, 고석4, 지석5,	57
					*2기(6-1층,전기): 따비형굴지구9, 돌이형굴지구6, 전면제석부2, 인부마연석부9, 갈돌1, 갈판1, 세장방형타제석기2, 석도1, 이망주1, 결합식조침5, 축요석제 박편석기13, 고석5, 지석1,	28
					*3기(5층/중기): 따비형굴지구5, 돌이형굴지구7, 전면제석부7, 인부마연석부5, 인부마연석부5, 결합식조침5, 갈돌9, 갈판4, 갈판5, 유선형석기1, 유선형타제석기, 세장방형타제석식기1, 작살1, 이망주2, 조침7, 축요석제1,	85
					*4기(4,3층·후-말기): 따비형굴지구5, 돌이형굴지구, 세장방형타제석기, 작살1, 이망주2, 조침7, 유건석부1, 고석12, 지석3,	60
252	부산 세산	VIIIc	20	A	인부마연제석부1	1
253	부산 금곡동 율리	VIIIc	40	M,R	마제석부1, 기타석기(돌개1, 지석1, 기타)13, 장방형석기1(지석1), 지석3, 장신구1	9
254	부산 영선동	VIIIc	*	M	타제석부(굴지구류2, 석부2, 석재1, 기타	6
255	부산 조도	VIIIc	*	M	이망주1, 축요석제1, 점판암제1,	3
256	부산 동삼동	VIIIc	4-10	H3, B1, F4, T2, E6	*1기(9,8층/영상대)-조기) -9층: 축요석제작실1, 고석1, 박편석기1, 지석1, 타제석기1, =>8 -8층: 결합식조침2, 축요석제(식초), 첨두기1, 타제석부, 지석5, 이망주1, 결절석기1, =>14 -영상대-축요석제작실, 결합식조침축편6, 결절석기2, 지석3, 고석2, 석도1, =>18	40
					*2기(7층,3호주거지/국체4,3층-전기) -7층: 결합식조침2, 고석1, 축요석제 작살1, 타제석부(굴지구)3, 지석1, 석제= >4 / -3호주거지: 타제석부(굴지구)3, 지석1, 석재, 석제= >5	9
					*3기(5,1,2층주거지/국체3층-중기) -4호수혈: 갈판1, 석재1, 적계= >2 -2호주거지: 타제석부(굴지구)4, 유건제석부, 석부1, 고석1, 석도형석기1, 석도1, 석도형석제1, 석재4, 지석4, 금개, 축요석제축2, 지석2, 지석4, 석촉, 석도형석제1, 축요석제두기1, 축요석제편석기1, -1호주거지: 타제석부(굴지구)3, 지석1, 석재, 석제= >7 -5-1층: 갈판4, 갈돌2, 인부마연석부1, 타제석부, 결합식조침1, 석재1, 석촉2, 석재5, 석촉(축요석제3,기타)2)5, 작살5(축요석제, 사누이아이트), 기타), 유건석부, 결합식조침1(굴지구)1, 석재2, 수경제타제석기1, =>25 -5-2~4층: 타제석부(굴지구)4, 석부2, 수경제타제석기,	99

유적명	지역권	해발높이	유적성격	출토석기 및 수량	총수량(점)
256 부산 동삼동	VIIIc	4-10	H3, B1, F4, T2, E6	*4,5기(4,3,2층/국부1,2층)-후-말기) -4층(후기): 타제석부: 개-굴지구2,기타)4, 원추형석기1, 석재굴상2, 주형석기1, 고석3, 지석4, 흑요석제(박편석기, 석속)1, =>14 -3층(후기): 유경석기1, 지석, 갈돌3, 갈판1, 타제석부(굴지구)2 =>8 -2층(말기): 타제석부(굴지구)2, 마제석부2, 석창3, 석속(송곳지), 고석2, 찰개1, 갈판1, 갈돌2, 어망추1, 유구석기1, 원반형석기1 =>16 -1층(교란층): 갈돌2, 타제석부(굴지구)8, 갈판1, 유구석기1, 찰개1, 지석3, 석촉2, 석재수1, 인부마연석부1, 찰절석기1, 흑요석제석부1, 석촉1, 유건타제석부1, 갈개(석도형)1, =>31	69
257 부산 동삼동 (국립중앙박물관)				*2기(국부1,4,3층/전기) -1차(5,6층): 결합식조침부부, 인부마연석부부, 타제석부(굴지구)4, 타제석부1, 갈돌1, 지석6, 고석2, 흑요석제(석속1, 석기1), 어망추2, 기타1 =>31 -2차(4층): 결합식조침두부1 =>1 -3차(4층): 갈판1, 석도1, 인부마연석부1=>14	46
				*4,5기(3,2,1층/후-말기) -1차(3,2,1층): 결합식조침두부2, 인부마연석부4, 인부마연연석부2, 전면마연석부1, 타제석부(굴지구)8, 마제석부2, 갈돌3, 지석13, 타제석부(굴지구)13, 갈판5, 갈돌4, 공이3, 지석7, 흑요석제(석촉, 석기2, 석인12)22, 기타4 =>83 -2차(2,1층): 결합식조침두부2, 전면마연석부1, 인부마연석부2, 석촉2, 갈판3, 석촉2, 흑요석제(석촉4, 전면마연석부(굴지구)6, 타제석부(굴지구)6, 고석1, 갈돌1, 갈판1, 지석9, 기타부 석기12)29 -3차(2,1층): 결합식조침두부1, 석창1, 흑요석제4, 타제석부(굴지구)5 =>29 갈판5, 지석5, 기타1(원반형석기1, 투공석기7,타제석기12)29, 고석1, =>38	216
258 부산 다대포 봉화산	VIIIc	233	A	마제석부2, 편평편인석부4, 지석4, 찰절석기1, 석재1,	9
259 부산 율호동	VIIIc	50	A	마제석부부, 편인양인석부부, 편평편인석부, 석재4, 지석2,	7
260 경주 봉길리13-1	VIIId	4	H3, A	보습2, 갈돌4, 갈판3, 공이1, 대석1, 긁개류4, 마제석부2, 지석5, 발화석4, 바퀴날8	31
261 울산 중산동139	VIIId	67	B9, F2, A	4층-석부1,	1
262 울산 부곡동112-1	VIIId	33	E1	보습4,	4
263 울산 처용리221	VIIId	45	T16, B13	1구역(무탄)-굴지상이식1, 석부1, 석촉2, 식재굴지상(석창)1, 지석2, 흑요석제 석촉,	14
264 울산 세죽	VIIId	-1	B18(도토리)	석부11, 찰절석기5, 지석4, 고석1, 석촉5, 석창2, 결합식조침두부48	76
265 울산 황성동(군급)	VIIId	-2, 4	M (B1, F1, E1)	*1기(조기)/B8,9층: 고석2, 갈창1, 타제석도1, *2기(전기)/A6-8층, B5-7층: 마제석부2, 연석4, 지석3, 고석6, 갈창1, 마제석창1, 타제굴지구1, 기타1, 바퀴날2	21
266 울산 아사동861	VIIId	19.5	A	유물포함층-바퀴(호요석),	1
267 울산 성암동	VIIId	*	A	석부2,	2

번호	유적명	지역권	해발높이	유적성격	출토석기 및 수량	총수량(점)
268	울주 우봉리	VIIId	9	A	1~3층: 박편석기21, 판평타제석부(능선가)2, 석재8, 석부2, 마상석기3, 갈판4, 대석2, 결합식조침축부2, 찰절석기1 =>37 4~5층: 박편석기72, 마상석기3, 결합석기1, 석부2, 갈돌2, 고석5, 대석1 => 16	53
269	울주 신암리	VIIId	3~10	A	*조기~신암리 I (1지구): 돌도끼2, 긁개, 격지, 석도1, 갈돌1, 끌이1, / 1지구(신중환): 갈돌1 / 3지구~석촉4(호요석재), 죽요석 제바편1, 박편8, 마상석기6, 미완성석기3, 긁석, 이앙추1, 갈돌1, 긁개가3, 석촉6, 격지, 긁개3, 결합식조침1, 석촉, *중기~신암리 II (2지구): 박편1, 갈돌1, 타제석부1, 격지1, ~4지구(신중환):가석1, 긁개1, 마상석기2, 이앙추1, 긁개류1,	61
270	울주 신암리 당재골	VIIId	15	S	갈판1, 이앙추1, 미완성석기1(석도형석기)1	10
271	울주 신암리260 (부경대박물관)	VIIId	6	B&A	결합식조침축부20, 격지11, 돌날핀1, 유견석기1(긁개)3, 끌이1, 찰절석기3, 석부1, 석영제마제소형석부1, 죽요석재7	3
272	제주 북촌리 암음	IXa	20	R	끌이2, 숫돌6, 흡돌4, 갈돌2, 갈판3,	48
273	제주 고산리(1998)	IXa	15	A	시문: 석촉46+, 첨두기+, 긁개+, 흡돌1+, 가공혼석기5+, (돌날)몸돌1+, 박편+, (돌날)긁돌1+, 석핀+ 발문: 석촉65+, 첨두기13+, 긁개1+, 두기제3+, 가공혼석기19+, (돌날)몸돌6+, (돌날)긁돌1(3)+, 석재7, 기타9+	17
274	제주 고산리(2002)	IXa	15	A	석촉2, 긁개, 가공혼석기14, (돌날)몸돌3, 박편8, (돌날긁돌6+, 석핀47, 반입석재23,	86
275	제주 고산리(2014)	IXa				171
276	제주 감낭리	IXa	13	A	무경석촉4, 첨기석촉2, 유경석촉10, 제뜨개2, 긁개7, 다듬이진석기6, 석핵5, 돌날(박변)9	132
277	제주 이호동(서귀)	IXa	6	B3	긁자구1, 지석1,	27
278	제주 이호동(288)	IXa	22	B1	긁자구1+, 갈돌1, 고석1,	2
279	제주 이호동(1630-3)	IXa	10.5	B48,E1	고석4, 긁자구3, 타제석기1, 연석4, 바편1,	3
280	제주 회천동(1035-2)	IXb	74	B9	긁자구1, 고석1,	14
281	제주 도두동 (제주고항숙박대)	IXa	16	B41	*1가: 유경타제석촉1, *2가: 타제석기1(석도형석기)1, 이앙추1, 긁자구구3, 기타5+	2
282	제주 도두동2162-2	IXa		H1,B17,F2	*17(호종기)/교산나식(15,19,23수형): 긁개, *27(전기/중기)몸돌(23,6%), 영상돌식(48%)-타제석촉4, 밀개3, 제뜨개, 긁지기, 돌남3, 미완성품2	1
283	제주 오등동 (병문천)	IXb	370	B34,E4	*17(호종기/교산나식(15,19,23수형): 긁개, *27(전기/중기)몸돌(23,6%), 영상돌식(48%)-타제석촉4, 밀개3, 제뜨개, 긁지기, 돌남3, 미완성품2	10
284	제주 삼양유원지	IXa	10	B22,E5	부식1, 격지2, 숫돌1, 기타2,	37
285	제주 삼화지구	IXa	30	B28,F9,E6	첨두기14, 유경석촉7, 무경석촉5, 결상이식, 새기개2, 새기개, 밀개, 밀개6, 긁개10, 상황상기20, 격자81, 석인9, 제석인8, 스돌5, 몸돌13, 제석핵8, 마제석촉1, 해8, 마제석부2, 공이형석기15, 갈판6, 고석16, 흡돌15, 지석9, 망치돌2, 대석6, 사낭돌1,	387

번호	유적명	지역권	해발높이	유적성격	출토석기 및 수량	석수량(점)
286	제주 은평리	IXb	14.5	A	*17|(천기): 석기X	0
					*27|(후기) - 시굴: 타제석기3(긁자구4, 기타2), 고석, 갈돌, 석편1 / 발굴: 타제석기8(석도형석기2, 긁자구3, 기타3), 갈판3, 갈돌, 콩이3, 경석, 요석,	22
287	제주 비양도	IXa	3	B3,A	갈돌, 요석,	2
288	제주 신천리 한못계	IXa	6	C(B2)	즉갈색점토층: 고석, 어망추, 타제석기(격개)1, 박편, 갈돌, 지석,	9
289	제주 성읍리	IXb	134	B38,E16	고석11, 갈돌6, 갈판3, 지석5, 긁자구도, 석핵1, 타제석기(석도형석기1,기타)2,	32
290	제주 성읍농촌용수	IXb	169	A / B12	제주문화예술재단: 함인석부1, 갈돌2 / 중앙문화재연구원: 석기X	3
291	제주 성읍리(한읍)	IXb	104	E1/A	장신구(석제화)1, 구슬(환옥)1,	2
292	제주 한남리	IXb	148	B3,E10	고석11, 지석3, 타제석기3, 갈돌7, 갈판2, 부석, 대석, 타제석기(석도형석기)1, 용도미상석기2	32
293	제주 강정동	IXb	73	A(1-5층)	세석핵15, 세석인5, 스톨3, 긁개6, 밀개, 성형석기도, 무경촉3, 유경촉10, 석인촉2, 첨두기2, 세기개도, 뚜르개2, 새기개2, 마제석부3, 갈돌8, 갈판5, 홈돌3, 석도(창동기)1,	103
294	제주 사계리	IXa	22	B11,E16	*17|(초기/10-8층): 적개, 긁자구3, 타제석기7, 박편, 결합식낚시축, 고석20, 요석13, 갈돌7, 갈판, 갈돌, 소형석기14, 망칫돌1, 마제석부1, 석제2, 용도미상1, 현무암제석기1	82
					*27|(후기/7-5층): 적개, 긁자구2, 타제석기10, 박편2, 고석25, 요석12, 갈돌10, 갈판, 소형석기13, 마제석부, 마제석기14, 석제2, 용도미상2,	76
295	제주 하모리	IXa	4.2	B2,F6,E3	타제석기(석도형석기)1, 갈돌,	2
296	제주 외도-운동장	IXa	9.5	A	타제석기유경식석촉, 찌리개, 박편1	3

부록 2. 신석기시대 석기의 종류별 분류와 수량

〈1. 중창기유적의 석기〉

번호	유적명	권역	해발	석촉	석창	찰기	이음추	작살·어구	결합식조침	석시	굴지구	석도	인기	석도형석기	성형석기	긁개	밀개	찍개	석부	갈돌·갈판	몸돌	고석	장신구	도구석기계	제작석기	병용석기	기타	총계	도구다양도	그룹
1	임실 하가	7a	213	1																				1				1	1	3B
2	제주 고산리(1998년군)	9a	15	46	4										7	3								60	26			86	1	1B
	제주 고산리(2002년군)	9a	15	65	13										22	13								113	49		9	171	4	
3	제주 고산리(2002)	9a	15	2											4	1								7	102	23		132	3	3B
4	제주 김녕리	9a	16		2										6	7								15	14			29	11	1A
5	제주 삼화지구	9a	30	102	14										22	10	4	2	16	63	15	7		256	128	2	1	387	2	3B
6	제주 외도오동동장	9a	9.5	1	1											1								2	1			3	1	3B
7	제주 오등동1기	9b	370																					1				1	1	3B
	제주 강정동	9b	73	15	2										9	9	2	3	8	5	3			56	46		1	103	9	2A
	합계			232	36										70	44	6	5	24	68	18	7		511	366	25	11	913		

〈2. 조기유적의 석기〉

번호	유적명	권역	해발	석촉	석창	찰기	이음추	작살·어구	결합식조침	석시	굴지구	석도	인기	석도형석기	성형석기	긁개	밀개	찍개	석부	갈돌·갈판	몸돌	고석	장신구	도구석기계	제작석기	병용석기	기타	총계	도구다양도	그룹
1	양양 용천리	2c		1																				7				7	3	3B
2	웅기서포항기	2c	3	3			13									3								20	2			22	4	3B
3	고성문암리I(1기)	6a	14	3	3		12				6					7			21	65			3	142	80		28	250	13	1A
	고성문암리II(1기)	6a	9	1			3				3					8	1	1	1	3			1	20	27		2	49		
4	양양 오산리(A)1기	6a	11	2			1				5								1	24			5	73	30		5	108	12	2A
	양양 오산리(B)1,2기	6a	11	1												1			1	3				7	1			8		

번호	유적명	편년	해발	석촉	석창	환두기	어망추	작살	결합식조침	석시	굴지구	이기	석도	반원형석기	성형석기	금개	합개	적개	석부	석착	갈돌	갈판	홈돌	고석	장신구	도구석기 소계	제작 석기	변용 석기	기타	총계	도구다양도	그룹
5	앙앙 오산리C(1기)	6a	5	22		154		34		1		5	6	1	21	7	1	1	34	6	6	2		7	1	303	64	6	2	375	16	1A
6	동해 망상동	6a	23			1	11			1		5	5				1		7		1	2		1	1	58	13		4	75	12	2A
7	울진 죽변리	6a	13	2	9	1	1	3		6	19	11		1					25		69	30		32	10	255	85		67	407	16	1A
8	오진리암음(1기)	7d	143											1				1					2		2	4		1	6	3	3B
9	비봉리I (1기)	7d	-1			1					2		2						6		1					18	2			20	9	3A
9	비봉리II (1기)	7d	-1																							1		1		1		
10	동산 송도I (1기)	8b	3					1								1	1		1							2	1			3	7	3A
10	동산 송도II (1기)	8b	3	6				1				6				5		4	1		2					15	5			20		
11	여수 안도리기	8b	6				1	5			40	6	30						30		1				1	99	10		14	123	9	2A
12	하동 목도리기	8b	3.5						1		2	7	7			7			2							19	7		7	33	4	3B
13	사천 선진리1기	8b	45					1				1	8			1		1								14	9		4	27	7	3A
14	통영 연대도I (1기)	8b	3				13		1				26			1		39	26							124	17		2	143	11	1A
15	상노대도(연대패II)1기	8b	6											2		3		1				2		1		11	1			12	8	3A
15	상노대도(동아패II)1기	8b	6									1												1		1	3		41	45		
16	부산 죽림동	8c	-3												1			1								1			2	3	1	3B
17	범방패총1기	8c	4	1	1		1	7			26	2	10		3						2					34	3		2	39	8	2A
18	범방유적1기	8c	2			1	1	12			3	1	5		5										4	51	5		2	57	7	2A
19	동삼동 1기	8c	4		1		1	8		1			11		12										3	26	12		1	40	9	2A
20	울산 세죽	8d	-1	2		1	1	48	1			5		2	9										2	67	9		2	76	5	2B
21	울산 황성동1기	8d	-2	5			5					5														4				4	3	3B
22	울산 성암동	8d										2														2				2	1	3B
23	울주 우봉리	8d	9		1		1	2			2		4				7				2		1		5	18	3	3	29	53	7	3A
24	울주 신암리1,3지구	8d	3	4		3		5		2	3	2		3		3		7				3			2	34	9		18	61	10	2A
25	울주 신암리260	8d	6				1	20					2								4	11			1	38	10		0	48	6	2B
26	제주 도두동1기	9a	16.	1																						1				1	1	3B

〈표 계속〉

번호	유적명	권역	해별	석촉	석창	찰두기	이형석촉	각살촉	결합식조침	석시	굴지구	석추	인기	석도형석기	석도	일반성형석기	긁개	밀개	찍개	석부	석착	간돌	갈돌	흠돌	고석	장신구	도구석기계	제작석기	범용석기	기타	총계	도구다양도	그룹
27	제주사계리유적1기	9a	22																									56	3	23	82	8	2A
	합계			101	25	7	214	33	206	3	103	15	17	12	45	5	27	87	5	33	211	18	95	54	13	98	6	1525	411	10	254	2200	8	

〈3. 전기유적의 석기〉

번호	유적명	권역	해별	석촉	석창	찰두기	이형석촉	각살촉	결합식조침	굴지구	석추	인기	석도형석기	석도	일반성형석기	긁개	밀개	찍개	석부	석착	간돌	갈돌	흠돌	고석	장신구	도구석기계	제작석기	범용석기	기타	총계	도구다양도	그룹
1	웅기서포항2기	2c	47				62			10						2			7		2					128	12		1	141	5	1B
2	굴산유적1기	3a	2							1							2									5				5	3	3B
3	봉산지탑리	3b	49	11			77			59				8		25	16		60	16			7		321	160		129	610	9	1A
4	봉산마산리	3b	70	11			20			3				7		25	11		9						166	58		4	228	10	1A
5	청단소정리1기	4a	2	2						1									2	6					13	1		2	16	5	3B
6	까치산1기	4a	13				2																1		2			1	3	1	3B
7	운서동I(1기)	4a	27	10			2			56				20		75	39	28	178						424	98			522	12	1A
8	영종도송산	4a	3	1										3	2		1								4			1	5	4	3B
9	영종도외리	4a	21											2		1									1				1	1	3B
10	시흥능곡동1기	4a	32											1		1							6		8				8	3	3B
11	태안달산리	4b	44							1									1						1				1	1	3B
12	서울암사동	4c	25	2			165			31		49	11	13	100		54	24	30			1			536	113		46	695	15	1A
13	서울미사리	4c	17	5			55			5		1	1	1	41	29	7	11	25						161	22		5	188	12	1A
14	성남사송동1기	4c	28							1						6	1								9				9	4	3B
15	연곡학고리	4d	18	18			119			2				2	1	2	1		4	5				1	146	17	1	11	175	9	1A
16	연곡삼가리	4d	36	1			2			1				1		2	5		1	1					15	8		6	29	7	3A
17	춘천교동동굴	5a	105	7			2									2	1					1			19				19	7	3A
18	영월공기2굴	5b	334	16			2			2						3	1	1	3		1	1		5	27	7	5	2	41	8	2A

번호	유적명	편년	해발	석촉	석창	첨두기	어망추	작살	결합식조침	굴지구	석추	인기	석도형식기	석도	원반형석기	생활석기	긁개	밀개	찌개	석부	지석	갈돌·갈판	홈돌	고석	장신구	도구	제작	운반·저장용기	기타	총계	도구다양도	그룹
19	영월 주천리(예맥)	5b	245	1										1												2	1			3	2	3B
20	양양 오산리(C2기)	6a	5	1			43		30	1	1			1		8	4			7		5		7		119	87	5	11	222	15	1A
21	밀양 살내	7d	14	1		2				14			24	1	8	8	9		13	42		26				100	221	8	22	351	9	1A
22	비봉리I(2기)	7d	-1				40		5	18				6						4					122	14	2		138	9	1A
	비봉리II(2기)	7d	-1				13		1	64			1	4					2	18					103	8		8	119		
23	하남 수여리(하층)	7d	3							3														3	2	4			6	2	3B
24	경주 황성동2기	7c	27																				1		6	1			7	3	3B
25	서천 장암1기	8a	13							1										4						1	1			1	1	3B
26	군산 가도2기	8a	10	1			22			4			16	1	2				2							59	17		3	76	9	2A
27	노래섬 가2기	8a	10				21			3			32		12											86	11			101	8	2A
28	노래섬 라(1기)	8a	14				5								6				1						1	11	1		1	12	2	3B
29	부안 계화도산상	8a							1			1							8						4	1	1	1	12	3	3B
30	가거도1기	8a	30																	2						4			2	5	3	3B
31	완도 여서도	8b	16						19						2	5			22		22				53	67	1	2	123	6	2B
32	돌산 송도I (2기)	8b	3							1					1	1	1		2		4			1	5	5		1	11	9	3A
	돌산 송도II (2기)	8b	3			4										1	2		3					2	13	4		16	33		
33	여수 안도2기	8b	6							2				1		1			2		4			6	2		2	10	5	3B
34	여수 경도1기	8b	3							10			2	2					17					35	44		26	105	7	2A
35	하동 목도2기	8b	3.5				1				1		3	13	1				17					52	18		18	88	9	2A
36	통영연대도I (2기)	8b	3					3			1				1	18	3	15					1	55	10			65	10	2A
37	상노대도(연세대)2기	8b	6								1		1		1	1	1					1		19	1		1	21	9	2A
	상노대도(동아대)2기	8b	6						6				2		3	3						3		4	17		21	42		2A
38	가덕동 장항1기	8c	2	1			1		2	5					1			4				2	1	28	7		4	39	12	2B
39	범방패총2기	8c	4	1					6									11				7	6	25			1	26	4	2B
40	범방유적2기	8c	2							15								11						28				28	4	2B

번호	유적명	권역	해발	석촉	석창	첨두기	양면촉	작살	결합식조침	굴지구류	석추	인기	석도형식기	석도	일반합식석기	성형석기	굴개	멧개	석부	석겸	갈돌	갈판	홈돌	고석	장신구	도구석기계	제작석기	유경비용석기	기타	총계	도구다양도	그룹
41	부산 세산	8c	20																1							1				1	1	3B
42	부산 영선동	8c						2							1				2							5			1	6	3	3B
43	부산 조도	8c				1								1												1			2	3	1	3B
44	동삼동 2기	8c	4	1			2	1	1	3								1					1			6				9	10	2A
45	동삼동(구바닥) 2기	8c	4				2	1	5	5				1				2				1				18	12	1	16	46		3B
46	다대포 봉화산	8c	233		1													2	5			1				7	1		1	9	2	3B
47	부산 율조동	8c	50	1														3	2							5	2			7		3B
48	울산 처용리221	8d	45						1									7	2							12	2			14	6	3B
49	울산 황성동2기	8d	4	1							1		1			4		2	2			6			6	15	3		3	21	3	3B
50	울주 신암리단계골	8d	15																							3				3	3	3B
51	제주 도그동2162-2	9a	10				1		1				1			6		3	1		6	6	7			24	11	2	2	37	6	2B
52	제주 삼양유원지	9a	3																							0	3		3	6	0	3B
53	제주 비양도	9b	74						1								1					1				2	2			2	2	3B
54	제주 오등동2기	9b	570	46	1		1			1									3				1		3	60	50		7	110	7	2A
합계				333	46	3	658	7	77	1	328	2	58	40	81	14	8	42	56	5	74	395	97	276	135	37	304	18	3095	1124	23	374	4616

〈4. 중기유적의 석기〉

번호	유적명	권역	해발	석촉	석창	첨두기	양면촉	작살	결합식조침	굴지구류	석추	인기	석도형식기	석도	일반합식석기	성형석기	굴개	멧개	석부	석겸	갈돌	갈판	홈돌	고석	장신구	도구석기계	제작석기	유경비용석기	기타	총계	도구다양도	그룹
1	노지구	1a		1	2					1				2												7	7			7	5	3B
2	대배자	1a								2																4	4			4	2	3B
3	부가가	1a		1						3				1												4	4			4	2	3B
4	영변 세죽리	1c																								1	1	1	1	3	1	3B

번호	유적명	권역	해발	석촉	석창	함두기	어망추	결합식조침	석시	굴지구부	석촉	인기	석도·박편석기	석도·박편석기	일반몸돌석기	성형석기	긁개	밀개	찍개	석부	석부	갈돌	홈돌·갈판	교석	정신구	도구석기 계	제작석기	운반·변용석기	기타	총계	도구다양도	그룹
5	화룡 흥성	2a		22	2					18							1			3		3	2			80	3		3	86	8	2A
6	무산 범의구석	2a		9	3		13			12							6					2	2			118				118	9	1A
7	무산 두루봉	2a		2																						5				5	2	3B
8	회령 검은개봉	2a		4			2			21							2					1	1			30	15		1	31	5	2B
9	웅기 서포항기	2c		71	1		110			7						1	2			4		3	1			221		5		236	9	1A
10	상원 룡곡동굴	3a								8							7			2		2				21			2	26	6	2B
11	평양 금탄리1기	3a		8			28			1							2			3		3	3			39	8		1	49	4	2B
12	중산 룡당리	3a		4						1							2			2		12	4			16				17	6	3B
13	군산 유적2기	3a		30	32		12										14								2	108	26		1	134	8	1A
14	은천 학월리	3b					1										1						1			2			1	3	2	3B
15	까치산2기	4a	13	2			23										1					2				27			2	28	5	2B
16	삼무도Ⅲ	4a	19	4																				1		5			4	7	3	3B
17	시흥 능곡동2기	4a	32							6			1				6					20	1	27		60	7		3	73	7	2A
18	안산 신길동	4a	20							1			1				4					14	12			38	1		6	42	6	2B
19	화성 석교리	4a	26							2			3				5			1		11	9	7		37	3		15	46	7	2A
20	용인 농서리	4a	62	1													2			1		6	4	2		18	3			38	7	3A
21	안성 양변리	4a	47.5														1									1	1			2	1	3B
22	안성 동월리	4b	91																							1				1	1	3B
23	아산 성내리	4b	65							11													2			17	1			20	3	3B
24	배얌리 정배물	4b	50				1			1							3					4				1			6	7	1	3B
25	장재 안강골	4b	45	2						14													2			26			4	30		2B
26	아산 풍기동	4b	33																			4	3			4			2	7		3B
27	배석동 교해미물	4b	75																			1	1			1				1		3B
28	홍성 상정리	4b	69							2														1		3				3		3B
29	홍성 송월리	4b	52							2							1									4	1		3	8	3	3B

번호	권역	유적명	해발	석촉	석창	홈날기	찔개	어망추	작살	결합식조침축	굴지구	석도인기	석도형석기	석도식칼	석겸	원반형석기	긁개	밀개	찍개	석착	갈돌	갈판	홈돌	고석	장신구	제작석기계	완형변용석기	기타	총계	도구다양도	그룹
30	4b	당진 소소리동구	24																							0		3	3	0	3B
31	4b	당진 율사리	92																		2	2	1			5		2	7	3	3B
32	4b	당진 동곡리동구	17								2															2			2	1	3B
33	4b	당진 우두리	47																			1				1	1		2	1	3B
34	4b	당진 우두리아행발	26								2												1			2			2	1	3B
35	4b	당진 우두리대장멀	27																				1			1			1	1	3B
36	4b	서산 기지리	25																		1					1			1	1	3B
37	4b	해미 기지리	22		1																1	1	1			2	1	4	7	2	3B
38	4b	서산대죽리(중문연)	4								1					7	1		7	1	7	7	1	7		19		1	20	7	3A
39	4b	보령 송학리1기	7										1						1		1	1		2		3			3	3	3B
40	4c	김포 양촌	27		1														1		1	1	1			6	1		7	4	3B
41	4c	김포 운양동II	10																			1	1			2			2	2	3B
42	5a	화천 거례리	97					2					1					2	2		1			2		3	1	2	6	2	3B
43	5a	춘천 신매리(강원)	77								2							2	2	3				2		11	1	2	14	6	3B
44	5a	춘천 우두동II	77								2						1				2	1	1	4	1	4			4	3	3B
45	5a	홍천 역내동	183					13										4				3			1	5	54		59	2	3B
46	5b	정선 아우라지	379														2	4	2			3	2			15	1		16	3	3B
47	5b	영월 삼옥리	202					6			1									2		2		1		8	3	4	15	5	3B
48	5b	영월 연당쌍굴	221		1			1				4				1		5						1	2	10			10	5	3B
49	5b	단양 금굴		4							1											1		1	1	11	5	5	21	6	3B
50	5b	단양상시3그늘1기	180	2	2															2					1	15	8	2	25	8	3A
51	5b	제원 황석리	103	4																						4			4	1	3B
52	5b	충주 조동리	75	2				2																		6			6	3	3B
53	5b	음성 금석리	120																					1	1	1		1	2	1	3B
54	5b	원주 반곡동	154	1	1											2		2				2	2		1	4		1	5	3	3B

번호	유적명	권역	해발	석촉	석창	첨두기	어망추	결합식조침	석시	굴지구류	석추	인기	석도 생활기	석정 석부	일반 생활석기	굴지 생활석기	괭이	첨기	석착	석부	갈돌	간돌	교식	도구 석기계	제작 석기	운반 반용석기	기타	총계	도구 다양도	도구 그룹
55	고성문암리 I (2기)	6a	2	2			3																	5	4		3	12	7	1A
	고성문암리 II (2기)	6a	2	31	2		78										3		3	27			144	38		22	204	7	1A
56	양양 용호리	6a	5				8	3											1	1			13				13	4	3B
57	양양 송전리	6a	2.4	9			84												8	4		2	116	7		5	128	9	1A
58	양양 가평리	6a	5	2			2												1	1			7	2		1	10	5	3B
59	양양 오산리(A)3기	6a	11	4			1	3											1				10	3			13	7	2A
	양양 오산리(B)3기	6a	11	2			26																33	3			36	7	3B
60	양양 오산리(C)3기	6a	5	2			8												2	1			15	4	1	1	21	6	3B
61	양양 지경리	6a	5	17	2		331												12			1	402	3		10	415	8	1A
62	강릉 지변동	6a	26	24			60												11	10	20	6	131	83		2	216	8	1A
63	강릉 하시동	6a	3	2	1		22												2	6		1	33	5		2	40	6	2B
64	강릉 초당동(강원)	6a	-0.5	40			159												19	2		3	268	5	151	51	475	10	1A
65	강릉 초당동 II	6a	1.5	4													3						6		1	1	7	3	3B
66	초당동 267-14	6a	1	2			12												1				15				15	3	3B
67	갈머리기	7a	240	3															1	5		4	18	2	1	7	28	5	3B
68	진그늘기	7a	239	9								14							2	1	4	6	65	96		13	174	10	2A
69	전안 운암	7a	264				1									3				5		2	7			6	13	4	3B
70	대전 둔산	7a	45				4										1		1	2	3		30			12	42	5	2B
71	옥천 대천리	7a	107																1	1	2		24			13	40	5	2B
72	중평 석화리	7a	91				1													2			7		1		7	6	3B
73	개위 영하리	7a	79									1								1			3				4	3	3B
74	개위 쌍청리	7a	54	2								2						4	5	5		5	18	2	1		21	6	3B
75	청주 봉명동	7a	58.5	1			5					1								1		5	9			10	19	4	3B
76	공주 장원리	7a	68									2							2	1		2	12	2	1		15	3	3B
77	공주 신관동단금	7a	57				4					1											6				6	3	3B

번호	유적명	권역	해발	석촉	석창	흠부기	이망추	작살	결합식조침	굴지구	석추	인기	석도형봉상석기	석도형편평석기	일반봉상석기	일반편평석기	일반성형석기	긁개	밀개	찍개	석부	석화	갈돌	갈판	홈돌	고석	장신구	도구석기계	제작석기계	일반/범용석기	기타	총계	도구다양도	그룹
78	익산 신용리	7a	55							1																		1			1	2	1	3B
79	영주 대촌리	7d	218				1																					1			1	2	1	3B
80	김천 송죽리	7d	99	4	5		58			14		4				4						2	5	52	47		3		198	37	17	28	280	11	1A
81	김천 지좌리(삼강)	7d	178							5											1							6	6			12	2	3B
82	진주 상촌리1기	7d	37		19							2									2			1		4		28	10			38	5	2B
83	평거4-1(1기)	7d	28		8					5											7		8	9				37	20		7	64	7	2A
84	오진리암음(2기)	7d	143				44			6	1	1									2							54	17		7	78	4	2B
85	비봉리II(3기)	7d	1							1	1																	2				2	2	3B
86	창녕 수다리(2049)	7d	3							3																		3	1		0	4	1	3B
87	울산 중산경화(신포지)	7e	190																										2		0	2	0	3B
88	욱지도	8b	6	10	5		5	6				17					25			6	6	1	2		3	2	90	5		12	107	15	2A
89	진해 남양동1기	8c	5.5							3																		3				3	1	3B
90	가덕동 장항2기	8c	2						2	2		1																5				5	3	3B
91	가덕동 대항	8c																										0	2			2	0	3B
92	김해 수가리1기	8c	7							3																		3				3	1	3B
93	범방유적3기	8c	2				12		2	51		1								2		8	2		3		81	3		1	85	8	2A
94	동삼동 3기	8c	4	8	1		5	8	5	23		1					1			2	2	3	16		8		83	11		5	99	16	2A
95	경주 봉길리3-1	8d	4							2							4				2	4	3		1		16	13	2		31	6	3B
96	울주 신암리1,3구역	8d	3				1			1							1					1					4	2		4	10	4	3B
합계				360	89	2	1131	14	18	330	2	30	28	33	6	4	103	67	3	14	178	57	288	200	1	109	5	3052	531	191	308	4082		

〈5. 후기 유적의 석기〉

번호	유적명	편년	석촉	석창	첨두기	결합식조침	석시	굴지구	석추	인기	석도	석도형석기	원반형석기	성형석기	긁개	밀개	찌개	석부	갈돌	갈판	홈돌	고석	아양추	장신구	도구석기계	운반제용석기	기타	총계	도구다양도	그룹
1	관전 쌍리외자	1a	2															3						1	7		1	8	4	3B
2	관전 대주선구	1a					5	1										2							8			8	3	3B
3	중강 토성리	1a	7					4										8	5	5			1		30		30	60	6	3B
4	관전 소랑랑성산	1b	2		1		4		1					1				2					1		9		3	12	4	2B
5	봉천 신암리	1b	2				6							3				3					5	1	19		2	22	6	3B
6	봉천 룡연리	1b	5				5				1			1			4	1						3	12			15	4	3B
7	영주 반궁리	1b	1					1			4						20	1						1	27		1	29	5	3B
8	경주 당산	1c	8		1						1		2				20		2			1		8	24		1	33	4	2B
9	룡성 금곡	2a	8					3			9			5					10	14		2			51			51	7	2A
10	자이사노프카	2b	1		2	1	1				2			4	2		2	4	1						13			13	8	3A
11	자레치노예	2b	1			1	1							1			1	3		1					10			10	6	3B
12	포시에트	2b					2							2				2					1		3			3	2	3B
13	서포항4,5기	2c	27					9			12		4	12	4		8	12	5	1		2	32	106	100		1	207	9	2A
14	나선 나진동	2c	3	1				2			1			1				1							6			6	3	3B
15	나선 송평동	2c	2	1										1			1	1							5			5	4	3B
16	청진 농포	2c	24	5				10			10			10			4	10	60	15		1	1		130			130	9	1A
17	경성 원수대	2c																1						1	0	1	50	51	0	3B
18	덕천 남양리	3a	1								2			1				1	4	4			16	1	17		1	19	2	3B
19	평양 청호	3a											2	1				1	4	4					11			11	4	3B
20	평양 청호리	3a																					1		2			2	2	3B
21	평양 금탄리2기	3a	70	2				1			10			10	5			10	5	12		8	1279	2	1380	1	5	1367	8	1A
22	평양 남경	3a	2				3				7			5	7			5	5	12			3008	4	3049		20	3074	7	1A
23	송림 석탄리	3a	1															1							1			1		3B

번호	유적명	권역	해발	석촉	석창	찔개	어망추	결합식조침	작살	굴지구	석추	긁개	석부	석착	연마구(갈돌)	갈판	숫돌	고석	장신구	도구석기계	제작석기	운반·변용석기	기타석기	총계	도구다양도	그룹
24	파일 덕인리	3b													1					1				1	1	3B
25	송화 항곡골	3b												1						2				2	2	3B
26	배령도 진촌리	4a									3				3	1			1	8			1	9	4	3B
27	해주 용당포	4a		1	7		2				2				1	4				13	1			14	5	3B
28	청단 소정리[3기]	4a	38	4									2							8				8	2	3B
29	옹진 소연평도	4a	3				219								1			2		224	3			227	4	1B
30	대연평도 모이도	4a	7	1			57													59	18		2	79	3	2B
31	시도	4a	3	4							1		1		1					11				11	6	3B
32	강화도 별망	4a							2											1	1			2	1	3B
33	율왕동 I	4a															1				1	1			2	1	3B
34	율왕동 III	4a	26											1			3		1		3				3	1	3B
35	남북동	4a	27										1					2		3				3	3	3B
36	운서동 I (2기)	4a	35						2											3	2		1	6	3	3B
37	운서동 젓개마을	4a	14		1						3				1					2				5	2	3B
38	운북동(고래)	4a	15	1		1	1						2							2				2	1	3B
39	운북동(한강)	4a	18	7							6		2	21	11		2		54	2		6	62	8	2A
40	중산동(중앙)	4a	18	1	2		4		1		1		2	3	10	3			1	22	2			24	7	2A
41	중산동(한강)	4a	6	8	9		4				23		56	18		17	2	143	21		24	188	11	1A
42	오이도 신포동	4a	11								2									4				4	3	3B
43	오이도가운데살막	4a	7								1									2				2	2	3B
44	오이도 뒷살막	4a	20						1				3	1	1					3	1			4	3	3B
45	대부도 흘곶	4a	82								3			1	1		1			4	1		5	10	2	3B
46	신길동 안골	4a	22								1		1	1						3			1	4	3	3B
47	매죽리(한사대)	4b	20								1				2	1			4				4	3	3B
48	안면도 고남리	4b		1	2		1			45	2		3	2	12	2	4	79	5		25	109	12	2A

번호	유적명	권역	해발	식촉	식창	찔개	어망추	결합식조침	식시	긁개	식추	인기	식도형석기	석염	원반형석기	근계	역계	석부	석부	갈돌	갈돌	홈돌	고석	장신구	도구석기 계	도구제작석기	운반·배송용기	기타	총계	도구다양도	그룹
49	보령 송학리2지구	4b	7								34				29			1		8		8	2		82		1		88	6	2B
50	호평동 지새울	4c	165			1									1								5		7			2	9	3	3B
51	남양주 별내	4c	48	1		1														1			1		5	3			8	4	3B
52	남양주 덕소리	4c	55															2							1				1	1	3B
53	김포 가현리	4c																								1			1	2	1	3B
54	연천 원당리	4d	30	4																					1				1	1	3B
55	파주 당동리	4d	10	1																				1		5	1		1	7	1	3B
56	파주 매동리	4d	65																	2	2			1		8				8	2	3B
57	춘천 내평리	5a						2									1	3								5	4			11	6	3B
58	춘천 신매리 I	5a	75																											4	3	3B
59	홍천 철정리 II	5a	170		1								1				1	1								3	1			4	0	3B
60	정선 덕천리소골	5b																							1		4				5	2	3B
61	평창 응암리	5b	314	1																						4				2	3	3B
62	영월 주천리(강원)	5b	242	5																				1		1				7	3	3B
63	영월 꽃병굴	5b	346	8	1																					5					1	3B
64	단양 상시3그늘2기	5b	180				14									5	1	4	4				2	1	44		6	2	56	10	2A
65	단양 수양개	5b	132					2																		2			6	2	1	3B
66	청성 중금리	5b				1		2																		2				2	2	3B
67	원주 법천리	5b	81			1		1									1					1				2				2	2	3B
68	고성 대진리	6a	30			9													6			1				10		8		18	2	3B
69	고성 철통리	6a	28			21													180				3		1	31		21		52	4	2B
70	울진 후포리	6a	40																1					1	4	185				185	3	1B
71	울진 오산리931	6a	4	1																						2			1	3	2	3B
72	강수 남양리	7a	360										1																	1	0	3B
73	강수 월곡리	7a	360			2											1		1							5				5	4	3B

번호	유적명	권역	해발	석촉·석창	밀개	양면촉	결합식식료점	굴지구	석추·인기	석도성형석기	석도성형석기	한면성형석기	양면성형석기	몸돌·격지	석제	석부·석착	갈돌·갈판	흠돌·곰배	교석	석기소계	도구제작석기	유견전용석기	기타	총계	도구다양도	그룹
74	관여리2,3기	7a	240	18				69	9			3				13	13	1	2	128	5		25	158	8	1A
75	전안 농산	7a	250																	1			6	7	1	3B
76	전안 안자동	7a	250																1	2			1	3	2	3B
77	청양 학암리	7a	64.5	1						1										4	2			6	4	3B
78	전주 장동	7a	23.5																					1	0	3B
79	전안 좌포리	7a	50							1			1			4				5				5	2	3B
80	임실 하가	7a	213								1									1			3	4	1	3B
81	전안 진그늘2기	7a	239	1																2				2	2	3B
82	광주 노대동	7b	73		1							1								2				2	2	3B
83	순천 구미리	7c	88	1				4												4			4	8	1	3B
84	순창 원촌	7c	81		27			4		2										39	2	2		43	8	2A
85	남원 대곡리	7c	117		2			4		2		1			1			1		9			20	29	5	3B
86	보성 죽산리하촉	7c	90																	3				3	2	3B
87	국성 유정리유평(대동)	7c	80	1	1							1								3				3	3	3B
88	김건 지좌리(대동)	7d	180					4				1								8	49		34	91	4	3B
89	거창 대야리	7d	172	1				1											1	4	1			5	4	3B
90	거창 임불리	7d	170	1																3				3	1	3B
91	함평 봉체리	7d	131	1				17		2		1								54	3		11	68	8	2A
92	의령 마쌍리	7d	77					1					1							1				1	1	3B
93	신창 장리	7d	60																	2				2	1	3B
94	신창 소남리	7d						2												8				8	1	3B
95	전주 대운리	7d	37		8			15	12	5		1							10	79	43	3	14	139	10	2A
96	전주상운리(동아래)	7d	37	2	5					2											13			13	4	3B
97	전주귀국동배촌	7d	40																	1				1	1	3B

번호	유적명	권역	해발	석촉	석창	합두기	어망추	낙시	결합식조침	식사	굴지구	식축	인기	석도형석기	석도	원반형석기	성형석기	긁개	망치	찍개	석부	갈돌	홈돌갈판	교식	장신구	도구석기계	제작석기	운반변용석기	기타	총계	도구다양도	그룹
98	평가동1·2지구	7d	27.5				16				6			3	1						2	2	5			35	7		7	49	7	2A
99	평가4-1(2기)	7d	28		1		1	1			14			5		2					3	6				32	25		4	61	7	2A
100	대구 서변동	7d	31	1							5			1	1	2					1	3				11	25		9	45	5	3B
101	대구 대봉동	7d	29																			1				1			1	2	1	3B
102	대구 달월리135	7d	33															1			1					1		1		1	1	3B
103	대구 유촌동	7d	23	1	1						6			1	1									1		14	12		3	30	6	3B
104	오진리암음(3기)	7d	143								3							4		4	4	4		1		10	26		5	41	5	3B
105	밀양 금천리	7d									7				1							1				8			6	14	2	3B
106	경주 용강리	7e	52								8							1				1				9	4		5	18	2	3B
107	경주 월성교자	7e																								2			1	3	2	3B
108	경주 월성교자137	7e									2							1						1		2				2	1	3B
109	이산 웅포리	8a									10															10				10	1	3B
110	군산 내흥동	8a	52				124				26			1	2	4	4				1	2	10	6		42	1		9	52	6	2B
111	서천 장암2기	8a	20				1				2												1			3				3	2	3B
112	군산 가도2기	8a	13				357				42				85	4		5			12	5	1		4	305	29		2	336	14	1A
113	군산 비응도	8a	10				8			2					3							1		5		2				2	2	3B
114	군산 띠섬	8a					33			2			2											18		7				8	2	3B
115	노래섬 가(2기)	8a	8	43			357				7				138		12				19			9		594	68	1	24	687	7	1A
116	노래섬 나	8a	10	16			8				6				3						2			1		28	1	1		40	5	2B
117	노래섬 다(2기)	8a	16	6			33				7				21		4				1	1		1		74	4	11	5	84	8	2A
118	노래섬 마	8a	14	14			13				10				15						4					43	11	1	5	59	5	2B
119	노래섬 바	8a	12	12			27								10		2				3					44	4		2	50	5	2B
120	대죽리도예리	8a	10	10							1										3					3	2		9	14	1	3B
121	가거도2기	8a	3	3																	1	4	3			9	1		1	11	4	3B
122	강년리당하산	8a	25				5				21			13	13	3	18	33			33	2	3	7		121	77	1	10	209	10	1A

번호	유적명	권역	해발	석촉	석창	찌르개	어망추	작살	결합식 낚시축	석시	굴지구	석추	인기	석도 형식기	석도 석겸	일반 형식기	성형 석기	긁개	밀개	째개	석부	석착	갈돌	갈판	홈돌	고석	장신구	도구 석기 소계	제작 석기	운반 사용 석기	기타	총계	도구 다양도	그룹
123	무안 소복기도	8b	0																										1			1	2	1	3B
124	돌산 송도I(3기)	8b	3																									34	9		13	56	14	2A
125	돌산 송도II(3기)	8b	3																									9	10		1	20		2B
126	여수 안도조기	8b	6																									46	5		9	60	4	2A
127	여수 경도조기	8b																										74	26	1	19	120	9	3B
128	오사리돈대	8b																										8	1		7	16	4	3B
129	하동 목도조기	8b	3.5																									13	7		8	28	6	3B
130	마륜리마륜	8b	11																									1				1	1	3B
131	사원 구평리	8b	29																									1	2			3	1	3B
132	사천 신진리2기	8b	45																									7	12		8	27	4	2A
133	늑도A지구	8b	5																									28	21		7	56	9	2B
134	동밧 선돈	8b	6																									24	1		1	26	5	2A
135	상노대도(연체패)3기	8b	6																									17		2	1	20	14	3B
136	상노대도(동아패)3기	8b	6																									12	277		168	457		3B
137	마산 망곡리	8c	30																									8	1			9	4	3B
138	진해남양동2,3기	8c	5.5																									9	2		1	12	2	3B
139	진해 안곡동	8c	4																									1				1	1	3B
140	가덕도 장항3기	8c	2																									9	3		5	17	5	2A
141	김해 농소리	8c																											2	1			3	2	2A
142	김해 화목동	8c	32																										58	29	1	28	116	7	3B
143	김해 수가리2,3기	8c	7																										32	12		13	57	7	2A
144	부산 가동	8c	12																										1				1	1	3B
145	범방패총3기	8c	4																										73	3		22	98	8	2A
146	범방유적4기	8c	2																										56	3		1	60	8	2A

번호	유적명	권역	해발	석촉	석창	찍개	이형	작살	결합식조침	굴지구	석서	벌부	인기	석도	석도형박편	석겸	위형할석기	생형할석기	긁개	밀개	적개	석부	석착	갈돌	홈돌	고석	장신구	도구석기소계	제작석기	운반/변용석기	기타	총계	도구다양도	그룹
145	금곡동 율리	8c	40																								1	3	5		1	9	3	3B
146	동삼동 4,5기	8c	4																							1	57	7		6	70		3B
146	동삼동(국반) 4,5기	8c	4																								119	69		28	216	17	1A
147	울산 중산동139	8d	67																							1			1	1	3B
148	울산부곡동112-1	8d	33																							4			4	1	3B
149	울산약사동861	8d	19.5																							0			1	1	0	3B
150	제주 북촌리암음	9a	20																							11	6			17	4	3B
151	제주이호동(서관)	9a	6																							1	1			2	1	3B
152	이호동288	9a	22																							3				3	3	3B
153	이호동1630-3	9a	10.5																							11	2		1	14	3	3B
154	제주도두동2기	9a	16																							5			5	10	3	3B
155	신천리한못게	9a	6																							7	2			9	4	3B
156	제주사계리2기	9a	22																							53	4		19	76	7	2A
157	제주하모리	9b	4.2																							2				2	2	3B
158	제주온평리2기	9b	14.5																							15	1		6	22	5	3B
159	제주성읍리	9b	134																							25	5		2	32	7	2A
160	성읍농촌용수	9b	169																						2	3				3	2	3B
161	제주성읍리(한질)	9b	104																							2				2	1	3B
162	제주한남리	9b	148																							21	3	2	6	32	4	2B
	합계		323	52	2	5563	13	26	597	7	55	64	330	4	57	47	45	5	18	625	82	381	228	32	248	57	8641	1166	28	813	10648		

* 부연 : 그룹청목에 1A는 가A그룹이고, 1B는 가B그룹이다. 이하 2A와 2B는 나A, 나B그룹이며 3A와 3B는 다A, 다B그룹이다.

참고문헌

1. 단행본

國立文化財研究所, 2001,『韓國考古學事典』.

國立文化財研究所, 2012,『韓國考古學專門事典(新石器時代篇)』.

國立文化財研究所, 2013,『韓國考古學專門事典(舊石器時代篇)』.

국사편찬위원회, 1973,『한국사 I 』.

국사편찬위원회, 1997,『한국사』2 (구석기문화와 신석기문화).

김건수, 1999,『한국 원시 · 고대의 어로문화』, 학연문화사.

金元龍, 1973 · 1977,『韓國考古學槪說』, 一志社.

귀다순 · 장싱더, 김정열 번역, 2008,『동북문화와 유연문명』, 동북아역사재단.

공우석 · 박용안외, 2001,『한국의 제4기 환경』, 서울대학교출판부.

동삼동패총전시관, 2006,『신석기시대의 어로문화』.

동삼동패총전시관, 2009,『한반도 신석기시대 지역문화론』.

동삼동패총전시관, 2011,『한국의 신석기시대 패총』.

손보기, 1982,『상노대도의 선사시대 살림』, 수서원.

신숙정, 1994,『우리나라 남해안 지방의 신석기문화연구』, 학연문화사.

안승모 · 이준정편, 2009,『선사농경의 연구의 새로운 동향』, 사회평론.

이기길, 1995,『우리나라 신석기시대 질그릇과 살림』, 백산자료원.

장용준, 2007,『한국 후기구석기의 제작기법과 편년 연구』, 학연문화사.

중앙문화재연구원 편, 2011,『한국 신석기문화 개론』, 서경문화사.

중앙문화재연구원 편, 2012,『한국 신석기문화의 양상과 전개』, 서경문화사.

중앙문화재연구원 편, 2014,『한국 신석기시대 토기와 편년』, 진인진.

칼라 시노폴리 지음, 이성주 옮김, 2008,『토기연구법』, 도서출판 考古.

한국문화재조사연구기관협회, 2009,『강릉 초당동 유적』.

2. 논문

강창화, 2002, 「제주 초기 신석기문화의 형성과 전개」, 『해양교류의 고고학』26회 한국고고학
　　　전국대회 발표집, 한국고고학회.

강창화, 2006, 「제주 고산리 신석기문화 연구」, 영남대학교 박사학위논문.

구자진, 2004, 「대천리 신석기유적의 토기와 석기에 대한 연구」, 『호서고고학보』11, 호서고
　　　고학회.

구자진, 2006, 「우리나라 중서부지역의 신석기시대 집자리 연구」, 『한국신석기연구』11, 한국
　　　신석기학회.

구자진, 2010, 「한국 신석기시대의 집자리와 마을연구」, 숭실대학교 박사학위논문.

고동순, 2006, 「동해안지방의 신석기시대 마제석촉에 대한 고찰」, 『강원고고학보』7-8, 강원
　　　고고학회.

高橋豊·河仁秀·小畑弘己, 2003, 「螢光X線分析에 의한 東三洞·凡方遺蹟 出土 黑曜石 産
　　　地推定」, 『한국신석기연구』6, 한국신석기학회.

고재원, 1996, 「제주도 고산리 석기의 분석연구」, 한양대학교 석사학위논문.

길경택, 1985, 「한국선사시대 농경과 농구의 발달에 관한 연구」, 『古文化』27, 한국대학박물
　　　관협회.

김건수, 1998, 「호남지방의 신석기시대 생업」, 『호남고고학보』7, 호남고고학회.

김건수·이순엽, 1999, 「여수 거문도와 손죽도의 신석기시대 패총」, 『순천대학교박물관지』
　　　창간호, 순천대학교박물관.

김건수, 2012, 「소복기도 출토 즐문토기 고찰」, 『한국신석기연구』24, 한국신석기학회.

김경진, 2010, 「석기 사용흔 분석과 기능 연구」, 『한강고고』4, 한강문화재연구원.

김경진·김소영, 2012a, 「신석기시대 망치형석기의 기능 연구」, 『중앙고고연구』11, 중앙문
　　　화재연구원.

김경진, 2012b, 「인천 중산동 신석기유적의 석기분석 연구」, 『인천 중산동 유적』, 한강문화재
　　　연구원.

김경규, 2003, 「한반도 신석기시대 어로활동 연구-어망추를 중심으로-」, 충남대학교 석사학

위논문.

김대성, 2007,「益山 熊浦里 遺蹟」,『한국신석기연구』14, 한국신석기학회.

김민구, 2005,「동북아시아 선사수렵채집문화와 일본 산나이마루야마유적 거주민의 식물이
　　용양식」,『한국고고학보』57, 한국고고학회.

김민구, 2007,「수렵채집사회 거주 유적 출토 식물상의 통시적 변화와 변화요인의 해석」,『한
　　국고고학보』64, 한국고고학회.

김민구, 2010,「영산강 유역 초기 벼농사의 전개」,『한국고고학보』75, 한국고고학회.

김민구·윤호필, 2011,「진주 평거3-1지구 유적 출토 목탄에 관한 연구」,『경남발전연구원
　　역사문화센터논집』4, 경남발전연구원 역사문화센터.

김민구, 2013,「농업연구와 식물자료: 몇 가지 이론적 과제」,『농업의 고고학』(한국고고학회
　　학술총서5), 사회평론.

김영희, 2002,「요동반도 신석기시대 토기 검토」,『한국신석기시대의 환경과 생업』, 동국대
　　학교매장문화재연구소 편.

김석훈, 1988,「한강유역 출토 돌도끼의 연구」, 청주대학교 석사학위논문.

김선지, 2000,「남해안의 신석기시대 석부에 대한 일고찰」, 서울대학교 석사학위논문.

金姓旭, 2008,『韓國南部地域における初期農耕文化の硏究』, 熊本大學大學院 文學博士學位
　　論文.

김성욱, 2008,「사용흔분석을 통한 신석기시대 수확구 시론」,『한국신석기연구』16, 한국신석
　　기학회.

김성욱, 2012,「실험석기를 이용한 수혈 굴착실험」,『인천 중산동 유적』, 한강문화재연구원.

金元龍, 1963,「韓國文化의 考古學的 硏究」,『韓國文化史大系』Ⅰ, 高麗大學校 民族文化硏究所.

김원용, 1963,「春川校洞 穴居遺蹟과 遺物」,『歷史學報』20, 역사학회.

김원용, 1981,「각지방의 토기·석기·골각기」,『한국사』Ⅰ, 국사편찬위원회.

김은정, 2005,「동북아시아의 좀돌날몸돌 연구동향」,『한국구석기학보』12.

김진희, 2008,「한반도 신석기시대 주거지에 관한 연구」, 원광대학교 석사학위논문.

김장석·양성혁, 2001,「중서부 신석기시대 편년과 패총 이용전략에 대한 새로운 이해」,『한
　　국고고학보』45, 한국고고학회.

김장석, 2004, 「남한내륙 중기신석기시대 토기문양의 공간적 분포양상」, 『한국고고학보』54, 한국고고학회.

김정학, 1968, 「한국 기하문토기의 연구」, 『백산학보』4, 백산학회.

김종찬외, 2002, 「울산세죽유적의 절대연대」, 『한국신석기시대의 환경과 생업』, 동국대학교 매장문화재연구소.

김주용·고상모·안승모·이영덕, 2005, 「진안 갈머리·좌포리유적, 군산 노래섬패총 출토 석재의 암종감정을 위한 박편관찰」, 『한국신석기연구』9, 한국신석기학회.

김충배, 2002, 「신석기시대 낚시바늘 연구-형식분류와 유적환경에 대한 일고찰-」, 한양대학교 석사학위논문.

김충배, 2003, 「신석기시대 낚시바늘 연구(Ⅰ)」, 『한국신석기연구』5, 한국신석기학회.

김충배, 2004, 「신석기시대 낚시바늘 연구(Ⅱ)」, 『한국신석기연구』6, 한국신석기학회.

곽진선, 2006, 「군산 노래섬유적의 선석기시대 석기에 대한 연구」, 원광대학교 석사학위논문.

곽진선, 2011, 「서해안지역 석기조합양상과 시기별 변화양상-군산 노래섬유적 출토품을 중심으로-」, 『한국고고학연합대회 발표자료집』1회, 한국고고학회.

박근태, 2006, 「고산리유적 석촉연구」, 부산대학교 석사학위논문.

박근태, 2009, 「신석기시대 초창기단계의 석기검토-제주도를 중심으로-」, 『고고광장』5, 부산고고학연구회.

박근태, 2011, 「제주도 신석기시대 석기검토-초기 유적을 중심으로-」, 『한국고고학 연합대회 발표자료집』1회, 한국고고학회.

박근태, 2011, 「제주도 신석기시대 석기 검토」, 『한국신석기연구』21, 한국신석기학회.

박근태, 2012, 「신석기시대 초창기 단계의 문화양상」, 『한국 신석기문화의 양상과 전개』, 서경문화사.

박근태, 2014, 「신석기시대 석기의 용어와 분류」, 『한국 신석기시대 석기의 분류와 제작수법』4회 집중토론회, 한국신석기학회.

박성근, 2012, 「남부지역 신석기시대 석부 연구」, 부산대학교 석사학위논문.

박성근, 2013, 「남부지역 신석기시대 석부 연구」, 『한국고고학보』86, 한국고고학회.

박준범, 1998, 「한강유역 출토 돌화살촉에 대한 연구」, 홍익대학교 석사학위논문.

박준범, 2006, 「한강유역 출토 선사시대 간돌화살촉 연구」, 『한국신석기연구』12, 한국신석기학회.

박준범, 2007, 「신석기시대 중서부지역의 생업활동-석기분석을 중심으로-」, 『중서부지역 신석기문화의 제문제』, 서울경기고고학회 · 한국신석기학회 학술대회 자료집.

박준범, 2008, 「신석기시대 서울 · 경기지역 출토 간석기에 대한 연구」, 『한국신석기연구』15, 한국신석기학회.

박준범, 2009, 「서해북부해안지역의 신석기문화」, 『한반도 신석기시대 지역문화론』, 동삼동 패총전시관.

上條信彦, 2005, 「先史時代의 製粉 加工具」, 『한국신석기연구』10, 한국신석기학회.

西谷正, 2002, 「동북아시아에서의 한반도 鞍形磨臼」, 『한국선사고고학보』9, 한국선사고고학회.

소상영, 2011, 「Holocene 자연환경과 한반도 중서부 신석기시대 유적의 입지변화」, 『한국신석기연구』21, 한국신석기학회.

소상영, 2012, 「14C연대측정치의 고고학적 활용방안 검토-중서부 신석기시대 14C연대의 정리와 경기해안지 역 취락의 동시기성 분석」, 『중서부지역의 신석기문화』, 2012 한국신석기학회 학술대회.

소상영, 2013a, 「한반도 중서부지방 신석기시대 생계 · 주거체계 연구」, 한양대학교 박사학위논문.

소상영, 2013b, 「14C연대 분석을 통한 중서부지방 신석기 시대 편년 연구」, 『한국고고학보』89, 한국고고학회.

송은숙, 1998, 「호남 내륙지역 신석기문화에 대한 고찰」, 『호남고고학보』7, 호남고고학회.

송은숙, 2001, 「신석기시대 생계방식의 변천과 남부내륙지역 농경의 개시」, 『호남고고학보』14, 호남고고학회.

송은숙, 2002, 「한국 빗살무늬토기 문화의 확산과정 연구」, 서울대학교 박사학위논문.

송은숙, 2006, 「중부 동해안의 전기 신석기문화와 연어」, 『한국신석기연구』11, 한국신석기학회.

송은숙, 2010, 「한국 빗살무늬 토기의 확산과정」, 『이주의 고고학』제34회 한국고고학전국대회 발표집, 한국고고학회.

신숙정, 1997, 「석기와 뼈연모」, 『한국사』2, 국사편찬위원회.

신숙정, 1998, 「해수면변동과 고고학」, 『고고학연구방법론』, 서울대학교출판부.

신숙정 · 손기언, 2002, 「강원지방의 뗀(打製)석기 연구」, 『강원고고학보』창간호, 강원고고
　　　학회.

신숙정, 2005, 「남한강 상류의 신석기문화-점말, 금굴유적을 중심으로-」, 『영서지방의 신석기
　　　문화』, 한국신석기학회.

신숙정 · 김주용 · 양동윤 · 이진영 · 김진관. 2007, 「한강 하류지형의 발달과 고고학유적의
　　　관련성 고찰」, 『한강고고』창간호, 한강문화재연구원.

신종환, 2000, 「錦江式土器考」, 『考古學誌』제11집, 한국고고미술연구소.

신종환, 2006, 「신석기시대 내륙지역의 어로문화」, 『신석기시대의 어로문화』, 동삼동패총전
　　　시관.

심준용, 2007, 「남한강유역의 신석기문화 연구」, 세종대학교 석사학위논문.

안성희, 2011, 「남해안지역 신석기시대 석기조성과 시기별 양상」, 『한국고고학 연합대회 발
　　　표자료집』1회, 한국고고학회.

안승모, 1985, 「韓國半月形石刀의 硏究-發生과 變遷을 中心으로-」, 서울대학교 석사학위논문.

안승모, 1987, 「療西地方의 先史時代 石製農具」, 『三佛金元龍教授停年退任紀念論叢』I 考古
　　　學篇, 일지사.

안승모, 1993, 「한국 선사시대의 식생활-식물성식료-」, 『동아시아식생활학회지』3권2호, 동아
　　　시아식생활학회.

안승모, 1993, 「東아시아 初期收穫具의 種類와 分布」, 『민속문화』6, 한성대학교 민족문화연
　　　구소.

안승모, 1998, 「北中國 新石器時代의 農具」, 『東아시아 先史時代의 農耕과 生業』, 학연문화사.

안승모 · 이영덕, 2004, 「용담댐 수몰지구의 신석기문화」, 『호남고고학보』19, 호남고고학회.

안승모, 2005, 「한국 남부지방 신석기시대 농경 연구의 현상과 과제」, 『한국신석기연구』10,
　　　한국신석기학회.

안승모, 2009, 「신석기시대 지역성과 지역분류에 대한 연구사적 검토」, 『한반도 신석기시대

지역문화론』, 동삼동패총전시관.

안승모, 1999, 「서해안 신석기시대의 편년문제」, 『고문화』54, 한국대학박물관협회.

안승모, 2002, 「금탄리 I 식토기의 재검토」, 『한국신석기연구』4, 한국신석기학회.

안승모, 2012, 「종자와 방사성탄소연대」, 『한국고고학보』83, 한국고고학회.

양성혁, 2001, 「서해안 신석기문화에 대한 일고찰」, 서울대학교 석사학위논문.

양성혁, 2005, 「춘천 교동동굴유적 검토」, 『영서지방의 신석기문화』, 한국신석기학회 학술대
회자료집.

오연숙, 2000, 「제주도 신석기시대 토기의 형식과 시기구분」, 『호남고고학보』12, 호남고고
학회.

이강승, 2014, 「청동기시대 금강유역의 인구산출에 대한 연구」, 『선사와 고대』40, 한국고대
학회.

이기길, 1984, 「전곡리 석기의 만듦새와 쓰임새 분석」, 연세대학교 석사학위논문.

이기길, 1991, 「우리 나라 신석기시대 주민들의 생계유형-암사동 · 동삼동 · 오산리 유적을
중심으로-」, 『박물관기요』7, 단국대학교중앙박물관.

이기길, 1995, 「전남 여천군에서 새로 찾은 신석기시대 유적」, 『호남고고학보』1, 호남고고
학회.

이기길, 2012, 「한국 후기구석기시대 석기군의 종류와 성격」, 『호남고고학보』41, 호남고고
학회.

이경아, 2005, 「식물유체에 기초한 신석기시대 농경에 대한 관점의 재검토」, 『한국신석기연
구』10, 한국신석기학회.

이경아 · 윤호필 · 고민정, 2012, 「선사시대 팥의 이용 및 작물화에 대한 고고학적 검토」, 『한
국상고사학보』75, 한국상고사학회.

이동주, 1996, 「한국 선사시대 남해안 유문토기 연구」, 동아대학교 박사학위논문.

이동주, 2000, 「남강유역의 신석기문화와 일본열도-진주 상촌리유적을 중심으로-」, 『진주남
강유적과 고대일본-고대 한일문화교류의 제양상-』, 경상남도 · 인제대학교 가야문화
연구소.

이동주, 2003, 「즐문토기 단계의 석기내용과 특징에 대하여」, 『한일신석기시대의 석기』, 5회

한일신석기연구회 발표요지.

이동주, 2003, 「빗살문토기 단계의 석기내용과 특징」, 『한국신석기연구』6, 한국신석기학회.

이동주, 2006, 「해수면 상승 흔적이 확인되는 동삼동유적의 성격에 대하여」, 『한국신석기연구』11, 한국신석기학회.

이동주, 2009, 「동삼동유적에서 확인된 환경변동의 흔적과 그 성격」, 『한국신석기연구』18, 한국신석기학회.

이동주, 2010, 「우리나라 신석기시대 마제석촉의 연구」, 『문물연구』17, 동아시아문물연구소.

이동주, 2011, 「남부지역의 토기문화」, 『한국 신석기문화 개론』, 서경문화사.

이동주, 2014, 「한국 남부지역과 중서부지역의 신석기 말기 토기의 양상과 전개」, 『한국 신석기시대 편년과 지역간 병행관계』2014년 한국신석기학회 학술대회, 신석기학회.

이상길 · 김미영, 2003, 「密陽 琴川里遺蹟」, 『고구려고고학의 제문제』27회 한국고고학전국대회 발표자료집, 한국고고학회.

이상규, 2014, 「신석기시대 한반도 해안지역 작살에 관한 검토」, 『한국신석기연구』27, 한국신석기학회.

이상균, 2003, 「신석기시대 한반도 남해안 석기군의 양상」, 『일한신석기시대의 석기』, 5회 일한신석기시대 연구회 발표요지.

이상훈, 2013, 「강원도 영서지역 신석기시대 유적 연구」, 강원대학교 석사학위논문.

이영덕, 2001, 「군산 노래섬 유적의 신석기시대 토기 연구」, 원광대학교 석사학위논문.

이영덕, 2004, 「전남 남해안과 제주도 신석기토기의 접촉과 전개양상」, 『한국 신석기연구』8, 한국신석기학회.

이영덕, 2006, 「서 · 남해안 신석기시대 어로구와 어로방법」, 『신석기시대의 어로문화』, 동삼동패총전시관.

이은, 2010, 「우리나라 신석기시대 생업활동 연구」, 목포대학교 석사학위논문.

이정재, 2009, 「강원 동해안지역 신석기시대 생업경제에 대한 연구-석기조성과 그 변천을 중심으로-」, 강원대학교 석사학위논문.

이정재, 2011, 「동해안지역 신석기시대 석기의 검토를 통한 생업의 변화-오산리 C유적 출토 석기를 중심으로-」, 『한국고고학 연합대회 발표자료집』제1회, 한국고고학회.

이창희, 2008, 「방사성탄소연대축정법의 원리와 활용(Ⅰ)」, 『한국고고학보』68, 한국고고학회.

이창희, 2011, 「방사성탄소연대축정법의 원리와 활용(Ⅱ)」, 『한국고고학보』81, 한국고고학회.

이청규·고재원, 1995, 「고산리 유적과 석기유물」, 『제주 신석기문화의 원류』, 한국신석기연
    구회.

이춘영, 1970, 「韓國農業技術史」, 『韓國文化史大系』Ⅱ, 高麗大學校 民族文化研究所.

이춘영, 1973, 「韓國農耕起源에 관한 小考」, 『民族文化研究』7, 고려대민족문화연구소.

이헌종, 2000, 「호남지역 신석기시대 타제석기 제작기법의 제양상 -장년리당하산 유적을 중
    심으로-」, 『선사와 고대』15, 한국고대학회.

이헌종·김건수, 2008, 「신석기시대 여서도패총유적 자갈돌 석기의 고고학적 의미 연구」,
    『도서문화』31, 목포대학교도서문화연구소.

임상택, 2001, 「중서부지역 신석기시대 석기에 대한 초보적 검토 Ⅰ -석기조성을 중심으로-」,
    『한국신석기연구』창간호, 한국신석기학회.

임상택, 2001, 「빗살무늬토기문화의 지역적전개-중서부지역과 영동지역을 대상으로」, 『한국
    신석기연구』1, 한국신석기학회.

임상택, 2003, 「중부지역 신석기시대 상대편년을 둘러싼 문제」, 『한국신석기연구』5, 한국신
    석기학회.

임상택, 2006, 「한국 중서부지역 빗살무늬토기문화 연구-문화변동과정을 중심으로-」, 서울
    대학교 박사학위논문.

임상택, 2010, 「신석기시대 서해중부지역 상대편년과 취락구조의 특징」, 『한국상고사학보』
    70, 한국상고사학회.

임상택, 2012, 「신석기시대 중서부지역 상대편년의 종합과 병행관계」, 『한국신석기문화의
    양상과 전개』, 서경문화사.

임효재, 1983, 「서해안지역의 즐문토기문화-편년을 중심으로-」, 『한국고고학보』14·15, 한
    국고고학회.

임효재, 1990, 「경기도 김포반도의 고고학 조사연구」, 『서울대학교 박물관연보』2, 서울대학
    교박물관.

임효재·이준정, 1994, 「백령도 신석기시대패총에 대하여」, 『한국고고학보』31, 한국고고학회.

유지인, 2012, 「신석기시대 중·후기 중서부 해안지역 취락 구조 연구」, 서울대학교 석사학위논문.

유지인, 2012, 「신석기시대 중·후기 중서부 해안지역 취락의 석기조성 양상」, 『중서부지역의 신석기문화』2012년 한국신석기학회 학술대회.

윤정국, 2006, 「진그늘유적에서 나온 신석기시대 뗀석기의 제작수법 연구」, 조선대학교 석사학위논문.

윤정국, 2007, 「신석기시대 석기 제작체계 연구-진그늘유적을 대상으로-」, 『史林』제28호, 首善史學會.

윤정국, 2009, 「신석기시대 굴지구의 제작기법에 대한 연구」, 『韓國新石器研究』17, 한국신석기학회.

윤정국, 2011, 「남부내륙지역 신석기시대 석기의 제양상」, 『한국고고학 연합대회 발표자료집』1회, 한국고고학회.

윤정국, 2011, 「남부내륙지역 신석기시대 석기의 변천과 양상」, 『한국신석기연구』22, 한국신석기학회.

윤정국, 2014, 「신석기시대 석기의 제작수법」, 『한국 신석기시대 석기의 분류와 제작수법』4회 집중토론회, 한국신석기학회

윤지연, 2006, 「한반도 중서부지역 석부에 대한 일고찰 : 신석기~청동기 석부의 기능과 변화상을 중심으로」, 서울대학교 석사학위논문.

윤지연, 2007, 「사용흔 분석을 통한 석부의 기능 연구 : 중서부지역 신석기시대~ 청동기시대 전기 석부를 중심으로」, 『한국고고학보』63, 한국고고학회.

윤혜나, 2011, 「한국 중서부지역 신석기시대의 석기조성과 생업」, 전남대학교 석사학위논문.

윤형원, 2001, 「원주 법천리 수습 신석기시대 유물」, 『한국신석기연구』2, 한국신석기학회.

장명수, 1991, 「신석기시대 어구의 형식분류와 편년연구」, 중앙대학교 석사학위논문.

장명수, 2005, 「정선 덕천리 소골 출토 신석기유물에 대한 검토」, 『한국신석기연구』10, 한국신석기학회.

장용준, 2008, 「울산지역출토 신석기시대 석기의 제작과 문화양상」, 『울산학연구』, 울산발전연구원.

장호수, 1982, 「상노대도 조개더미 유적의 석기 연구」, 연세대학교 석사학위논문.

장호수, 1988, 「상노대도유적의 석기」, 『손보기박사정년기념 고고인류학논총』.

田中聰一, 2000, 「한국 중·남부지방 신석기시대 토기문화 연구」, 동아대학교 박사학위논문.

전영래, 1979, 「부안 계화도 산사유적 신석기시대 유물」, 『전북유적조사보고』10, 전주시립박물관.

정미란, 2007, 「동해안지역 신석기시대 생업활동-조기~전기유적의 어로활동을 중심으로-」, 경주대학교 석사학위논문.

조남철, 2005, 「한반도 남부 신석기 유적 흑요석의 특성화 연구」, 『강원고고학보』4-5합본, 강원고고학회.

조미순·박윤정·좌용주, 2013, 「고성 문암리유적 출토 석기의 원산지 추정」, 『한국신석기연구』26, 한국신석기학회.

조미순, 2014, 「고성 문암리 선사유적의 발굴조사 성과와 의의」, 『고성문암리 유적의 재조명』.

조은하, 2014, 「강원 영동지역 신석기시대 농경 수용과 생계양상의 변화」, 충북대학교 석사학위논문.

조진선, 2004, 「세형동검문화의 전개과정 연구」, 전북대학교 박사학위논문.

지건길·안승모, 1983, 「韓半島 先史時代 出土 穀類와 農具」, 『韓國의 農耕文化』, 경기대학출판사.

지영배, 2013, 「한반도 신석기시대 장신구 및 이형유물에 대한 연구」, 부산대학교 석사학위논문.

천성주, 2010, 「신석기시대 결합식조침 검토」, 창원대학교 석사학위논문.

최경용·문수균, 2013, 「신석기시대 찔개살 제작 및 사용 실험 연구」, 『중앙고고연구』13, 중앙문화재연구원.

최득준, 2012, 「한반도 신석기시대 결합식조침에 대한 연구」, 부산대학교 석사학위논문.

최무장, 1978, 「韓·中 先史時代의 農具」, 『白山學報』24, 백산학회.

최성락, 1988, 「흑산도지역의 선사유적」, 『도서문화』6, 목포대학교 도서문화연구소.

최정필, 2005, 「신석기 연구의 제문제」, 『선사와 고대』22, 한국고대학회.

최종혁, 2001, 「생산활동에서 본 한반도 신석기문화-중서부지방과 동북지방의 패총유적을 중심으로-」,『한국신석기연구』2, 한국신석기학회.

최종혁, 2004,「신석기시대 남부지방 생업에 대한 연구」,『제주도 신석기문화의 형성과 전개』, 한국신석기학회 발표집.

최종혁, 2005,「韓國 南部地方 農耕에 대한 研究-石器組成을 中心으로-」,『韓國新石器研究』10, 한국신석기학회.

최종혁, 2006,「신석기시대 어로민의 생계유형」,『신석기시대의 어로문화』, 동삼동패총전시관.

包艷玲, 2009,「중국 교동반도와 한반도 중서부지역 신석기시대 생업활동 비교연구」, 전남대학교 석사학위논문.

하인수, 1991,「부산 다대포 · 용호동출토 석기류」,『부산직할시립박물관 연보』13.

하인수, 2006,「동남해안지역의 신석기시대 어로구」,『신석기시대의 어로문화』, 동삼동패총전시관.

하인수, 2006,「영남해안지역의 신석기문화 연구-편년과 생업을 중심으로-」, 부산대학교 박사학위논문.

하인수, 2006,「신석기시대 한일문화교류와 흑요석」,『한국고고학보』58, 한국고고학회.

하인수, 2009,「신석기시대 석기의 종류와 양상」,『박물관연구논집』15, 부산박물관.

하인수, 2010,「범방유적의 석기 검토」,『부산대 고고학과 창설20주년 기념논문집』, 부산대고고학과.

하인수, 2011,「신석기시대 석기연구 현황과 과제」,『한국고고학 연합대회 발표자료집』1회, 한국고고학회.

하인수, 2012,「남해안지역 융기문토기의 편년」,『한국 신석기문화의 양상과 전개』, 서경문화사.

하인수, 2014,「고성 문암리 유적의 즐문토기 검토」,『고성 문암리 유적의 재조명』, 강원고고문화연구원.

하영중, 2010,「동해안지역 신석기시대 석기 검토-울진 죽변리유적을 중심으로-」,『동해안지역의 신석기문화』, 삼한문화재연구원 · 한국신석기학회.

한영희, 1978,「한반도 중 · 서부지방의 신석기문화」,『한국고고학보』5, 한국고고학회.

한영희, 1996, 「신석기시대 중·서부지방 토기문화의 재인식」, 『한국의 농경문화』5, 경기대
　　　학교박물관.

한창균, 2001, 「북한의 선사시대 뗀석기 용어 고찰」, 『考古와 民俗』4, 한남대학교박물관.

황상일, 2002, 「울산 황성동 세죽 해안의 Holocene 중기 환경변화와 인간생활」, 『한국고고학
　　　보』48, 한국고고학회.

황상일, 2006, 「해면변동과 충적평야 지형발달」, 『고고학과 자연과학』15회 영남고고학회 학
　　　술발표회, 영남고고학회.

황용훈, 1983, 「石器·骨角器」, 『韓國史論』12, 國史編纂委員會.

황철주, 2012, 「한반도 동·남해안지역 융기문토기 연구」, 부산대학교 석사학위논문.

홍현선, 1987, 「상시 3바위그늘의 문화연구」, 연세대학교 석사학위논문.

3. 발굴 보고서 및 유적자료

가경고고학연구소, 2012, 『태안 달전리 유적』.

嘉耕考古學硏究所, 2012, 『唐津 東谷里 東谷·柳谷里 筏後 遺蹟』.

嘉耕考古學硏究所, 2013, 『唐津 栗寺里 遺蹟』.

嘉耕考古學硏究所, 2013, 『唐津 東谷里 뱃말·柳谷里 아랫말·柳谷里 대창말遺蹟』.

강릉대학교박물관, 2002, 『양양 지경리 주거지』.

江原文化財硏究所, 2004, 「양양군 강현면 용호리 127번지 여관신축부지 문화유적 긴급발굴
　　　조사 보고서」, 『江陵 江門洞 鐵器·新羅時代 住居址』.

강원문화재연구소, 2005, 『하화계리·철정리·역내리』.

강원문화재연구소, 2005a, 『화천 용암리 유적Ⅱ』.

강원문화재연구소, 2005b, 『강릉 초당동 유적Ⅰ』.

강원문화재연구소, 2006, 『강릉 초당동 신석기 유적-강릉 허균·허난설헌 자료관 건립부지
　　　문화유적 발굴보조사 보고서』.

江原文化財硏究所, 2006, 「강릉 초당동 287-14번지 주택신축부지내 유적」, 『江陵 草堂洞 遺
　　　蹟Ⅱ』.

강원문화재연구소, 2006,『강릉 하시동 공군관사 부지 내 문화유적 시굴조사 보고서』.

江原文化財研究所, 2007,『新梅里 10·47-1番地 遺蹟』.

강원문화재연구소, 2008a,『천전리』.

강원문화재연구소, 2008b,『홍천 외삼포리 유적』.

강원문화재연구소, 2009,『영월 주천리 유적』.

강원문화재연구소, 2010,『홍천 철정리Ⅱ 유적』.

강원문화재연구소, 2010,『寧越 三玉里遺蹟』.

강원문화재연구소, 2011,『정선 아우라지유적』.

강원문화재연구소, 2012,『홍천 성산리 유적』.

江原文化財研究所, 2012,『春川 牛頭洞 遺蹟Ⅱ』.

江原文化財研究所, 2012,『高城 大津里遺蹟』.

강원문화재연구소, 2013,『화천 거례리유적』.

경기고고학연구소, 2003,『연천 원당리 구석기시대유적 발굴조사보고서-5차-』.

경기도박물관, 2002,『연천 삼거리 유적』.

경기도자박물관, 2014,「파주 조리-법원간 도로확포장공사구간 내 유적 발굴조사 학술자문
　　　　회의 자료집」.

기전문화재연구원, 2004,『흘곶패총』.

경기문화재연구원, 2007,『남양주 호평동 지새울 유적』.

경기문화재연구원, 2009,『문산 당동리 유적』.

경기문화재연구원, 2010,『시흥 능곡동 유적』.

경남고고학연구소, 2006,『늑도패총Ⅳ-A지구 패총』.

경남문화재연구원, 2003,『진해 안골동유적』.

경남문화재연구원, 2008,『사천 선진리 유적』.

경남발전연구원, 2005,『밀양 살내유적』.

경남발전연구원 역사문화센터, 2009,『부산 죽림동유적』.

경남발전연구원, 2011,『진주 평거 3-1지구 유적』.

경남발전연구원 역사문화센터, 2012,『진주 평거 4-1지구 유적』.

경남발전연구원 역사문화센터, 2012,『의령 마쌍리 · 산남리유적』.

경상북도문화재연구원, 2013,『大邱 流川洞 新石器時代 生活遺蹟』.

경성대학교박물관, 2000,『金海 花木洞遺蹟』.

경성대학교박물관, 2006,『太宗臺 進入道路 擴張敷地內 釜山 東三洞遺蹟』.

경주대학교박물관, 2007,『대구 대천동 현대홈타운신축부지내 발굴조사보고서』.

고려문화재연구원, 2008,『남양주 덕소리 유적』.

고려문화재연구원, 2009,『성남 동판교 유적Ⅰ · Ⅱ』.

고려문화재연구원, 2009a,『성남 서판교 유적Ⅰ · Ⅱ』.

고려문화재연구원, 2009b,『인천 영종도 유적』.

고려문화재연구원, 2009c,『안산 신길동 유적Ⅰ · Ⅱ』.

고려문화재연구원, 2011,『광교신도시 문화재발굴조사Ⅳ』.

고려문화재연구원, 2013,『김포 양촌 유적』.

공주대학교박물관, 2002,『학암리 유적』.

공주대학교박물관, 2009,『해미 기지리유적』.

국립광주박물관, 1989,『돌산 송도Ⅰ』.

국립광주박물관, 1990,『돌산 송도Ⅱ』.

국립광주박물관, 1994,『돌산세구지유적』.

국립광주박물관, 1994,『선 · 원사인의 도구와 기술』(도록).

국립광주박물관, 2009,『안도 패총』.

국립광주박물관, 2006,『가거도패총』.

국립김해박물관, 2008,『비봉리Ⅰ』.

국립김해박물관, 2012,『비봉리Ⅱ』.

국립경주박물관, 1991,『울진 후포리유적』.

국립대구박물관, 2005,『머나먼 진화의 여정 사람과 돌』(도록).

국립문화재연구소, 1995,『선사유적발굴조사보고서-산청 강루리 · 청원 내수리』.

국립문화재연구소, 1999,『양양 가평리』.

국립문화재연구소, 2002,『소연평도 패총』.

국립문화재연구소, 2003,『연평 모이도 패총』.

국립문화재연구소, 2005,『대연평도 까치산 패총』.

국립문화재연구소, 2004,『高城 文岩里 遺蹟』.

국립문화재연구소, 2013,『高城 文岩里 遺蹟Ⅱ』.

국립경주문화재연구소, 1992,「월정교지 남편농지 발굴조사」,『문화유적 발굴조사 보고(긴
　　　급발굴 조사보고서Ⅰ)』.

국립박물관, 1970,『시도 패총』.

국립박물관, 1957,『한국서해도서』.

국립중앙박물관, 1979,『朝島貝塚』.

국립중앙박물관, 1988,『신암리Ⅰ』.

국립중앙박물관, 1989,『신암리Ⅱ』.

국립중앙박물관, 1994,『岩寺洞』.

국립중앙박물관, 1995,『岩寺洞』.

국립중앙박물관, 1999,『岩寺洞Ⅱ-原始生活展示館 新築敷地 發掘調査-』.

국립중앙박물관, 2006,『岩寺洞Ⅲ』.

국립중앙박물관, 2007,『岩寺洞Ⅳ』.

국립중앙박물관, 2008,『岩寺洞Ⅴ』.

국립중앙박물관, 2004·2005,『동삼동패총Ⅰ~Ⅳ』.

한강문화재연구원, 2013,『원주 반곡동 유적1·2』.

국립진주박물관, 1993,『연대도Ⅰ』.

국립진주박물관, 1989,『욕지도』.

국립진주박물관, 1999,『목도패총』.

국립청주박물관, 1993,『청원 쌍청리 주거지』.

국립춘천박물관, 2004,『강원 고고학의 발자취』(도록).

국립춘천박물관, 2013,『영월 공기2굴·꽃병굴 동굴유적』.

계명대학교행소박물관, 2006,『김천 송죽리 유적Ⅰ』.

계명대학교 행소박물관·삼한문화재연구원·영남문화재연구원, 2012,『대구·경북 신석기

문화 그 시작과 끝』신석기문화 특별전 도록.

기호문화재연구원, 2009,『용인 농서리 유적』.

단국대학교중앙박물관, 1993,『사천 구평리유적』.

대동문화재연구원, 2011,『달성 달천리 135유적』.

대동문화재연구원, 2012,『김천 지좌리 유적 I ~ IV』.

동국대학교 경주캠퍼스박물관, 2002,『慶州 隍城洞 267遺蹟』.

동국대학교 매장문화재연구소, 2007,『울산 세죽유적 I 』.

동서문물연구원, 2011,『鎭海 南陽洞遺蹟』.

동아대학교박물관, 1984,『상노대도』.

동아대학교박물관, 1989,『합천 봉계리 유적』.

동아대학교박물관, 1997,『남강유역문화유적발굴도록』.

동아대학교, 1997,『울산 우봉리유적』.

동양대학교박물관, 2009,『영주 대촌리유적』.

동양문물연구원, 2011,『제주 삼화지구 유적』.

동의대학교박물관, 1988,『대야리유적 I 』.

동의대학교박물관, 1988,『대야리유적 II』.

동의대학교박물관, 2002,『상촌리 유적』.

동북아지석묘연구소, 2013,『順天 馬輪里 馬輪遺蹟』.

마한문화연구원, 2009,『한남~서성로간 군도 확포장공사구간내 문화유적 발굴조사 보고서』.

명지대학교박물관, 2007,『용인 신갈동 만골 유적 시·발굴조사 보고서』.

목포대학교박물관, 2001,『함평 장년리 당하산유적』.

목포대학교박물관, 2007,『완도 여서도 패총』.

목포대학교박물관, 2012,『광양 오사리 돈탁패총』.

渼沙里先史遺蹟發掘調査團, 1994,『渼沙里』第1~5卷.

문화공보부 문화재관리국, 1974,『팔당·소양댐수몰지구유적발굴 종합조사보고』.

백제문화재연구원, 2010,『서산 대죽리 패총』.

부경문물연구원, 2013,「울주 신암리 신고리 3·4호기 전원개발사업 이주단지 조성부지 내

유적 발굴(정밀)조사 현장설명회 자료집』.

부산광역시립박물관, 1997,『부산의 선사유적과 유물』.

부산직할시립박물관, 1993,『범방패총Ⅰ』.

부산직할시립박물관, 1996,『범방패총Ⅱ』.

부산복천박물관, 1998,『진주 귀곡동 대촌 유적』.

부산복천박물관, 2003,『기술의 발견』(도록).

부산박물관, 2007,『동삼동패총 정화지역 발굴조사보고서』.

부산박물관, 2009,『범방유적』.

부산여자대학교박물관, 1990,『거창 임불리 선사주거지(Ⅰ)』.

부산수산대학박물관, 1989,『산등패총』.

부산대학교박물관, 1965,『농소리패총 발굴조사보고서』.

부산대학교박물관, 1980,『금곡동 율리 패총』.

부산대학교박물관, 1981,『김해 수가리패총Ⅰ』.

부산대학교박물관, 2011,『김해 수가리패총Ⅱ』.

부산대학교박물관, 1994,『청도 오진리 암음 유적』.

삼강문화재연구원, 2012,『김천 지좌리 무문시대 집락』.

삼한문화재연구원, 2012,『울진 죽변리 유적』.

서울대학교인문학연구소, 1999,『영종도 는들 신석기 유적』.

서울대학교박물관, 1985,『岩寺洞』.

서울대학교박물관, 1984,『오산리 유적』.

서울대학교박물관, 1985,『오산리 유적Ⅱ』.

서울대학교박물관, 1988a,『오산리 유적Ⅲ』.

서울대학교박물관, 1988b,『오이도패총-신포동A,B패총발굴조사보고-』.

서울대학교박물관, 2001,『오이도 가운데살막 패총』.

서울대학교박물관, 2002,『오이도 뒷살막패총 -시굴조사 보고서-』.

서울대학교박물관, 2006,『용유도 남북동·을왕동Ⅰ유적』.

서울대학교박물관, 2007,『인천 삼목도Ⅲ유적 학술발굴조사 보고서』.

서울대학교박물관, 2009,『인천 삼목도Ⅲ유적 발굴조사 보고서』.

서울대학교박물관, 2013,『시흥 오이도 유적』.

서울대학교 동아문화연구소, 1968,『남해도서고고학』.

서울시립대학교박물관, 1996,『영종도 송산 선사유적』.

신라대학교박물관, 2000,『신라대학교』(도록).

신라대학교 · 가야문화재연구소, 1993,『산정 소남리유적』.

신라문화유산연구원, 2010,『慶州 茸長里 月城朴氏 齋室 建立敷地 內 遺蹟』.

신라문화유산조사단, 2008,「慶州 毛兒里 37番地遺蹟」,『慶州의 文化遺蹟Ⅱ』.

신라문화유산조사단, 2008,「慶州 陽北面 奉吉里 13-1番地 遺蹟」,『慶州의 文化遺蹟Ⅳ』.

연세대박물관, 2004,『연당 쌍굴 사람, 동굴에 살다』.

연세대학교 원주박물관, 2005,『남한강의 신석기문화』.

영남문화재연구원, 2002,『大邱 西邊洞 聚落遺蹟Ⅰ』.

영남문화재연구원, 2013,『大邱 西邊洞 聚落遺蹟Ⅱ』.

예맥문화재연구원, 2007,『江陵 지변동 遺蹟』.

예맥문화재연구원, 2007,『강릉 초당동 유적Ⅱ-월송로~허균생가간 도로개설 공사구간 발굴
　　　조사 보고서-』.

예맥문화재연구원, 2008,『양양 송전리 유적』.

예맥문화재연구원, 2008,『東海 望祥洞遺蹟Ⅰ』.

예맥문화재연구원, 2009,『고성 철통리 유적』.

예맥문화재연구원, 2009,『春川 新梅里遺蹟Ⅰ』.

예맥문화재연구원, 2010,『영월 주천리 유적』.

예맥문화재연구원, 2010,『평창 용항리 유적』.

우리문화재연구원, 2010,『마산 망곡리 유적』.

우리문화재연구원, 2012,『창령 수다리 패총』.

우리문화재연구원, 2012,『울산 처용리 21번지 유적』.

울산문화재연구원, 2005,『울산 약사동 861유적』.

울산문화재연구원, 2007,『울산 궁근정리 유적』.

울산문화재연구원, 2009,『울산 중산동 139유적』.

울산문화재연구원, 2009,『울산 부곡동 112-1유적』.

울산문화재연구원, 2014,『부산 가동 패총』.

울산발전연구원 문화재센터, 2010,『울주 신암리 당재골 유적』.

원광대학교박물관, 2002,『노래섬Ⅰ』.

원광대학교박물관, 2001,『띠섬패총』.

원광대학교·마한백제문화연구소, 2012,「익산 서동마 농촌테마공원 조성부지 문화재 발굴
　　　조사 학술자문회의 자료집」.

전남대학교박물관, 1990,『주암댐 수몰지역 문화유적발굴조사보고서(Ⅶ)』.

전남대학교박물관, 1997,『호남고속도로 확장구간(고서~순천간) 문화유적 발굴조사보고
　　　서Ⅱ』.

전남문화재연구원, 2011,『광주 노대동·행암동유적』.

전북대학교박물관, 2000,『남양리』.

全北大學校博物館, 2001,「장수 월곡리 유적」,『遺蹟調査報告書』.

全北大學校博物館, 2001,『農山遺蹟』.

전북대박물관·목포대박물관, 2002,『비응도·가도·오식도패총』.

전북대학교박물관, 2003,『南原 大谷里 遺蹟』.

全北大學校博物館, 2005,「雲岩 遺蹟」,『鎭安 龍潭댐 水沒地區內 文化遺蹟 發掘調査 報告
　　　書Ⅱ』.

全北大學校博物館, 2005,「顏子洞 遺蹟」,『鎭安 龍潭댐 水沒地區內 文化遺蹟 發掘調査 報告
　　　書Ⅱ』.

전북문화재연구원, 2009,『전주 장동유적Ⅱ』.

제주대학교박물관, 1988,『북촌리 유적』.

제주대학교박물관, 1998,『제주 고산리유적-도판-』.

제주대학교박물관, 2003,『제주 고산리 유적』.

제주도민속자연사박물관, 1999,『제주 김녕리유적』.

제주문화예술재단, 2005,『제주국제공항착륙대 확장공사부지내 문화유적 발굴조사 보고서』.

제주문화예술재단, 2006,『삼양유원지 조성사업부지내 문화유적 발굴조사 보고서』.

제주문화예술재단, 2006,『성산~표산 국도12호선 확장 및 포장공사구간내 유적 발굴조사 보고서』.

제주문화예술재단, 2006,『제주 성읍리 유적』.

제주문화예술재단, 2006,『제주 하모리 유적』.

제주문화예술재단, 2007,「3. 제주시 외도운동장부지내 문화유적 발굴조사 보고서」,『제주시 문화유적 발굴조사 보고서』.

제주문화예술재단, 2005,『제주국제공항 착륙부지내 확장공사부지내 문화유적 발굴조사 보고서』.

제주문화유산연구원, 2010,『제주 이호동유적』.

제주문화유산연구원, 2010,『예래휴양형 주거단지 조성사업부지내 문화재 발굴조사 간략보고서』.

제주문화유산연구원, 2011,『제주 이호동유적(288번) 발굴조사보고서』.

제주문화유산연구원, 2011,『제주 도두동유적-2162-2번지-』.

제주문화유산연구원, 2010,『제주 강정동 유적』.

제주문화유산연구원, 2010a,『제주 사계리 유적』.

제주문화유산연구원, 2012,『제주 회천동유적(1035-2번지)』.

제주문화유산연구원, 2012,『제주 오등동유적(105번지)』.

제주문화유산연구원, 2013,『제주 이호동 유적(1630-3번지)』.

제주문화유산연구원, 2013,「부록. 제주라온랜드 비양도관광케이블카 개발사업부지내 문화재 발굴조사 보고서」,『제주 판포리유적』.

조선대학교박물관, 2005,『진안 진그늘 선사유적』.

조선대학교박물관, 2007,「임실 하가유적-2차 조사 지도위원회의 자료-」.

조선대학교박물관, 2011,「임실 하가유적-제5차 발굴조사 현장설명회 자료-」.

중부고고학연구소, 2013,『화성 청원리·석교리 유적』.

中部考古學硏究所, 2012,『安城 兩邊里 遺蹟』.

중앙문화재연구원, 2002,『대전 관평동 유적』.

중앙문화재연구원, 2006, 『인천 을왕동 유적』.

중앙문화재연구원, 2008, 『제주 성읍리유적』.

중앙문화재연구원, 2010a, 『인천 운서동 유적 I 』.

중앙문화재연구원, 2010b, 『인천 운서동 유적 II 』.

중앙문화재연구원, 2011, 『인천 중산동 유적』.

중앙문화재연구원, 2012, 『서산 왕정리 유적』.

중원문화재연구원, 2008, 『음성 금석리 유적』.

중원문화재연구원, 2009, 『漣川 鶴谷里 新石器遺蹟』.

충남대학교박물관, 1995, 『둔산』.

충남대학교박물관, 2001, 『가도패총』.

충남대학교박물관, 2008, 『서천 장암패총』.

충북대학교박물관, 1984, 『충주댐수몰지구 문화유적 발굴조사 종합보고-고고 · 고분분야
      (1)』.

충북대학교박물관, 1985, 『충북댐 수몰지구 문화유적 연장발굴조사 보고서』.

충북대학교박물관, 2001, 『충주조동리 선사 유적 I 』.

충북대학교박물관, 2002, 『충주조동리 선사 유적 II 』.

충북대학교박물관, 2004, 『청주봉명동유적III』.

충북대학교박물관, 2011, 『曾坪 石谷里 遺蹟』.

충청남도역사문화연구원, 2005, 『아산 풍기동 유적』.

충청남도역사문화연구원, 2007a, 『서산 기지리 유적』.

충청남도역사문화연구원, 2007b, 『아산 성내리 신석기 유적』.

충청남도역사문화연구원, 2009, 『공주 신관동 관골 유적』.

충청남도역사문화연구원, 2010, 『당진 우두리 유적 II 』.

충청남도역사문화연구원, 2011, 『당진 석우리 · 소소리 유적』.

충청매장문화재연구권, 2000, 『서산 대죽리 패총』.

충청매장문화재연구원, 2001, 『公州 長院里 遺蹟』.

충청문화재연구원, 2005, 『홍성 장척리 · 상정리 유적』.

충청문화재연구원, 2006,『군산 내홍동 유적Ⅰ』.

충청문화재연구원, 2007,『홍성 송월리·학계리 유적』.

충청문화재연구원, 2008,『아산 장재리 안강골 유적(Ⅰ)』.

충청문화재연구원, 2009,『천안 백석동 고재미골 유적』.

한강문화재연구원, 2012a,『인천 중산동 유적』.

한강문화재연구원, 2012b,『인천 운북동 유적』.

한강문화재연구원, 2013,『김포 운양동 유적Ⅱ』.

한강문화재연구원, 2013,『원주 반곡동 유적1·2』.

한강문화재연구원, 2014,『보령 송학리 패총 유적』.

한국고고환경연구소, 2010,『아산 백암리 점배골 유적』.

한국문물연구원, 2012,『울산 황성동 신석기시대 유적』.

한국문물연구원, 2014,『釜山 加德島 獐項遺蹟(上)·(中)·(下)』.

한국문화재보호재단, 2003,『제천 신월토지구획정리사업지구 문화유적 시·발굴조사 보고서』.

한국문화재보호재단, 2011,『安城 東坪里 遺蹟』.

한국선사문화연구원, 2011,「淸原 靈下里 遺蹟」,『遺蹟 發掘調査報告書』.

한남대학교중앙박물관, 2003,『옥천 대천리 신석기유적』.

한남대학교중앙박물관, 2003,『대전 노은동 유적』.

한림대학교박물관, 1998,『횡성댐 수몰지구내 문화재 발굴조사보고서(3)』.

한백문화재연구원, 2012,『남양주 별내유적Ⅰ~Ⅳ』.

한서대학교박물관, 2001,『대죽리 유적』.

한신대학교박물관, 2007,『華城 佳才里 原三國 土器 窯址』.

한얼문화유산연구원, 2011,『제주 성읍리 유적』.

漢陽大學校博物館, 1990,『安眠島古南里貝塚-1次發掘調査報告書-』.

漢陽大學校博物館, 1991,『安眠島古南里貝塚-2次發掘調査報告書-』.

漢陽大學校博物館, 1993,『安眠島古南里貝塚-3·4次發掘調査報告書-』.

漢陽大學校博物館, 1995,『安眠島古南里貝塚-5·6次發掘調査報告書-』.

漢陽大學校博物館, 1997,『安眠島古南里貝塚-7次發掘調査報告書-』.

漢陽大學校博物館, 1998,『安眠島古南里貝塚-8次發掘調査報告書-』.

한양대학교박물관, 1999,『영종도 문화유적-신공항 고속도로 건설지역내 문화유적조사 종합보고-』.

한양대학교박물관, 2005,『영홍도 외1리 패총』.

호남문화재연구원, 2003,『갈머리 유적』.

호남문화재연구원, 2005,『淳昌 院村・官坪遺蹟』.

호남문화재연구원, 2013,『순창 구리리유적 현장설명회 자료집』.

호남문화재연구원, 2014,『여수 경도 신석기시대 패총』.

4. 북한자료

고고학・민속학연구소, 1961,「지탑리원시유적 발굴보고」,『유적발굴보고』제8집, 과학원출판사.

고영남・전일권, 1998,「소정리유적 제3지점의 신석기시대 집자리에 대하여」,『조선고고연구』98-3.

김동일・김광철, 2001,「증산군 룡덕리 신석기시대 집자리에 대하여」,『조선고고연구』2001-3, 사회과학출판사.

김동일・서국태・지화산・김종혁, 2002,『마산리・반궁리・표대 유적 발굴보고』, 사회과학출판사.

김송현, 1984,「우리나라 신석기시대 석기제작 수법」,『력사과학2』, 과학・백과사전출판사.

김종혁, 1992,「압록강하류류역일대 신석기시대 유적들의 년대에 대하여」,『조선고고연구』92-4,사회과학출판사.

김정문・김연우, 1964,「세죽리유적 발굴 중간보고Ⅰ・Ⅱ」,『고고민속』1964-2・4, 과학원출판사.

김용간, 1964,「금탄리 원시유적 발굴보고」,『유적발굴보고』제10집, 사회과학원 출판사.

김용간・리순진, 1966,「1965년도 신암리유적 발굴보고」,『고고민속』1966-3, 사회과학원출

판사

김용간 · 서국태, 1972, 「서포항 원시유적 발굴보고」, 『고고민속논문집』제4집, 과학원출판사.

김용간 · 석광중, 1984, 『남경유적에 관한 연구』, 과학백과사전출판사.

도유호 · 황기덕, 1957, 「궁산 원시 유적 발굴보고」, 『유적발굴보고』2, 과학원출판사.

도유호, 1961, 『조선원시 고고학』, 과원원출판사.

리기련, 1980, 『석탄리 유적 발굴 보고』, 과학 · 백과사전출판사.

리원근, 1961, 「황해남도 북부지방 유적 답사 보고」, 『문화유산』1961-6. 과학원출판사.

리원근, 1963, 「해주시 용당리 용당포 조개무지유적 조사보고」, 『고고민속』63-1, 사회과학원
　　　출판사.

리원근 · 박선훈, 1964, 「원시시대의 큰 부락터를 발견」, 『고고민속』3, 사회과학원출판사.

리병선, 1962, 「평안북도 룡천군 · 염주군 일대의 유적답사 보고」, 『문화유산』1962-1, 과학원
　　　출판사.

박선훈 · 리원근, 1965, 「석탄리 원시 유적 발굴 중간보고」, 『고고민속』3, 사회과학원출판사.

변사성, 1992, 「소정리유적 제1지점의 신석기시대 집자리 발굴보고」, 『조선고고연구』92-3.

사회과학원 고고학연구소, 1977, 『조선고고학개요』, 과학백과사전출판사.

사회과학원 고고학연구소, 2009, 『대동강류역일대의 신석기시대 유적』, 조선고고학전서3,
　　　진인진.

사회과학원고고학연구소, 2009, 『압록강류역일대의 신석기시대 유적』, 조선고고학전서4,
　　　진인진.

사회과학원 고고학연구소, 2009, 『두만강류역일대의 신석기시대 유적(2)』, 조선고고학전서
　　　6, 진인진.

서국태, 1986, 『조선의 신석기시대』, 사회과학출판사.

서국태 · 지화산, 1994, 「반궁리유적에 대하여(1)」, 『조선고고연구』1994-2, 사회과학출판사.

서국태 · 지화산, 1995, 「반궁리유적에 대하여(2)」, 『조선고고연구』1995-2, 사회과학출판사.

서국태, 지화산, 2003, 「마산리 · 반궁리 · 표대유적 발굴보고」, 사회과학출판사.

석광중 · 허순산, 1987, 「장촌유적 발굴보고」, 『조선고고연구』87-4, 사회과학출판사.

전일권, 1999, 「소정리유적 제2지점의 신석기시대 집자리에 대하여」, 『조선고고연구』99-3.

전제헌 · 윤진 · 김근식 · 류정길, 1986,『룡곡동굴유적』, 김일성종합대학 출판사.

정찬영, 1983,「토성리유적」,『압록강 · 장자강류역 고구려유적발굴보고』, 과학 · 백과사전출판사.

조선유적유물도감편찬위원회, 1988,『조선유적유물도감-원시편-』.

조선기술발전사편찬위원회, 1996,『조선기술발전사』1(원시 · 고대편), 과학백과사전종합출판사.

차달만, 1992,「당산 조개무지 유적 발굴보고」,『조선고고연구』1992-4, 사회과학출판사.

황기덕, 1957,「두만강 류역과 동해안 일대의 유적조사」,『문화유산』1957-6, 과학원출판사.

황기덕, 1957,「청진 농포리 원시유적 발굴」,『문화유산』1957-4, 과학원출판사.

황기덕, 1962,「두만강 류역의 신석기시대 문화」,『문화유산』1962-1, 과학원출판사.

황기덕, 1975,「무산 범위구석유적 발굴보고」,『고고민속논문집』6, 사회과학출판사.

5. 외국어 단행본 및 논문

Caria M. Sinopoli, 1991, Approaches to Archaeological Ceramics, Plenum Publishing Orporation.

Clark, J.D. & Kleindienst, M.R, 1974, Kalambo Falls Prehistoric Site II, Cambridge Univ. Press.

Minkoo Kim, 2005, Making Sense of small Seeds: Cultural Complexity of Jomon Hunter-Gatherers and Changes in Plant Exploitation at Sannai Maruyama, University of California, Berkeley.

Sample, 1974, Tongsamdong:acontribution to Korean Neolithic culture history, Artitic Anthropology 11-2:1-125.

S. A. SEMENOV, 1970, Prehistoric Technology, ADAMS & DART.

Translation J.Féblot-Augustins, M-L.Inizan · M.Reduron-Ballinger · H.Roche · J.Tixier, 1999, Technology and Terminology of Knapped Stone, Nanterre:CREP.

許玉林 · 金石柱, 1986,「遼寧丹東地區鴨綠江右岸及其支流的新石器時代遺存」,『考古』1986-10.

延邊博物館, 1991,「吉林省龍井縣金谷新石器時代遺址淸理簡報」,『北方文物』1991-1.

延邊博物館·吉林省文物考古硏究所, 2002,『和龍興城-新石器及靑銅器時代遺址發掘報告』.

橫山長三郞, 1933,「釜山府絶影島 東三洞貝塚調査報告」,『史前學雜誌』5-4.

及川民次郞, 1933,「南朝鮮牧ノ島東三洞貝塚」,『考古學』4-5.

郭大順·張星德, 2005,『早期中國文明:東北文化與幽燕文明』, 江蘇敎育出版社.

渡邊 誠, 1990,「鳳溪里遺蹟出土の植物遺體」,『고고역사학지5·6』,동아대학교박물관.

大工原豊, 2008,『繩文石器硏究序論』, 六一書房.

大沼克彦, 2002,『文化としての 石器づくり』, 学生社.

鈴木道之助, 1981,『石器の基礎知識Ⅲ(繩文)』, 柏書房.

鈴木道之助, 1990,『石器入門事典 繩文』, 柏書房.

石器技術硏究會 編, 2004,『石器づくいの實驗考古學』, 学生社.

竹岡俊樹, 1989,『石器硏究法』, 言叢社.

竹岡俊樹, 2003,『石器の見方』, 勉誠出版.

竹岡俊樹, 2003,『旧石器時代の形式學』, 勉誠出版.

潮見浩, 1988,『圖解 技術の考古學』, 有斐閣選書.

7. 인터넷 자료

국가지식포털 북한지역정보넷 : http://www.cybernk.net/ 참조

색 인

ㄱ

ㄴ